国家社会科学基金青年项目（项目号 10CSH045）

单位制变迁中的福利制度重构
——国有企业的社会责任

王岩 著

中国社会科学出版社

图书在版编目（CIP）数据

单位制变迁中的福利制度重构：国有企业的社会责任/王岩著．—北京：中国社会科学出版社，2016.9（2019.6 重印）
ISBN 978 - 7 - 5161 - 9295 - 5

Ⅰ.①单… Ⅱ.①王… Ⅲ.①国有企业—企业责任—社会责任—研究—中国　Ⅳ.①F279.241

中国版本图书馆 CIP 数据核字（2016）第 270018 号

出 版 人	赵剑英
责任编辑	刘晓红
责任校对	周晓东
责任印制	戴　宽

出　　版	中国社会科学出版社
社　　址	北京鼓楼西大街甲 158 号
邮　　编	100720
网　　址	http://www.csspw.cn
发 行 部	010 - 84083685
门 市 部	010 - 84029450
经　　销	新华书店及其他书店
印刷装订	北京君升印刷有限公司
版　　次	2016 年 9 月第 1 版
印　　次	2019 年 6 月第 2 次印刷
开　　本	710×1000　1/16
印　　张	19
插　　页	2
字　　数	283 千字
定　　价	88.00 元

凡购买中国社会科学出版社图书，如有质量问题请与本社营销中心联系调换
电话：010 - 84083683
版权所有　侵权必究

目 录

第一章 绪论 ……………………………………………………… 1
第一节 研究背景与研究问题的提出 ………………………… 1
第二节 研究视角 ……………………………………………… 6
第三节 研究方法与研究思路 ………………………………… 17

第二章 社会福利制度与企业社会责任 ………………………… 23
第一节 福利制度的多样性 …………………………………… 23
第二节 中国的社会福利制度 ………………………………… 36
第三节 企业在社会福利制度中的角色 ……………………… 45
第四节 企业社会责任理论与实践 …………………………… 49

第三章 单位与单位社会的变迁 ………………………………… 65
第一节 单位及其研究视角 …………………………………… 65
第二节 单位社会的形成与消解 ……………………………… 75

第四章 国有企业福利的生成与固化 …………………………… 80
第一节 国有企业福利的生成与制度化 ……………………… 80
第二节 福利的组织基础：国有企业单位的生成与
运作逻辑 ……………………………………………… 86
第三节 单位福利的构成 ……………………………………… 89
第四节 计划经济体制下国家、企业与职工的关系 ………… 109

第五章　国有企业改革和单位福利共同体扩张 …………… 113

第一节　以效率为导向的国有企业改革 …………… 113
第二节　效率悖论：福利共同体的扩张 …………… 121
第三节　国有企业的"去单位化"改革 …………… 139
第四节　市场经济体制下的国家、企业与职工关系 …………… 151

第六章　国有企业改革与企业策略行为 …………… 157

第一节　国有企业的委托—代理关系 …………… 157
第二节　社会保障制度变革过程中的企业策略行为 …………… 163
第三节　改制中的利益互动：政府、企业与个人 …………… 173

第七章　国有企业改革中职工的生活困境与制度参与 …………… 186

第一节　国企改革中职工保障的制度安排 …………… 186
第二节　下岗失业职工生存困境与制度参与 …………… 194
第三节　改制过程中职工保障的形成与
演变：以 YT 厂为例 …………… 208

第八章　后单位制时代的国有企业福利重构 …………… 217

第一节　后单位制时代国有企业福利重构的必要性 …………… 217
第二节　后单位制时代的福利失序 …………… 223
第三节　后单位制时代的国有企业福利 …………… 231

第九章　福利多元化与企业社会责任 …………… 256

第一节　转型中国家与社会关系的变迁 …………… 256
第二节　福利多元化的社会基础 …………… 260
第三节　企业社会责任的实现机制 …………… 267

结　语 …………… 282

参考文献 …………… 288

第一章 绪论

第一节 研究背景与研究问题的提出

1978年开始的改革开放揭开了中国社会经济制度变迁和结构转型的巨幕。"制度变迁"是指由过去高度中央集权的社会主义计划经济体制转向市场经济，市场经济体制自20世纪90年代被官方认可并付诸实施。"结构转型"则意味着由一个农业化、乡村化、封闭型社会走向一个工业化、城市化、市场导向的开放型社会。[①] 国家与社会关系在制度变迁和结构转型的过程中发生了巨大的变化。

"总体性社会"是对计划经济时期国家与社会关系的形象表述。国家力量在政治、经济和社会生活中无限膨胀，国家通过单位组织实现对城市社会的总体性控制，通过单位向社会成员分配生活所需的一切资源。改革开放后，由国家主导的始于经济领域的渐进式制度变迁，松动了"总体性社会"赖以存在的制度基础，独立于国家的市场和社会从"母体"中脱离出来，打破了由国家垄断一切资源通道的传统，多元利益主体和资源配置方式陆续出现。就个体的生计而言，建立在终身雇佣的政治契约基础上的国有企业单位体制的改革改变了个人福利的通道和来源，个体生计越来越依赖建立在市场契约基础上的就业关系。

[①] 李培林：《中国改革中期的制度创新与利益调整》，载陆学艺等主编《中国新时期社会发展报告》，辽宁人民出版社1997年版。

建立社会福利制度满足社会成员的需求是现代国家的重要功能。在计划经济时代，中国的社会福利制度依托于高度集中的计划经济体制，通过单位向城市社会成员提供"高就业、高福利""生老病死有依靠"，彰显"社会主义优越性"，并由国家承担最终责任的福利。在计划经济向市场经济转型的过程中，出现了多种经济成分并存的局面，原来局限于国有企业内部的单位福利成为国有企业参与市场竞争的沉重负担。与此同时，非国有企业因为缺乏制度依据也无法为内部职工提供基本的福利保障。因此造成了国有企业和非国有企业员工之间待遇的分化，社会福利制度不但无法发挥对由市场经济造成的社会成员之间的收入和财富的分化进行二次分配的功能，反而由于制度壁垒的存在加剧了社会成员之间分化的程度。社会福利制度的改革势在必行。

最初作为经济改革配套措施出现的社会福利制度改革具有渐进变迁的特征。在计划经济时代，国有企业集生产、生活和社会管理功能于一身，是国家向城市就业人口及其家属提供全面福利的组织通道和制度载体，在单位中国，国有企业提供的福利也被称为单位福利。在建立现代企业制度的过程中，原来的单位福利被视为国有企业向经济理性主体回归的包袱，因此，国有企业经济改革的过程也是单位福利社会化的过程。社会保障制度改革最初是从打破"文化大革命"时期形成的封闭的单位福利开始的，在养老事务上实现同一地区不同规模的国有企业之间"福利负担"的平衡。随着市场经济的逐步建立，国有企业改革进一步深化，社会保障不再是国有单位的特权，社会保障突破了所有制类型的限制，进入社会化发展的阶段。

王绍光将新中国成立后的历史划分为三个阶段：第一阶段是1949—1984年的伦理经济阶段。在这个阶段，城乡居民通过非常特殊的机制安排实现基本保障，市场不起作用；经济关系与社会政治关系高度相关，所有政策既是经济政策也是社会政策。第二阶段是1985年左右到1998年前后，在这个阶段，中国只有经济政策，没有社会政策。第三阶段是从1999年到现在，中国在这个阶段第一次出现社会政策（王绍光，2012）。① 从20世纪80年代中期到90年代末，中国社会主导的发展理念是"效率优先，兼顾公平"，市场规则渗透到社会生活的一切方面。这一阶段开展的国有企业改革改变了城市人口主要在国有部门就业的情况，下岗分流、减员增效等一系列政策的实施瓦解了建立在单位制基础上的国家—单位—个人之间的庇护—依赖关系，推进了劳动力"商品化"的进程。因此，在一定程度上而言，社会保障的"社会化"与劳动力的"商品化"进程是同步的。

国家建立社会福利制度就是要在一定程度上实现劳动力的"去商品化"。在卡尔·波兰尼看来，不受调节和控制的市场会毁灭人类，并把人类赖以生存的环境变成荒野，所以自从19世纪以来，人类往往经历双向运动。所谓双向运动，简单地说就是市场力量的扩张迟早会引发旨在保护人、自然和生产组织的反向运动，保护性立法和政府干预手段是反向运动的特征。他把人类社会的发展大致分为三个时期，在不同时期经济与社会的关系不同，两者经历了嵌入—脱嵌—再嵌入的发展过程。以社会政策的视角来看，在市场经济体系下，劳动力成为商品，社会关系受制于经济关系，政府需要通过一定的管制和政策安排让经济重新嵌入社会，通过建立社会福利制度和对企业的市场行为进行管制，实现劳动力的"去商品化"。中国的经济与社会之间也经历了嵌入、脱嵌和再嵌入的发展过程，这个过程是政府主导的正式制度变迁的一部分，劳动力的"去商品化"程度取决于国家正式福利制度安排。进入21世纪以来，中国已然步入社会政策时代，政策体系不断健全和完善，政策的覆盖人群也大大增加。

在市场化转型的过程中，国家虽然通过建立社会保障制度来保护工人利益，但在资本和劳动的对比关系中，资本仍然占据主导地位。根据国民经济核算统计，20世纪90年代以前，中国代表劳动者所得的劳动者报酬占GDP的50%以上，2001年以后，这个比例不断下降，到2007年已经降至39.7%。王巍在一篇名为《全球化背景下的另一

---

① 王绍光：《波兰尼〈大转型〉与中国的大转型》，生活·读书·新知三联书店2012年版，第12页。

个中国》的报告中提出改革开放30年来中国的工资增长远远落后于经济增长。在中国的劳动力市场中，总从业人员中有85%仍然在二等的非正规经济中工作和生活，被迫接受低等的报酬、超长的工作时间，没有国家劳动法规的保护，没有（或者只有二等的）医疗、退休等福利，以及没有在城市学校接受教育的权利。这种情况在某种程度上是中国"世界工厂"地位的保证，较低的劳动力成本是经济竞争力的重要保证。然而，近年来出现了大量的劳资冲突，如富士康"血汗工厂"之争、广州"本田门"事件、华为员工"过劳死"、广东裕元鞋厂"社保纠纷"等，这些员工关系问题的集中爆发，表明公众注意力已经从经济发展的速度转移到经济增长对人的福利贡献与劳动力的价值和尊严的重视上。企业已经无法通过一味地强势压制获得员工的服从，并继续以低廉的劳动力成本参与国际竞争，企业的用工环境已经发生了变化，员工维权意识觉醒。

经济的发展并不必然意味着社会的进步。被亚当·斯密奉为圭臬的市场机制并没有通过自发调节达至社会福利改进的理想状态，企业的发展不但没有拉动社会的进步，反而在某种程度上破坏着社会的和谐和安定。近年来，社会责任议题在世界范围内引发了企业越来越多的关注。企业社会责任在中国日益升温，从1999—2010年，中国企业发布企业社会责任报告的数量从1份上升到703份。企业社会责任实践能否为悬在经济发展头顶上的"达摩克利斯之剑"求解，企业能否通过履行社会责任解决经济增长和社会发展之间的矛盾，实现经济与社会的"和谐"发展。

企业社会责任就其本质而言探讨的是企业与社会的关系问题，作为内容和含义异常丰富的概念，本书主要关注企业社会责任中的员工责任，企业对员工承担什么程度的社会责任是一系列正式和非正式制度共同作用的结果。除了各种制度因素外，企业自身的所有制类型、所处行业、企业规模、自身所处的发展阶段等因素都会影响企业承担社会责任的内容、方式和程度。因此，本书进一步将研究范围限定在国有企业的社会责任。

国有企业是透视中国社会福利制度体系变迁过程中政府与企业角

色转换的"活化石"。自从20世纪80年代初期以来,国有企业改革就被确定为经济体制改革的重点和中心环节,改革的重点一直放在政府与国有企业关系的调控上。在由政府官员和企业高层管理者所决定和推行的国有企业改革过程中,并没有充分考虑到改革所涉及的最大利益群体——国有企业职工的意愿和利益问题。[①] 在市场化转型的过程中,国家虽然强调建立社会保障制度来保护工人利益,但是在处理劳资冲突时往往贯彻不力;虽然也提出关注社会公平,但却更重视经济效率。地方政府自觉不自觉地滋生出偏重资本效益的施政风格,产生了GDP崇拜。在这种形势下,国有企业工人在经济领域边缘化,进而导致了他们在社会和政治领域的边缘化。[②]

国有企业的福利事业经历了从"办社会"到"甩包袱"的转变,全面改制后的国有企业到底应该如何承担和在什么程度上承担社会责任仍是一个饱受争议的话题。从国有企业内部员工福利看,以市场为导向的去单位化改革显然没有改变企业行为的福利化倾向,国有部门全面改革后,垄断性国有企业和机关事业单位保留了涵盖大量补贴的企业福利计划的传统,成为享受到最佳保障的群体。国有企业因其全民所有制的性质和行政赋予的垄断地位,其高水平的员工福利一直处于舆论的风口浪尖。国有企业之所以成为大多数人就职时的首选,一个重要原因就是国有企业提供比较丰厚的福利待遇和稳定的工作机会。国有企业按照法律和制度规定对员工履行的社会责任包括缴纳社会保险、提供住房公积金、保障工作环境安全和保证员工的基本权利,除此之外的额外福利就是企业出于道德需要和自身发展需要对员工履行的社会责任。

目前,中国的社会政策改革为塑造企业与国家政策之间的良性互动创造了极好的机会,作为社会福利提供的重要部门,企业的贡献不应仅仅局限于经济领域,在社会发展中也应贡献力量。本书试图就国

[①] 游正林:《内部分化与流动——家国有企业的二十年》,社会科学文献出版社2000年版。

[②] 苏潜:《基于员工地位与行为视角的国有企业社会责任》,博士学位论文,南京大学,2011年,第3页。

有企业的福利做一个历史性的考察,探索制度转型与企业福利之间的关系,转型过程中的福利理念和规制与企业福利行为之间的关系,既有助于理解改革开放30多年来中国的国家—社会关系的变化与走向,也有助于建构未来社会政策发展中的企业与政府关系。在市场经济条件下,劳动力的"去商品化"在很大程度上是代表国家、资本和劳动的利益组织互动的结果。在非国有经济部门快速发展,越来越多的职工在非国有经济部门就业的情况下,对国有企业社会责任制度和行为变迁的研究有利于从更广泛的意义上了解企业社会责任的影响因素,从而推动企业承担对员工的社会责任,并在提高员工福利方面扮演更为积极的角色,建立职工与企业的利益共同体。

第二节 研究视角

制度主义作为一种理论和分析视角在社会科学中取得了巨大的成绩。此类研究成果集中体现在对市场经济制度与绩效的分析(North,1990)、对民主政治实践及其发展的研究(Pierson, 2000; Rothstein, 1998)以及对组织的社会学分析中(DiMaggio and Powell, 1991)。与此同时,制度主义和制度分析也深刻影响了人们对社会福利与社会政策走向的研究。

制度主义和制度分析的起点是将制度看作社会中已经形成的那些对人类行为有约束的习惯、约定、风俗、规范、规定、法律等正式的和非正式的限制条件,这些限制条件经常被视为个人或组织进行互动和博弈的规则。制度的存在对人的行动产生了某种协助或制约作用。制度分析并不囿于个体行动者,组织也存在于由制度构成的场域中,制度既限制了作为个体或组织的行动者的选择集,同时也为行动者的行动提供了合法性。然而,制度与行动者之间并非单向的影响关系,根据吉登斯的结构"二重性"理论,结构既是行动的结果,也是行动的媒介,行动者的行动维持着结构,同时也改变着结构,它既有制约性，同时又赋予行动者以主动性。①从经验层面看，社会的结构性特征与个体的策略行为通过互相构建，从而完成系统的再生。对企业社会责任的制度分析就是在制度变迁的背景下通过对个人和组织行动者的行动策略考察发掘企业对员工履行社会责任的运行机制。

一　社会福利的制度分析

制度分析是社会政策研究中常用的方法。对社会政策的制度分析就是将各种可能的影响要素进行分类，并深入分析它们在社会政策过程中的不同作用和产生的不同效果。制度分析通常比较注重对价值观念、意识形态、政府管理体制和模式、行动的具体策略和模式以及总体的制度环境的分析。制度分析一方面研究个体和群体如何建构制度，另一方面也研究制度在实践中的功能以及制度对社会产生的效果，特定的规则与方式如何影响组织或改变组织行动的轨迹。卡尔·波兰尼在其著名的关于资本主义市场经济的"嵌入性"论断中指出，任何试图将经济与社会、政治等制度隔离的尝试都会摧毁人类社会。在他看来，社会政策是促使社会经济整合的前提条件。

社会福利作为一种"制度化的集体责任"，是由国家、市场和社会组织等通过提供社会服务和津贴以减轻人们的痛苦并预防因各种偶然性风险导致的不安全的一种制度安排。作为一种制度建构，社会福利制度与其他社会制度产生（宗教、教育、经济和政治）了千丝万缕的联系。福利国家作为20世纪中期以来影响社会经济发展的最重要的制度之一，自20世纪70年代以来经历了巨大的挑战。作为一种社会制度，福利国家随着政治、经济和文化等环境的变化而发生变化，变化了的制度要素是推动社会福利制度转型的重要动因，但根本性的改变又难以发生。因此，就要在一定程度上沿袭过去的传统和规则，体现出制度变迁的路径依赖效果。

了解制度变迁的路径依赖效果需要把制度放在历史的框架中加以分析。新制度主义传统中的历史制度主义对"历史"和"制度"给

---

① 刘爱玉：《选择：国企变革与工人生存行动》，社会科学文献出版社2005年版，第35—36页。

予了同等的重视。一方面，历史是克服人类理性局限性的一个主要途径；另一方面，历史制度主义又是"制度的"，它注重以制度为核心来考察历史，以国家、政治制度为中心来分析历史。历史制度主义的历史观强调过去对现在的影响，即前一阶段的政策选择往往会决定和影响着后一阶段的政策方案。

在社会学关于社会福利和社会政策的制度分析中，研究者集中在对福利体制、特定社会政策和社会福利项目所产生的社会后果分析，同时也把社会福利项目与社会政策行动同社会结构与社会运动的关系结合起来考察，以解释福利的政治社会学意义。还有些研究者注重社会福利的类型学分析，通过社会开支或福利支出这类核心的指标来解释国家、市场与家庭在不同社会中所扮演的角色，从而做出详细的类别分析和归类。在社会福利的制度主义和制度分析中，研究者尤其注重制度结构与行动之间的关系，并以此作为解释福利制度或社会政策如何在特定环境下发生改变的依据，以及这些改变对社会关系与社会结构有哪些影响。[①]

在人类社会中，福利体制作为一种制度化的规则体系，对国家（政府）、组织和公民个人等一系列行动者的行为设定了规则，也产生了限制。社会政策的制度分析有两个重要内容：首先，认识到国家在社会福利机制建构中的重要地位。也就是说，福利需要满足及其最大化，都可能是国家干预的结果（Midgley，2000）。其次，在国家推动的社会福利制度变迁的过程中，已有的社会福利制度会对新的制度变迁产生制约作用，正确认识非正式制度在制度变迁中的作用。在分析经济制度变革产生的社会制度变迁时，尤其是分析经济转型国家的社会保护领域制度变迁时，应该将其与一系列政治、经济和社会领域的制度安排联系起来。对社会政策的制度分析势必触及构成制度基础的阶级、国家和市场之间的关系的问题。

改革开放以来，中国的经济体制改革既为社会政策的产生提供了

[①] 熊跃根：《社会政策：理论与分析方法》，中国人民大学出版社2009年版，第102页。

必要的土壤，也为我们观察社会政策的演变提供了重要的窗口。在改革前期，社会政策并没有成为一个独立的政策理念，与之相关的改革都是作为国有企业改革的配套措施出现的。政策制定过程由党内的国家领导人和政治精英独立进行。社会改革方案能否得到实施取决于其是否符合经济增长的政治优先事项，如高等教育、医疗和住房的市场化。所以，中国的社会政策过程是由政治精英主导，以服务经济发展为目的的，为了适应社会主义市场经济发展的需要，对原来建立在计划经济基础上的社会保障政策进行改革重建的过程。由此决定了中国社会政策变迁的复杂性。

二 组织社会学的制度研究

理性选择学派的"经济人"假设自提出以来一直饱受诟病。理性选择作为解释人类行为的理想模型禁不起现实生活的推敲，新制度主义、新古典经济学、社会学和政治学对理性选择模型做出了如下修正：首先，用"社会人"假设替代"经济人"假设。个人的行为不完全受到经济利益最大化目标的引导，"社会人"的行为受到制度环境的约束。因此，在很多情况下，个人可能用价值理性行动替代工具理性行动。其次，用"有限理性"替代"完全理性"，用"满意原则"替代"最大化原则"。西蒙提出用有限理性的管理人替代完全理性的经济人，两者的区别在于经济人企求找到最锋利的针，即寻求最优，从可为他所用的一切备选方案中，择其最优者。经济人的"堂弟"——管理人找到足以缝衣服的针就满足了，即寻求满意，寻求一个令人满意的或足够好的行动程序（赫伯特·西蒙，1988）。最后，将制度和文化作为个体行为的内生变量。个人的偏好不是一成不变的，霍奇逊指出制度和文化极为重要，它们在影响和形成目的本身方面确实起作用。诸如制度结构和常规、社会规范和文化不仅影响行为，而且也影响对世界的看法以及追求的目标。

（一）从理性选择到制度研究

组织制度学派与历史制度学派一直作为新古典经济学和理性选择理论的对立物在发展和演变。组织制度学派诞生于20世纪70年代兴起的组织社会学，具有很强的美国本土学术范式特点。历史制度学派则明显受到关于欧洲政治经济研究的影响。组织制度学派和历史制度学派共同的特征是，否认经济学和理性选择理论采用的先验的、外在的理性假设，拒绝他们采用的方法论个人主义，并摒弃他们建构超越具体时空条件限制的"大理论"的追求，追求中程的理论解释。组织制度学派和历史制度学派对新古典经济学和理性选择理论关于理性行为基本假设的批评有两个层面：一个层面是人类的许多行为无法用理性行为假设来分析。组织制度学派强调人的行为经常不受功利主义的驱动，而是在强制、模仿以及规范的压力下，更多地出于合法性的考虑，或是认知方面的原因而趋同（Meyer and Rowan，1977；DiMaggio and Powell，1983）；另一个层面是理性行为本身的选择偏好来自制度，而不是一种先验的、外在的存在。制度化的理性神话与制度本身的规范都以内生的形式，建构理性行为的选择偏好（DiMaggio and Power，1991；Thelen and Steinmo，1992；Hall and Soskice，2003）。

组织制度学派把制度定义为"能约束行动并提供秩序的共享规则体系，这个规则体系既限制行动主体追求最佳结果的企图和能力，又为一些自身利益受到通行的奖惩体制保护的社会集团提供特权"（DiMaggio and Powell，1991）。组织制度学派通过微观层面个体的认知特点，解释宏观层面制度化过程中的趋同现象。组织制度学派认为，在日常生活的互动中，人们总是运用他们的常识性知识来理解现状。常识性知识是在情感和价值完全中立的情况下认知到的分类、常规、语言文字以及图式等。从这层意义上讲，制度不是将一个先验的价值存在内化为个体，而是一个在个体互动的过程中被建构出来的产物。换言之，所谓的制度无非是"行动主体作为群体在内部成员之间共享的关于习惯性行为的类型化"（DiMaggio and Powell，1991）。这样一种认知因素影响下的行动，无法用以价值判断为基础的理性来解释。在组织制度学派看来，经济生活中的行动主体在界定自身的利益与目标和制定实现目标的策略时，总是从所在的文化与制度环境中寻找资源（Swidler，1986）。

虽然组织制度学派与历史制度学派都重视制度，但是它们的侧重点有明显的不同。与组织制度学派重视在情感与价值方面完全中立的认知因素相对，历史制度学派更重视涉及价值判断的规范的作用。历史制度学派认为，行动主体关于利益和目标的界定是在具体的制度环境中进行的。因此，理性与制度是不可分割的（Thelen，1999）。换言之，理性只能是具体的，而不是像经济学和理性选择理论主张的那样，在一个具体的场景之前就界定一个先验的选择偏好。一定时空条件下的经济、政治以及意识形态等制度性因素，直接塑造行动主体关于目标和利益的界定（Lindberg, Campbell and Hollingsworth，1990）。与经济学和理性选择理论把利益处理成一个假设不同，历史制度学派把行动主体如何界定利益作为一个问题，或者一个因变量。它认为，除非我们了解具体的制度性环境，否则行动主体的行为受自身利益驱动的假设是十分空洞的。历史制度学派并不否认行动主体可以追求实现其目标的策略，但是强调只有通过历史的研究，我们才能揭示他们试图将什么样具体的利益最大化，以及为什么重视一些目标而不重视另一些目标（Thelen and Steinmo，1991）。

场域取代了方法论个人主义成为组织制度学派的研究方法以及分析单位（DiMaggio and Powell，1991）。组织制度学派最感兴趣的特性是，"无法被还原成个人属性和动机的集结或者直接后果的超越个人的分析单位"（DiMaggio and Powell，1991）。尽管人们经常面临选择，但是他们总是借鉴他人在相似情景下的经验，并以社会上通行的行为准则为参照系。以场域为分析单位的组织制度学派主张，宏观层面的制度不是单个的、追求私利的个人的累加。恰恰相反，单个的个人行为总是受到集结层面的他人行为的影响。组织制度学派用吉登斯提出的结构化概念来说明这种影响。结构化过程包括四个部分：第一，个体或者单个的组织在一个场域内的互动大幅度增加。第二，场域内部开始出现个体之间或者组织间的统治结构或者联盟。第三，场域中各个个体或者组织发出和接收的信息量大幅度增加。第四，同一场域里的个体或者单个组织之间，彼此都发展出对对方存在的明确认识。在这样一个结构化的过程中，场域中共享的类型化后的规则体系，不是个体先验的理性存在，而是影响个体行为的决定性因素。正因为如此，场域取代了方法论个人主义成为组织制度学派的研究方法以及分析单位（DiMaggio and Powell，1991）。

历史制度学派或者是从制度的层面上推导出个体利益，或者是对集结层面上的利益直接进行分析，而不讨论个体的策略行为如何形成这种集结（Thelen，1999）。正因为如此，历史制度学派采用的分析单位一般多是像政党、工会以及产业团体等集结层面上的行动主体。作为历史制度学派的一个新发展，资本主义多样性的研究范式以行动主体为其分析框架的中心。这个行动主体可以是个人或单个的企业，也可以是生产者团体或者政府。尽管它的分析框架赋予企业以更重要的地位，与新古典经济学和理性选择理论的方法论个人主义不同，资本主义多样性研究范式是从联系中来把握企业的，这种联系既包括雇主与雇员、股东与管理者的关系，也包括企业间的关系。这些关系都会制约企业的策略选择。承认行动主体的战略互动对结果有影响，更加凸显历史制度学派一贯主张的那些直接影响这种战略互动的政治经济制度的重要性（Hall and Soskice，2003）。

（二）制度学派对组织行为的效率机制与合法性机制研究

1. 制度学派对组织行为的研究

在制度理论建构初期，迈耶和罗恩（Meyer and Rowen）于1977年在《美国社会学杂志》上发表的《制度化的组织：作为神话和仪式的正式结构》一文开创了组织社会学领域中的新制度主义学派，把组织所处的环境扩展为技术环境和制度环境，强调合法性机制在组织内部结构以及在组织与制度环境互动中的重要作用。组织制度环境的提出具有开创性的意义。长期以来，效率机制一直主宰着组织研究，把组织现象看作是组织追求效率的结果，这是流行的"经济人"假设主宰组织研究领域的一种表现。合法性机制与效率机制截然不同，组织不仅要适应技术环境，而且受制于制度环境。许多组织制度和组织行为不是以效率为目标，而是源于组织在社会中追求合法性以求生存发展的需要。合法性机制导致"制度化的组织"，被用来解释组织结构趋同性现象。

迪马乔和鲍威尔（DiMaggio and Powell）于1983年在《美国社会学评论》上发表的文章是对组织社会学新制度主义学派的一个重要推

进。与迈耶和罗恩着眼于用合法性的宏观机制解释另一种组织同构的宏观现象相比，迪马乔和鲍威尔的研究推动了理论的微观化，使合法性机制具体为可测量的要素。他们从组织间关系和组织场（一组相关组织所在的社会空间）层次进一步讨论组织趋同性的渊源。他们认为组织趋同现象源自组织面临的制度变化，导致组织趋同的动力主要有两个：国家制度和专业组织，组织趋同的三个机制分别有：一是强制性机制（Coercive），即制度环境通过政府法令或法律制度强迫各个组织接受有关的制度和管制；二是模仿机制（Mimietic），即各个组织模仿同领域中成功组织的行为和做法；三是规范机制（Normative），即社会规范对组织或个人所扮演的角色或行为规范的约束作用，人们学习专业技术的过程就是习得社会规范的过程，在学习的过程中习得基本的行为规范，学习的过程使人们被潜移默化成了制度化的专业人才。

与迈耶和罗恩的研究相比，迪马乔和鲍威尔是在组织场的层次研究组织趋同现象，更具有微观基础。前者强调大的制度环境的重要性，影响个人和组织的行为模式，导致了自上而下的制度化过程；后者更多强调组织和组织之间的网络关系，组织之间的相互依赖性甚至组织内部的运行层次，给出的合法性机制也是非常具有可操作性的，推动了理论在实证研究中的应用。

合法性机制是新制度主义学派组织研究的标志性概念，强调制度环境对组织结构和行为的影响，弥补了效率机制在解释组织现象时的不足。该学派在后来的发展中通过引入动态的研究视角，带来合法性机制和效率机制在解释组织趋同问题上的融合。托尔波特和朱克（Tolbert and Zucker）将时间维度引入他们关于美国各州采纳公务员制度的研究中，在公务员制度被采纳的过程中在不同的阶段出现了机制的转化，从最初的理性选择机制转变为合法化机制；他们在研究方法上的突破在于提出了"合法性机制"的测量方法，即通过各个组织在不同时间里采纳某一制度的速度来测量合法性机制的演变和作用。在他们的研究中，用已经采纳公务员制度的城市的比例作为测量这一制度被"广为接受"的程度，采纳公务员制度的市政府的比例越高，迫使其他市政府采纳这一形式的制度环境的压力也越大，而城市的特点不足以起到重要的作用。后来的研究者把组织间有关制度采纳的模仿作为合法性机制发生作用的证据。①

制度对组织的影响不是单向的，借用吉登斯的"二重化"理论，后来的组织研究开始反思组织作为参与者对制度环境的影响，这一思维转向使制度理论的研究呈现动态化的趋势。保罗·哈里斯（Paul Harish）解释了制度环境本身是怎样变化的，最初出现的一种商业行为、一种不为人们接受的新鲜事物是怎样通过一系列的变化重新构造、最终变成大家共同接受的事实和原则。②

2. 组织行为的效率机制与合法性机制

机制是指两个事物间可能存在的因果关系。这种关系是"经常发生的、易于识别的因果关系"（Elster，1998）。但是这种因果关系诱发的条件或者后果却是不明朗的，所以，这不是一种决定性的、必然的因果关系。对因果机制的研究可以避免从宏观的社会过程解释问题，导致缺乏分析力度的后果。组织研究的一个主题之一是解释、说明什么条件导致了一个组织把它的功能外在化，又在什么情况下把它内在化（人力资源外包，福利外包，工业民主的种种形式，如工会、集体协商、管理参与等）。③

在韦伯式的理性组织模式中，组织只是一个技术的组合体，是为了完成某种任务而建立的一个技术体系。新古典经济学也把企业视为理性组织，追求自身利益的最大化。20世纪五六十年代后，组织研究突破了韦伯式的理性组织框架，权变理论指出，组织的最佳结构取决于一个组织的具体的环境条件、技术、目标和规模等。技术环境是影响组织结构的主要因素，一个有机的组织结构应该随技术环境的变动而变动，在不同的技术条件下，应该选择不同的组织结构以适应环境，获得最大效率；技术环境的复杂性和不确定性越高，组织结构就

---

① 张永宏：《组织社会学的新制度主义学派》，上海人民出版社2007年版，第6页。
② 陈正群、李非：《组织制度理论：研究的问题、观点与进展》，《现代管理科学》2006年第4期。
③ 周雪光：《组织社会学十讲》，社会科学文献出版社2003年版，第9页。

越扁平化、分散化，组织的边界就越模糊。权变理论着眼于组织之间的差异，提出了技术环境和效率机制对组织结构的重要影响。

早期制度学派的代表人物菲利普·塞尔兹尼克（Philip Selznick）在其研究中发现了组织运作过程中的非理性活动，因此他指出，要走出组织研究的理性模式，超越所谓的效率，超越组织本身，因为组织现象并不是一个简单的效率机制，组织不是一个封闭的系统，它受到所处环境的影响。在这个意义上，组织就是一个制度化的组织。所谓制度化的组织就是处于社会环境、历史影响中的一个有机体。他把制度化定义为"超过了组织的具体任务或者技术需要的价值判断渗透、深入进组织内部的过程"。

权变理论用效率机制解释组织之间的差异，而制度理论则运用合法性机制来解释组织趋同现象。组织面对两种不同的环境：技术环境和制度环境，两种环境对组织的要求是不一样的，技术环境要求组织有效率，即按最大化原则组织生产；而组织不仅仅是技术需要的产物，而且也是制度环境的产物。也就是说，组织是制度化的组织，组织的制度化过程就是组织或个人不断地接受和采纳外界公认、赞许的形式、做法或"社会事实"的过程。制度环境要求组织服从"合法性"机制，采取那些在制度情境下被社会广为接受的组织形式和做法，而不管这些形式和做法对组织内部运作是否有效率。

组织是在不同环境条件的多重压力下活动的。追求对技术环境的适应常常导致对制度环境的忽视；而对制度环境的适应又常常与组织内部生产过程争夺资源。权变理论和经济学理论只注意到技术环境对组织的影响，强调效率机制，对制度环境没有予以注意。塞尔兹尼克的研究发现组织运作过程中的非理性活动，指出组织不是一个封闭的系统，而是受到它所处的环境的影响。因此，在研究组织时，要走出理性模式，要超越所谓的效率，要超越组织本身，关注组织所处的环境。技术环境和制度环境对组织的要求常常是不一致的。技术环境要求效率，制度环境常常要求组织消耗资源满足合法性，组织为了满足这些相互冲突的环境要求，常常建构起不同的组织结构加以应付。组织中的一些结构、规章制度和做法可能是适应制度环境的产物，而其他部分可能是适应技术环境的产物。组织制度内部很多的不一致甚至冲突，可能是因为组织所处的环境的不一致造成的。为了处理合法性压力和效率之间的矛盾，迈耶提出组织的一个重要对策就是把内部运作和组织结构分离开来。正式结构是适应制度环境的产物，而非正式的行为规范是组织运作的实际机制。

社会学理论先驱韦伯最初提出了"合法性"概念并区分了权威产生的三种合法性机制：即个人或领袖魅力、传统和对建立在理性制度上的权威的认同。制度学派使用的合法性概念主要是强调在社会认可的基础上建立的一种权威关系，是诱使或迫使组织采纳在外部环境中具有合法性的组织结构或做法的制度性力量，合法性机制就是这种对组织结构和行为产生影响的建立在社会认可的基础上的制度力量。

合法性对组织行为的影响可以从强弱两个层面来讨论。道格拉斯讨论了强意义上的合法性，建立在功利性或实用性基础上的制度是不稳定的，因为利益的变化总是比一个稳定的制度的变化要快得多，建立在功利基础上的制度是多变的、不稳定的，很难被大家广泛接受。因此，制度必须建立在人们都能接受的基本的理念规范之上，这样个人的利益就完全被制度所控制。制度制约了人，影响了组织的行为，使组织不得不采取许多外界环境认可的合法性机制，人没有主观能动性，只是制度的载体。迪马乔和鲍威尔从弱意义上讨论了合法性机制，即制度通过影响资源分配或激励方式来影响人的行为，不是一开始就塑造了人们的思维方式和行为，而是通过激励的机制来影响组织和个人的选择，鼓励人们采纳被社会广为接受的做法。他们的研究中并没有排除人们行为的功利性基础，组织在符合自身利益的基础上进行的有意识的选择提高了组织的生存能力，制度并没有限制个人的思维，也不是在制度的强制性下进行的无意识的选择。[1] 制度理论主要是从合法性的弱机制的角度讨论组织结构的趋同现象。

组织的制度化过程是通过合法性机制实现的。"合法性机制是诱使组织或迫使组织采纳在外部环境中具有合法性的组织结构或做法的

---

[1] 周雪光：《组织社会学十讲》，社会科学文献出版社2003年版，第90页。

一种制度力量"（周雪光，2003）。迪马乔和鲍威尔指出，当代社会里制度趋同化的驱动力不是韦伯所讲的建立在理性基础上的效率机制，而是国家制度和专业组织，他们提出了导致组织趋同的三个机制。第一个机制是强迫性机制，是组织必须要遵守的政府制定的具有强迫性的法律、法令。第二个机制是模仿机制，即各个组织模仿同领域中成功组织的行为和做法，导致这种模仿行为的是组织面临的不确定性。趋同的模仿机制有两种：一种是竞争性模仿，即一个领域中的组织模仿自己的竞争对手，是在压力下产生的模仿；另一种是制度性模仿，即在合法性机制的作用下采纳被社会广为认可的某些组织形式和做法。第三个机制是社会规范机制，即在一定的社会规范基础上产生的一种共享概念、共享的思维方式。

组织与制度之间的关系并不是单向的。作为组织制度学派的创始人，迈耶首先在其研究中提出了制度环境对组织行为的影响。哈恩的研究提出了一个新的角度，即制度环境对每个企业的影响并不是一样的，企业地位的不同可能导致它选择的制度环境是不同的。制度环境可能是分化的，企业会根据自己在不同制度环境中的定位来选择各自"合乎情理"的方式。所谓制度环境对企业的影响，主要表现在企业对自身地位的认同，这一中间环节使企业产生不同的行为。[①]

第三节 研究方法与研究思路

一 研究方法

（一）制度分析与历史分析相结合

制度分析是把制度作为核心的研究对象，研究制度的起源、变迁以及经济后果，历史分析的重点在于解释历史在制度起源及变迁中的作用，包括历史起点的敏感性和历史过程的路径依赖性。历史分析和制度分析形成的历史制度主义方法旨在揭示制度的选择过程和制度路

---

① 周雪光：《组织社会学十讲》，社会科学文献出版社2003年版，第98页。

径依赖的影响因素，制度的选择和路径依赖受到历史的、经济的、政治的、文化的和社会的逻辑关系影响，以及揭示这些影响因素之间的内在复杂性。

（二）事实分析与价值分析相结合

社会政策理论的建立和发展是在一定价值基础上展开的。与一般社会科学理论研究追求客观性不同，社会政策以实现社会公正为目标，具有强烈的价值取向。蒂特马斯在《社会政策十讲》一书中提到，只要涉及社会政策问题，我们就不可避免地要关注它"是什么"和"该是什么"的问题，关注我们（作为社会成员）的需求（目标）问题，以及达成目标的方法（手段）问题。① 本研究在对福利制度进行以企业为中心的分析后，提出未来社会政策发展的社会模式建构问题，就是遵循了事实分析与价值分析相结合的方式。

（三）个案分析法

本研究的缘起是考察制度变迁过程中企业福利行为和福利内容的演变，并找出影响企业福利选择行为的因素和相关机制，个案分析是最有利于实现上述研究目的的方法之一。文中选择的个案都是国有企业，这些企业既有新中国成立之前就成立的，也有新中国成立后创办的。这些企业改制后或成为民营国有控股企业，或成为国有独资企业。为了考察企业在长期制度发展和变迁中的福利行为，本书专门对一家企业进行了历时性的考察，时间跨度从新中国成立前企业建立延续至今。同时为了丰富研究内容，还通过对多家企业的调查展示了改制过程中企业福利行为的多样性和职工身份置换过程的复杂性。

本书的主要研究对象——TH矿业集团有限责任公司是一个有着60多年厚重企业文化底蕴的国有大型企业。公司成立于1948年12月7日，是原煤炭部隶属的98家统配煤矿之一，2005年年末由原TH矿务局改制为国有独资企业，现隶属于省国资委领导下的煤业集团公司，是国家统计局认定的大型企业、中国煤炭工业协会认定的中国煤

---

① 理查德·蒂特马斯：《社会政策十讲》，江绍康译，商务印书馆1991年版，第122页。

炭100强企业之一。矿区总面积400平方公里,矿井井田面积82平方公里。矿区的煤炭开采历史近百余年,经历清朝、中华民国和中华人民共和国三个历史时期。中华民国初期,矿区的煤炭资源以私人开采为主,官办为辅。1931年"九一八"事变后,日本在沈阳发动侵华战争,强占东三省,控制和剥夺了煤炭资源的开采权。据不完全统计,1937—1945年8年间日本侵略者疯狂掠夺煤炭580余万吨,不顾矿工死活,强迫冒险作业,导致各类事故频发。除此之外,遇到瘟疫,矿工不但得不到治疗,还把没有咽气的矿工扔到荒郊野外。1945年日本投降后,矿区生产主要用于供应当地的军需和民用煤炭。1948年11月,东北全境解放。同年根据东北行政委员会工业部命令成立矿务局,所辖3个矿,职工3647人,矿区发展进入新的历史时期。新中国成立后,作为一家典型的国有企业,社会转型和制度变迁在企业留下了深刻的痕迹。自1978年以来,在计划经济向市场经济转型的过程中,企业几乎执行了国家颁布的每一项关于国有企业改革的政策,这为我们研究国有企业的社会责任提供了极好的范本。

个案分析的研究资料主要分为三类:第一类是书面资料,主要包括企业的档案资料、工作文件、宣传手册以及企业自己编撰的局志;第二类是访谈资料,主要是对企业相关管理部门的工作人员以及普通员工进行访谈的资料;第三类是一部分问卷资料。这些资料为研究的展开奠定了扎实的基础。

二 研究思路

在社会政策的研究中,我们通常采用"自下而上"和"自上而下"的两个思路进行研究。社会政策的发展是制度因素、利益集团的冲突和国家的政策制定行为这三者相互作用的结果。政府在确定政策发展的方向、路径及其形成的政策模式等方面都具有能动的选择性,但早期社会政策领域的研究焦点集中于阶级关系和民主政治,强调国家作为政策主体的能动作用始于20世纪90年代以来Skopcol等提出的"把国家带回社会政策研究的中心"这一口号,扭转了以往关于社会变迁和福利发展的解释过于"以社会为中心"的倾向。

"新制度主义"就是在这样的背景下形成和发展的,它强调国家社会政策发展过程中的特殊性和路径依赖性。新制度主义与以往的制度主义的区别在于重新强调政策制定者的作用，特别是强调立法者、有组织的利益群体、选民和审批机构在国家政治体制的构建中形成的结构性联系。新制度主义把制度定义为包含正式和非正式的程序、规范和信念的结构体系，实现了制度和行动主体的连接。新制度主义是对结构功能主义和冲突理论的补充，结构功能主义强调社会政策是对工业化和市场化进程的功能反应，冲突理论从集体行动的逻辑阐述了社会政策是各个社会利益集团集体努力和利益斗争的结果，社会政策的制定和运作是利益冲突的过程，社会政策的运行是社会资源、社会地位和社会权力的再分配过程。新制度主义强调政策行动的内在逻辑和政治进程的能动性、政治实践的自主性。

以国家为中心的新制度主义分析大都从历史分析的角度展开。Hall 和 Taylor 将新制度主义的特征归纳为四点：一是在宽泛的意义上理解制度，把制度化的政治组织看作是建构集体行动的决定性因素；二是力图平衡制度和权力两者在社会政策运作中的作用；三是强调制度发展的路径依赖性；四是倡导把制度分析与观念等其他可能导致政治结果的因素结合起来考察。[1]

作为研究导向，新制度主义理论力图从历史的角度出发解释社会政策发展的路径。历史主义的制度分析具有两个核心概念：一个是社会政策发展的"路径依赖"，另一个是"关节点"。路径依赖假定以前形成的社会政策体系和路径对其以后的体系发展有很大影响。体制运行具有惯性；只有在历史"关节点"上，路径发展才会发生真正的变化。Weir 认为，在"关节点"上所做的决策能够使政策向特定的轨道上发展，从而制约政策未来的发展方向。新制度主义理论对解释国家如何面对其所面临的各种挑战以及政策发展的必然性和偶然性因素等方面做出了贡献。以国家为焦点的新制度主义方法为社会政策分析提供了新的途径。注重历史因素对于现存体系的影响，但并不被

---

[1] Hall, Peter A., Taylor, Rosemary, C. R., 1996, Political Science and the Three New institutionalism, Political Studies, Vol. XLIV: 936–957.

历史决定论的观点所囿,而是通过强调体系在"关节点"上演进的历史条件,为历史性分析留下了广阔的空间。为社会政策行动主体的能动性与历史发展的客观因素结合提供了可能性。①

用历史新制度主义的框架来分析中国的社会政策具有高度的契合性。首先,从中国社会保障制度的起源来看,结构功能主义和冲突论的框架都失去了解释力,与工业化国家社会保障制度最初作为缓解劳资冲突的制度安排不同,社会保障制度最初就是由国家建构出来的社会政治经济制度的重要内容。其次,中国作为中央集权型国家,在分权让利的改革中,经历了经济性分权和行政性分权后,仍然没有改变集权的根本性质,中国的政治、经济和社会领域改革都是由中央政府直接推动的,遵循的是"自上而下"的路径,而且在短期内,社会力量还很难成为具有影响力的政治力量,政府主导的模式不会改变。政府是推动制度变革的核心力量。再次,中国的社会政策经历了巨大的转变,在这个转变的过程中,通过国有企业观察政策的变迁过程,发现这个过程表现出显著的"路径依赖"特征,计划经济时期的单位体制在经历了市场化的改革后,仍然具有单位体制下的"福利共同体"特性,支撑单位制的制度体系业已瓦解,但单位制的影响尚未消除,制度变迁表现出强大的惯性。最后,历史新制度主义强调把制度变迁放到历史进程中考察,这正是目前国有企业福利制度研究的薄弱环节,国有企业的福利制度研究既要向前延伸到新中国成立之前的民国时期的制度实践,也要向后延伸以实现其在未来社会政策建构中的示范性作用。

受历史新制度主义社会政策研究路径的启发,本书对国有企业福利制度的研究以国有企业的单位特征为基础,探讨在社会变迁的不同阶段,国有企业福利行为的特征和表现,并对每个阶段对企业福利行为产生重要作用的制度安排进行深入分析,指出其发展过程所具有的路径依赖效果。重新把国有企业的福利功能和福利行为选择纳入宏观

---

① 林卡、陈梦雅:《社会政策的理论和研究范式》,中国劳动社会保障出版社2008年版,第82—85页。

的国家社会关系背景下，通过社会政策制度变迁的分析，廓清国有企业法定福利和职业福利的观念，寻找影响企业福利行为的制度因素，为未来中国社会政策发展走出国家中心主义，走向多元利益主体互动协商的合作主义福利体制寻找理论资源和实践依据。

第二章　社会福利制度与企业社会责任

第一节　福利制度的多样性

"双向运动"是卡尔·波兰尼的重要观点。他指出人类社会自19世纪以来往往会经历双向运动。一方面是市场力量的不断扩张；另一方面是市场力量过度扩张引发的旨在保护人、自然和生产组织的反向运动。保护性立法和政府干预是反向运动的特征。这种双向运动是围绕着经济与社会的关系展开的，"嵌入性"是探讨两者关系的重要概念，两者之间的关系经历了从"嵌入""脱嵌"到"再嵌入"的演变过程。在工业革命之前的非市场经济中，市场交换机制尚未占据统治地位，以互惠或再分配的方式为主的经济生活嵌入在社会和文化结构之中；而在工业革命之后的市场经济中，经济活动仅由市场价格来决定，人们在这种市场上按照金钱收益最大化的方式行事，此时的经济体制是"脱嵌"的，即不再受社会和文化结构的影响。一旦市场朝所谓"自由"的方向发展就会引发一场旨在保护人和自然的反向运动。而实现这一目的的手段就是政府通过立法和再分配来保护人和自然。社会福利就是政府对经济生活进行管制并通过直接的再分配手段实现劳动力"去商品化"的一项重要制度安排。

福利制度是指分配社会资源的制度化安排，主要是有关福利及照顾待遇的责任及权利分配。制度是理解这一概念的关键，在上述定义中制度是指以规则及条例规范个体及集体行为的一种社会结构。社会政策是现代国家功能的重要组成部分，作为一种制度安排，社会政策是对一个特定的社会、政治、历史和经济背景下的社会状况的反应，也因此在世界范围内形成了不同的社会福利制度类型。

一 从"福利模式"到"福利体制"

以美国学者威伦斯基和莱博克斯（1965）的两分法为起点，关于福利制度类型研究的讨论已经持续了半个世纪之久。后来的很多学者从不同角度对福利制度进行了类型化研究，推动了社会福利制度分类研究的进程，这种分类研究的现实基础就是社会政策实践的多样性。

威伦斯基和莱博克斯在研究工业化对美国社会福利制度的影响时发现，由于不同国家在社会福利供给中承担的职能不同，可以将社会福利制度分为"剩余型"和"制度型"两类。"剩余型"模式以经济个人主义和自由企业为基础，强调通过市场和家庭来满足需求，只有当这两种渠道失效时，国家福利机构才出面弥补由市场和家庭失效造成的福利缺口，美国是这种福利模式的典型代表，其国内的福利制度以面向社会弱势群体的社会救助制度为主，其余的人靠市场和家庭满足需求，所以从以公民社会权利为基础的福利给付角度看，美国还不能被称为"制度型"福利国家，但美国通过对劳动力市场的规制使更多人能够通过就业满足需求，从这个意义上说，美国是一个"规制"福利国家。"制度型"福利是以安全、平等和人道主义为基础，把社会福利作为一项基本的社会制度安排，强调其作为社会正常的和第一线的功能，不是其他福利制度失效时才发挥作用的"安全网"，是个人、家庭和社区满足社会需求的最重要的方式，这种制度建立在公民的社会权基础上，通过制度化的方式以国家为主体向公民提供福利。社会福利的"二分法"从结构功能主义出发，提出了社会福利制度发展的工业主义逻辑，强调工业化发展导致的社会问题和社会需求需要新的福利供应形式，并最终推动社会福利制度从"剩余型"向"制度型"的转变。其本质是一种福利制度发展的趋同论，建立在结构功能主义理论基础上的分类研究无法解释为什么不同的国家会采用不同的方式来回应社会福利需求，而没有走向统一的"制度型"模式；另外，他们的研究也忽略了市场在福利供给中的角色。

蒂特马斯在威伦斯基和莱博克斯研究的基础上提出了福利模式的

"三分法"。蒂特马斯的"三分法"试图将福利模式的差异与关于国家功能和社会服务供应的观念挂钩，在"二分法"的基础上又增加了"工业成就模式"。"剩余模式"坚持市场至上、政府有限干预的原则，美国作为剩余型模式的典型代表，并不是不存在制度型福利，美国的制度型福利制度主要是围绕老弱病残等社会弱势群体开展的并以各类社会救助制度为主，因此，用剩余型和工业成就型的混合体表示美国的福利模式可能更准确（林万亿，1994）。在"工业成就模式"中，社会福利是经济发展的附属品，社会需求的满足要以"价值、工作绩效和生产力"为基础，社会福利的提供是为了激励人们的工作积极性，福利制度安排主要围绕劳动人口展开，这是欧洲大陆国家社会保护制度的基石。虽然社会保险计划覆盖了绝大多数人，但这些计划的分割性比较严重，不同的职业群体参加不同的保险方案。与制度模式相比，工业成就模式的福利体系较为分散和片面。"制度再分配"模式强调个人福利是社会集体的责任，主张"社会最低"原则和普遍性原则，社会福利是一项不可或缺的社会制度，"依据需求原则在市场之外提供普遍性服务"。他的研究进一步丰富了福利模式分类研究的内容，但没有突破模式研究的基本框架，没有对造成福利制度差别的原因进行论述。埃斯平·安德森突破了社会福利制度模式研究的框架，把社会福利制度放在更加广泛的社会政治经济背景下加以考察。

在福利制度模式研究的基础上，埃斯平·安德森开创了社会福利的体制研究。体制（Regime）与制度（Institution）的区别在于体制分析从政治经济学的角度分析制度安排的路径依赖现象。制度的路径依赖是指存在于每个社会中，具有历史文化发展标志和社会经济现实标志的时间和空间的统一体。[①] 路径依赖限制了选择相关社会福利政策架构的可能性，社会福利的发展变化始终笼罩在"过去政策选择的强大压力之下"。福利体制的制度性遗产决定了各种社会、经济和政治

---

① 汉斯·于尔根·罗斯纳：《工业国家的福利政策经验对发展中国家的借鉴意义》，《社会保障研究》2005年第1期。

变化对福利体制变化产生的影响。① "福利体制"的概念不仅从公共支出的规模、范围或福利资格权对资本主义国家的福利制度进行比较，而且进一步从决策过程、阶层形成的潜在模式和政治结构来剖析福利国家。

埃斯平·安德森根据"去商品化"程度将福利国家划分为三种类型。"去商品化"就是在市场经济条件下，个人的福利相对独立于收入又不受其购买力影响的程度。在埃斯平·安德森看来，一方面，现代资本主义的原动力在于人类需求和劳动力的商品化过程。因此，人们的福利渐渐取决于他们与现金交易的关系。另一方面，工人商品化这个政治现象必然产生在它的对立面，即"去商品化"的努力。对劳工运动而言，"去商品化同时是劳工团结与统一的起点和终点"（埃斯平·安德森，2003）。马歇尔认为国家提供福利是以公民的社会权利为基础的，福利国家的核心理念是公民的社会权利，这种权利是以公民身份而不是工作绩效和其他社会地位为基础的。社会福利的获得是一种权利，一个人可以不必依赖市场而维持生活，福利国家的发展过程就是劳动力去商品化的过程。埃斯平·安德森根据"去商品化"程度的不同提出了福利体制的三种理性类型：自由主义、保守主义和社会民主主义。

第一种类型是"自由主义体制"的福利国家，也被称为盎格鲁—撒克逊模式，国家只保留基本的、有限的普救主义制度，社会保障制度中基于支配地位的是以家计调查为基础旨在帮助人们重返劳动力市场的社会救助制度。国家干预的目的是最大限度地发挥市场机制的作用，所以如果以给付作为衡量标准，美国并不是典型的福利国家，但美国的确符合规制国家的标准，对市场经济中的野蛮部分进行经济性和社会性的管制，在保证机会平等等领域有着严格的管理，美国政府并不对全体公民提供以给付为主的制度，对于那些有较高经济收入的群体，由市场去主导社会日益增长的、更高层次的福利需求。第二种类型是"保守—合作主义"福利国家，也称欧洲大陆模式，在这类国

---

① 保罗·皮尔逊：《福利制度的新政治学》，商务印书馆2004年版，第305页。

家中，崇尚商品经济和自由市场的自由主义观念没有占据统治地位，社会市场经济理念深入人心，即在市场繁荣的同时，由国家即政府出面对那些在市场经济竞争中处于不利地位的人给予救助，具有典型的合作主义传统。但福利给付的结果是对既有社会分化的保护，权利依阶级归属和社会地位而定，重视保持传统的家庭关系，不鼓励女性外出就业。第三种类型是"社会民主主义"福利国家，或斯堪的纳维亚模式，国家通过向全体公民提供以中产阶层需求为标准的福利打破了国家与市场、工人阶级与中产阶级之间的二元化局面，所有阶层都被纳入一个普救式的保险体系中，这一模式排除了市场，所有人都依赖于这一福利制度并从中受益，充分就业是这一福利制度得以运行的保证，最大限度地鼓励个人的独立性，鼓励妇女参加工作而不是操持家务，这意味着国家必须将社会问题最小化并将财政收入最大化。

福利国家也是一种社会分层化体系，是阶级和社会等级形成过程中的重要制度因素。福利国家的组织体制决定着社会共同责任、阶级分化和身份差别的连接方式。[①] 所谓福利国家的"阶层化"效果就是指国家福利对不同社会群体区别对待并促进平等和社会整合的程度。他指出，不同体制的福利国家会形成不同的社会阶层结构。虽然不同福利国家的规模和规范性可能是相同的，但是它们对社会结构的影响却大相径庭。保守主义福利体制根据职业安排社会保障体系，旨在维护既有的地位差别和阶级，体现并强化了欧洲大陆国家社会阶层分化明显、等级结构严格和特权势力强大等社会结构特征；自由主义福利体制针对有需要的人以救助式的社会保障计划为主，客观上形成了贫困者和中产阶级之间的二元状态；社会民主主义奉行普救主义的社会保障制度，以达到削弱阶级地位的目标，通过社会保障制度的整合作用强化了各阶层的连接与国家的稳定，通过制度设计在最大限度上降低了社会阶层间的不平等，通过支持一个庞大的中产阶级打造了去分层化的福利国家。

无论是福利国家的"去商品化"水平还是社会分层化效果都是由

---

① 埃斯平·安德森：《福利资本主义的三个世界》，法律出版社2003年版，第62页。

国家与市场在分配制度中的关系决定的。"不能在与私人部门的关联中对福利国家的行为加以定位，就无法领会什么是福利国家"（埃斯平·安德森，2003）。正是国家与市场关系的不同造就了福利资本主义的差异。

回溯福利制度的分类研究我们发现，无论是福利的模式研究还是体制研究都对社会福利提供中的市场、国家和家庭的制度性组合给予了极大的关注。在初期关于福利模式的研究中，学者们从结构功能主义出发，把社会福利看成是工业化和人口迁移的必然结果；埃斯平·安德森的研究采用了"福利资本主义"概念从更广泛的政治经济学角度分析国家介入管理和组织经济市场运作的特征。这种分析方法优于模式比较的地方在于：一方面，福利体制的概念隐含了社会保障制度的路径依赖和制度性影响两个核心内容，这恰恰是模式划分所忽视的；另一方面，这种体制比较框架使社会保障制度在理论化方面达到了一个更高的程度，不仅避免了陷入强调共性或统一性的目的论或功能论的泥淖，而且能免受强调国家或亚国家个性的后现代观点的束缚。[1]

埃斯平·安德森对福利国家体制的研究迄今仍被奉为经典，但也有许多学者指出了其不足之处。其中一个主要的缺陷就是福利国家体制的应用面狭窄，只覆盖了少数西方发达的资本主义国家，对新兴工业化国家、发展中国家和社会主义以及后社会主义国家，类型研究没有给予应有的注意。[2] 他本人在《福利资本主义的三个世界》的中文版序言中提到，这本书验证了西欧、北美乃至北极圈诸国的福利国家类型，但并未着重在东亚福利国家的形成。而究竟是否有可能将这些国家纳入本质上是以西方、欧洲为中心的分析框架呢（埃斯平·安德森，1999）？有学者指出，体制比较的标准和模型不一定能够直接拿来分析东亚社会保障制度，当用福利体制分析法对它们进行分析研究

---

[1] 罗兰德·斯哥、克里斯提娜·伯仁特：《地球村的社会保障：全球化和社会保障面临的挑战》，中国劳动社会保障出版社2004年版，第38页。

[2] 尚晓援：《社会福利与社会保障再认识》，《中国社会科学》2001年第3期。

时，必须做到谨慎。①

二 福利体制的"东亚"争论

20世纪80年代，随着东亚新兴经济体的崛起，东亚社会研究开始受到学界的关注。90年代后，受福利体制类型学的推动，东亚福利研究日趋激烈。经过20多年的发展，东亚福利研究的成果显著，但是关于是否存在"东亚福利模式"这一问题却悬而未决。赞成者认为东亚各国福利体制存在共性，如较低的社会开支、有限的政府责任、较多的家庭依赖等；反对者强调东亚国家在经济体制、社会制度和历史发展方面存在的不同，认为"东亚福利模式"的科学性和解释力令人怀疑。双方争论的焦点在于：如何看待东亚各国在历史背景、文化传统和现代化进程方面的不同及其对社会福利制度的影响。

Goodman、White、Kwon及Jones等提出了"东亚福利模式"（East Asia Welfare Model）或"东亚福利体制"（East Asia Welfare Regime）等概念，用以表明东亚新兴经济体在社会福利发展方面所具有的某些共性，而这些共性又是西方福利国家模式所不具备的。他们在对日本及亚洲新兴工业化国家和地区的福利体制进行研究时发现，这些国家和地区的福利体制与西方存在明显的差异（White and Goodman，1998）。首先，政府的社会福利支出相对较低，但国家干预的程度又远较人们想象的高。政府的主要作用在于制定政策，推进社会福利项目，而不是直接提供福利服务。其中，最重要的国家策略是用再分配和增长的双重目标来引导经济发展过程。其次，基于市民社会权利的国家福利思想基础比较薄弱，政府鼓励市民实现"自立"和"互助"，反对甚至污名化对国家的依赖，强调包括社区、企业和家庭等在内的非政府部门在福利提供和筹资上的主要作用。从政府作用看，除了社会保险外，东亚国家和地区的社会福利制度本质上是"补缺型"的，即家庭、非政府机构和社区承担着提供社会福利服务的主要责任，政府只承担为弱势群体提供福利服务的最后责任。最后，在

---

① 罗兰德·斯哥、克里斯提娜·伯仁特：《地球村的社会保障：全球化和社会保障面临的挑战》，中国劳动社会保障出版社2004年版，第39页。

社会福利的筹资方式上，倾向于采用社会保险的部分或全部供款原则，特别是基于税收的现收现付制项目。[1] 韦尔丁（Wilding）把东亚国家福利体制的共性概括为：低的政府福利支出；聚焦于经济成长的积极性福利政策；政府对福利的敌视态度；强烈的残补概念；以家庭为中心；政府扮演规范及鼓励的角色；片段、零散方案的福利发展；借助福利来支持及建立政权的稳定性与合法性；对福利权的有限承诺。[2]

霍利德（Holiday）在埃斯平·安德森去商品化程度、阶层化效果以及政府市场关系三个维度基础上，又增加了社会与经济政策间的关系这一维度，提出东亚是生产主义的福利资本主义（Productivist Welfare Capitalism），认为东亚的福利体制是生产性的，社会政策是服务于经济发展的。[3]

也有学者从文化角度讨论东亚福利模式的成因。林卡从儒学文化背景出发，把历史进程中形成的与宗法体制相关的群体主义看成东亚福利体制的规范基础。[4] 这一基础使社会权利这一构成福利国家伦理基础的原则难以运作。Jones - Finer 也对东亚福利体制的文化背景及其影响进行了探讨，提出了"儒学福利模式"（Confucian Welfare State）。她认为，东亚国家的福利体系具有明显不同于西欧福利国家的特征，这些体系具有保守主义色彩的法团主义，但不具备（西方式的）劳工的政治参与；采用辅助主义原则，但却不具备基督教的背景；没有导致社会平等的社会团结理念，但也不采用自由主义的自由放任模式；注重家庭经济等。[5]

---

[1] 黄晨熹：《社会福利》，上海人民出版社2009年版，第70页。
[2] 李易骏、古允文：《另一个福利世界？东亚发展型福利体制初探》，《台湾社会学刊》2003年第31期。
[3] 同上。
[4] Lin, Ka, 1999, Confucian Welfare Cluster: A Culture Interpretation of Social Welfare, Tampere: University of Tampere.
[5] Jones - Finer, Catherine, 1993, The Pacific Challenge - Confucian Welfare States, in Jones - Finer, Catherine (eds.), New Perspective on the Welfare state in Europe, London: Routledge.

在东亚福利体制的研究者看来，埃斯平·安德森对福利国家体制的研究针对的是建立在市场经济、规范劳动力市场、相对自主的政府以及体制完备的民主制度基础上的西方工业化国家，因此，资本主义福利国家体制的分类研究不适用于发展中国家。为此，高夫等（Gough，2004）提出了福利体制概念。

福利体制是指"在不同的社会和文化背景下，影响福利后果和分层效应的所有制度安排、政策和实践的总称"。福利体制与福利国家体制存在以下不同（Gough et al.，2004）：一是福利体制不单单强调政府的突出作用，还强调各个福利提供者的作用。除了政府、市场和家庭以外，由当地直属关系（如亲人、族人、同村人等）到更大范围的目的性关系（如公民社会组织，包括非政府组织）构成的社群（Community）也是一个重要的福利提供者。它代表了从人际关系网络到更为抽象的社会资本在内的各种制度实践。二是福利体制不单单强调享受福利的权利，而是强调福利权利和相关义务的关系。三是福利体制不单单强调国内因素的影响，还强调国际因素产生的影响。四是福利体制不单单强调去商品化原则，还强调非正式安排中权利和义务之间关系的重要性。社群中的非正式安排在政府表现无法得到信任时显得举足轻重。但是，这种非正式安排通常存在利用人际关系网络处理社会事务的习俗，也就是庇护—依赖主义的问题。[①]

高夫提出的福利体制分类包括福利国家体制、非正式安全体制和非安全体制。东亚体制强调以经济生产而不是社会政策优先，应该被称为生产主义体制（Productivist），受到传统儒家价值观的影响，性质上属于保守派，再加上非政府部门在社会福利中的强大作用，因此是保守主义和非正式福利体制的结合体。

东亚的社会福利体制具有很强的保守性，是威权主义国家由上而下推动的。沃克和王卓琪认为，东亚国家的福利体制不仅是政治博弈的结果，更是这些国家的政府为维护威权背景（或为了维护政治合法

[①] 黄晨熹：《社会福利》，上海人民出版社2009年版，第66—68页。

性）所做出努力的结果。[1] 怀特和古德曼也提到，在东亚发展型国家中，社会福利主要是被保守的政治精英介绍进来的，而不是工人阶级运动形成的公共要求的结果。这种情况导致了社会秩序、家庭模式和社区组织基本稳定，另外，也使这些国家在追求经济增长的过程中面临较小的政治压力，从而削弱了对收入再分配社会政策的需求。这种社会政策是与东亚社会20年来良好的经济发展状况相关联的，而且也可以在一定程度上解释左翼政党及劳工力量在社会政策发展中比较薄弱的原因。

政府在社会政策发展中的推动性作用与东亚特殊的历史发展进程有关。东亚特殊的社会历史进程导致劳工的力量比较薄弱，缺少欧洲大陆模式中的法团主义和集体谈判因素。在历史发展的进程中，东亚社会形成了权威主义、家族主义、小团体主义，依靠非正式社会关系网以及特殊主义、互惠主义和等级制规范，这些因素构成的结构类型和制度安排构成了东亚社会的独有特征。因为宗教组织在社会福利团体方面的功能有限，政府面对的反对国家干预社会生活的呼声很弱，人们期待政府在社会福利方面采取积极的行动。

东亚国家在经济发展中的"后发效应"对社会政策的发展存在多方面的影响。为了赶超西方国家，东亚国家在很长一段时间内把追求GDP为导向的经济发展作为首要目标，产生了生产型福利政策的导向。埋桥孝文把日本和韩国的特点归纳如下：一是国家福利处于低迷状态，家庭和企业替代了国家的福利功能，"福利混合"成为人们关注的概念；二是快速工业化要求国家在劳动保护方面设立标准，并制定法律来稳定劳资关系；三是经济增长和增加就业在政策制定日程中占优先地位；四是社会支出占GDP的比重维持在较低水平。[2]

此外，施世骏、吴明儒、陈芬苓、古允文、李建正及赖伟良还探讨了发展型国家模式对东亚福利制度的影响。所谓发展型国家就是政

---

[1] Walker, Alan and Wong, Chack – Kie, 2005: Introduction: East Asia Welfare Regimes, in Walker, Alan and Wong, Chack – Kie (eds.), East Asia Welfare Regimes in transition, From Confucianism to Globalization, Bristol: The Policy Press, pp. 3 – 20.

[2] 埋桥孝文:《再论东亚社会政策》，《社会保障研究》2006年第2期。

府或官僚有意识将经济发展视为优先事项，同时利用国家力量（经济及社会政策）提升经济生产力及竞争力。发展型国家的重要假设是国家相对独立于经济及社会力量，而以国家的整体利益推动国家力量发展经济及满足民生需要。在发展中国家中，有意识履行国家使命的政府官僚或政治领袖是相对独立的政治力量，没有私利，可以抵制来自资本的诱惑或来自社会的民粹诉求。但是在不同的时空条件下，理论与现实的距离不同。第二次世界大战后，东亚地区在一穷二白的经济基础上以经济优先为整体社会发展目标；发展型国家的好处是通过资源剥削与积累进行快速的工业化（施世骏，2011），但以牺牲社会发展，尤其是社会困难群体的利益为代价。东亚地区在迈向民主化的过程中，由重视经济发展转为重视社会发展；体现在福利制度方面是加强社会保障制度的力度及扩大包容性或普及性的福利项目，中国台湾地区和韩国的例子最明显（古允文、陈芬苓，2011）。但中国台湾地区民进党及国民党在政治民主化过程中扩大福利并不是一帆风顺的，古允文提出中国台湾地区国民党政府是否在财政限制下，重返经济优先的福利政策问题。而这个问题背后突出的结构性因素是经济全球化对个别经济体间接造成的财政压力。

  经济全球化对西方福利国家的影响经过了广泛而深刻的讨论，对于东亚国家来讲，经济全球化与福利制度的关系表现为两个名词——熊彼特式的工作福利国家（Schumpeter Workfare State）和生产型福利国家（Productivist Welfare State）。如果发展型国家是战后东亚地区利用国家力量追赶发达国家的手段，那么熊彼特式的工作福利国家和生产型福利国家则是东亚福利制度回应经济全球化的方法。两者都强调工作及经济生产的重要性，并把福利视为经济的依附和从属，强调经济政策优先于社会政策。[1]

  迄今为止，对东亚福利模式的研究还处在起步阶段，东亚国家的政策实践也处于变动之中，难以辨别出东亚国家和地区存在整体一致

---

[1] 王卓琪：《东亚国家和地区福利制度——全球化、文化与政府角色》，中国社会出版社2011年版，第3页。

的福利模式，但是已有的研究很好地揭示了东亚社会福利制度安排中的共同点和人们在福利理念方面的相似之处。

三 社会主义福利模式及其改革

社会主义福利体系有其自己独特的逻辑和规范基础，与基于市场—国家关系的资本主义福利体系不同，社会主义国家的政府积极地承担起对民众的福利责任。在社会主义福利体系中，阶级冲突和阶级斗争不是社会政策发展的主要动力。劳动权利受到宪法的保护，社会被国家高度地组织起来，国家对公民的福利状况负有基本的责任。政府对劳动者及其家属提供免费的教育、住房和医疗卫生服务及其他社会保障权利，同时工人还有较高的平均工资。但社会主义国家提供的这些福利被认为不能满足人们日常生活的需要，以及常有官僚主义和服务提供方面的混乱等缺点，但是政府对民众的福利保障负有积极的责任。[1] 这些体制的建立是基于国家主义的中央集权的经济模式，建立在计划经济基础上，并在社会管理中形成了以工人阶级为领导阶级的阶级结构。以此为基础的社会主义社会的福利保障体制具有如下特征：[2]

一是国家主义。社会主义的福利模式对满足人们的福利需求做出"总体性"的制度安排，而不是只有当社会网络破裂时才起作用。[3] 国家通过社会保险制度为全社会的劳动群众提供基本的保障，除了产业工人，也覆盖农民。在苏维埃体制中，国家是公共服务的主要提供者，并充分体现在国家的公共住房、公费医疗体制、免费教育以及终身就业等制度安排上。

二是集体主义原则。集体是个人福利的基本来源。国家鼓励人们积极投入到集体福利的努力中，并通过各级单位为人们提供福利保

---

[1] Deacon B., 1992, The New European Social Policy: Past, Present and Future, London: Saga, pp. 2-3.

[2] 林卡、陈梦雅：《社会政策的理论和研究范式》，中国劳动社会保障出版社2008年版，第158—161页。

[3] Higgins, Joan, 1981, States of Welfare: Comparative Analysis in Social Plicy, New York: Oxford Publishing Services, p. 69.

障，这一体制中集体主义与中央集权制下的国家主义两者融为一体。尽管一些国家行政人员有些隐藏的特权，但工人工资是相对平均的，工薪阶层收入差距很小。

三是强调通过发展生产提高人们的生活水平。乔治（George）和曼宁（Manning）指出了苏联福利体制的两个特征：其一，强调社会政策与经济政策密切相关，后斯大林时期的苏联政府把财富增长作为政府的主要目标，用经济发展来降低社会不平等程度。其二，国家执行平均主义的分配原则，即按劳分配。[1] 计划经济的运作阻碍了市场经济的发展，因此由市场机制发展导致的对社会财富进行再分配的要求并不强烈，这一制度削弱了发展再分配型社会政策的动力。

四是倡导共同富裕的意识形态和政策理念。全社会倡导劳动光荣的道德规范；阶级斗争理论构成社会福利意识形态的基本构成要素，剥夺了旧社会剥夺者的福利权利；强调国家保障的同时，也强调家庭福利、社会互助以及通过一切社会力量形成互相关心、互相帮助的共产主义风尚；强调国家的父权责任，把社会保障作为社会主义优越性的体现，是社会主义国家对劳动群众的关怀。

自 20 世纪 90 年代东欧剧变以来，社会主义国家的福利体制发生了根本性的变化。这一变化与造成这一体制的许多结构性因素的变化密切相关。在随后由政府主导的私有化进程中，随着市场经济体制的逐步建立，整个社会的经济基础和制度构造向西方资本主义国家靠近。社会不平等程度不断增加，政治和社会生活中各阶层间的冲突和社会紧张度增强，社会上出现严重的失业、不平等、收入差距和不断增加的贫富差距，这些问题使转型国家不得不面对来自社会对再分配的强烈需求。[2]

---

[1] George, Vic, Manning, Nick, 1980, *Social Welfare and Soviet Union*, London, Boston and Henley: Routledge & Kegan Paul.

[2] 林卡、陈梦雅：《社会政策的理论和研究范式》，中国劳动社会保障出版社 2008 年版，第 160 页。

第二节　中国的社会福利制度

东亚的社会政策发展经历了与西方社会完全不同的轨迹。东亚地区在第二次世界大战以后创造了举世瞩目的经济成就，相继出现了"亚洲四小龙"的经济奇迹，这些国家的一个共同特征就是在威权政府主导的经济政策下短期内从积贫积弱的第三世界经济体发展到第一世界经济体。东亚在取得举世瞩目的经济成就的同时也取得了巨大的社会成就，如果说西方社会政策的产生是工人阶级不断抗争的结果，那东亚社会政策就是政府主导的自上而下的发展过程。在东亚社会经济发展的起步阶段，所有人都能够从迅速发展的经济中获利，也就是经济发展产生的"涓滴效应"弱化了对收入和财富进行再分配的需求和渴望，当国家经济实力提高和财富增加导致社会不平等和阶级差距不断增大时，国家在社会政策中又扮演了积极的角色，抑制了工人力量在社会政策发展中的作用，在较短的时间里建立和发展了社会政策。

中国的社会政策经历了与东亚不完全相同的发展路径。在改革开放之前，中国采取了建立在计划经济基础上的社会主义国家政权模式，在集中力量发展生产贯彻"赶超"战略的同时，还在城市建立起了以平等主义为特征的充分体现社会主义优越性的社会福利制度。改革开放以后，中国连续30年保持了两位数的GDP高速增长，并成长为世界第二大经济体，创造了"中国奇迹"，但巨大的经济成就是以牺牲社会发展为代价的，出现了有增长无发展的状况。改革开放初期，通过解放生产力释放出来的活力在短时期内使所有人从经济增长中获益的阶段结束后，中国政府不得不面临日益显赫的社会鸿沟带来的社会不稳定。进入新千年之后，社会政策逐渐出台，但仍缺乏有别于其他东亚经济体的有效且适当的社会政策。①

中国社会福利制度的复杂性根植于中国特有的政治、经济、社会和文化传统之中。中国既有与东亚其他国家和地区相似的地方，如威权政府主导的经济优先发展战略、儒家文化传统和自上而下的社会政策发展路径；也有其特色，如源自计划经济体制的制度和社会结构遗产。同时中国又是社会主义国家，其社会结构和社会福利制度有许多同苏联等社会主义国家比较相似的制度安排，不同之处在于中国在实现经济体制转轨，也即用社会主义市场经济替代计划经济作为资源配置的基本手段的过程中，并没有改变社会主义国家的性质。所以，观察中国社会福利制度的发展时，东亚、前社会主义国家和西方发达国家的经验都可以作为我们反观自身的一面镜子。

社会福利的发展是以社会政治经济条件为基础的。在不同的社会经济发展水平和政治意识形态下，社会福利的发展会出现不同的形态和特征，把国家政策作为分析的重点，新中国成立后，社会政策的发展基本上可以分为三个不同的发展阶段：第一阶段是计划经济时期以公平为导向的社会政策和社会福利阶段；第二阶段是市场经济转型时期以发展为导向的社会政策和社会福利阶段；第三阶段是21世纪以来以民生为导向的社会政策阶段。

1. 计划经济时期以公平为导向的社会政策和社会福利阶段（1949—1986年）

中国的社会政策传统始于新中国成立后。伴随着中国从苏联引入标准的社会主义意识形态，毛泽东领导的政权建立了全国性的社会政策，宣扬"社会主义理念"，重视社会保障和社会平等，建立与重工业发展目标相匹配的低工资、高福利的福利体制，因为受到客观因素的制约，福利水平仅以满足基本需求为标准，质量难以得到保证。

在计划经济时期，中国的福利体制采取了在城市以单位制为基础涵盖就业者及其家属的各种需求的集体福利制度，在农村以集体福利

---

① 郑永年：《国家与市场之间：中国社会政策改革的政治逻辑》，载《社会发展与社会政策：国际经验与中国改革》，东方出版社2014年版，第248页。

保障弱势群体需要和以家庭为单位的自我依赖的剩余性福利体系。①在计划经济时期，无论在城市还是农村，政府在社会福利的提供方面的作用都是边缘性的，作为城市和农村社会的组织基础，单位和人民公社直接担负起了满足城乡劳动者福利需求的职能。

在城市，"统分统配"和"充分就业"的制度安排与集体福利制度紧密结合，为绝大部分城市人口提供了基本生活保障。国有企业是城市福利的组织基础，企业主要承担四个方面的社会福利：福利分房、养老保障、免费医疗和社会服务。②

1949年新中国成立后，在城镇实行了完全福利化的住房政策。"一是住房不进入流通，二是作为劳动补偿的一种形式，在实物福利名义下分配给劳动者"。③ 政府无偿、无限期地把土地划拨给各个单位建造公房，企业根据职工的职位、工龄、婚姻家庭状况等指标分配给企业职工。形成了单位向政府争取住房投资和拨款、每个家庭向单位争取分房资格和住房面积的住房供给体系。住房以实物方式分配给职工后，居住者获得使用权并且仅需要缴纳较低的租金，房屋的管理和维修保养都由单位和政府负责，福利化的分房政策一直延续到20世纪90年代末期。

1951年2月，中央人民政府政务院颁布实施了《中华人民共和国劳动保险条例》，规定了城市全民所有制及部分集体所有制企业必须为工人提供基本的生活保障，保障内容涉及养老、医疗、生育、病假、伤残、死亡等，职工家属也有权享受一定的保险待遇。事业单位人员和公务员参加公费医疗和事业单位的养老金制度，并且与企业职工的劳保医疗和养老金制度长期并行。

在"大而全，小而全"思想的指导下，企业无论大小，除了提供基本的生活保障外，还提供门类齐全的社会服务，包括学校、医院、

---

① 熊跃根：《社会政策：理论与分析方法》，中国人民大学出版社2009年版，第171页。
② 黄晨熹：《社会福利》，上海人民出版社2009年版，第217页。
③ 杨鲁、王育琨：《住房改革：理论的反思与现实的选择》，天津人民出版社1992年版，第70页。

托儿所、幼儿园、食堂、电影院、图书馆、体育场馆等，企业满足了职工"生老病死"的一切需求。基于平等的基本理念，国家通过工作单位向城镇劳动者提供社会福利和公共服务，城市居民严重依赖工作单位，政府通过单位组织提供无所不包的社会福利服务，"企业办社会"是计划经济体制下中国城市社会福利模式的真实写照。"文化大革命"发生后，政府举办的社会福利越来越少，各企事业单位承担的职工福利逐渐完善，形成了"小企业，大社会"的职工福利格局（盖锐、杨光，2009）。有学者将之称为迷你型福利社会（Gu，2001；Leung，2003）。

农村居民依靠集体经济满足福利需求。新中国成立后，农业生产方式的社会主义改造使原来依靠家庭获得基本生存保障转变为依靠家庭和集体获得基本的生存保障。人民公社是农村居民的基本组织形式，按照按劳分配和按需分配相结合的方式，社员可以获得人头粮和工分粮，人头粮是社员的基本权利，与是否具备劳动能力和是否参加劳动生产无关，人头粮以社员身份为依据获得，以此维持当年的基本生活；工分粮以劳动贡献为依据，以家庭作为衡量单位，一个家庭的劳动力越多，劳动的人数和时间越多，获得的工分粮也越多。农民不存在退休问题，没有劳动能力的农民依靠家庭成员的供养，失去劳动能力而且没人供养的老弱病残则由集体经济满足基本需求。因此，集体经济为农村居民提供了"铁饭碗"。

人民公社还负责满足农村居民的基本医疗需求。农村大队主办的合作医疗依靠公社和生产大队的公益金和社员缴纳的数额极低的费用为队员提供医疗服务。1959年12月，卫生部党组在上报党中央的《关于人民公社卫生工作几个问题的意见》中提出实行人民公社社员集体医疗保健制度，"合作医疗"作为农村的医疗保障制度被正式提出。到了"文化大革命"阶段，搞不搞合作医疗被上升到政治高度后，合作医疗遍地开花，到1976年，全国90%以上的生产大队实行了合作医疗制度（杨宜勇、吕学静，2005），大大改善了农村居民的健康状况。

公社是农村基础设施建设的直接责任者，包括水利、供电和社会服务等。该时期的许多水利设施都采取了集体出钱、个人出力的合作模式，动员农民参与公共设施建设间接解决了剩余劳动力的问题，公社甚至还提供过公共食堂、托儿所、缝衣室等公共社员免费使用的社会服务（黄晨熹，2009）。

计划经济时期，城乡虽然采取了不同的社会福利制度，形成了城乡二元的社会保障制度，但是无论是在城市内部还是在农村内部都遵循了相对公平的福利分配模式。

计划经济时期的社会政策遵循极权主义的模式，管理结构和国家干预的方式具有两个特征：一是权力和资源的高度集中，造成不同层级行政部门的关系完全按等级划分。二是按照官僚政治的手段执行政策。这样的管理模式要求绝对地服从，以此提高政府的合法性及企业对劳动者的权力。[①] 其结果是国家支配了公民的社会生活，公民为满足自己的需要不得不依赖于国家，形成了国家企业与公民之间在社会福利上的庇护—依赖结构。

2. 市场经济转型期以发展为导向的社会政策和社会福利阶段（1986—2000年）

1986年被看作中国社会政策真正进入转型时期的初始之年（冯兰瑞，1997；郑功成，2002；王绍光，2008；关信平，2008等）。其中，郑功成（2002）的理由很具代表性。他认为，1986年发生的三件大事标志着社会保障体制改革的开始。一是4月12日六届人大四次会议通过的《国民经济和社会发展第七个五年计划》不仅首次提出社会保障的概念，而且单独设章阐述了社会保障的改革和社会化问题。社会保障社会化作为国家—单位制的对立物被正式载入国家发展计划。二是7月12日国务院发布《国营企业劳动合同制暂行规定》和《国营企业职工待业保险暂行规定》，前者不仅明确规定国营企业用劳动合同制取代了计划经济时代的"铁饭碗"，而且规定了合同制工人的退休养老实行社会统筹并由企业和个人分担缴纳保险费的义

[①] Walder A., 1986, *Communist Neo-Traditionalism, Work and Authority in Chinese Industry*, Berkley: University of California Press.

务；后者虽然在当时并未成为真正有效的失业保险制度，但它却是为了满足企业破产和职工失去工作时对失业期间生活保障的需要。三是11月10日劳动人事部颁发《关于外商投资企业用人自主权和职工工资、保险福利费用的规定》，这意味着国家在承认经济结构多元化的条件下对劳动者社会保障权益的维护，弱化了社会保障的单位化效应。

后毛泽东时代的经济改革往往被视为新自由主义的典范。[①] 在30多年的经济增长过程中，中国经历了经济制度的变迁和社会结构的转型。市场经济替代了高度集中的社会主义计划经济，由农业化、乡村化、封闭型社会走向一个工业化、城市化、市场导向的开放型社会。[②] 在社会政策领域，传统的国家—集体—个人之间的依赖关系被视为经济发展的障碍，对社会政策与社会福利进行了私有化和市场化的改革。

在以发展为导向的市场化改革过程中，计划经济时期在城乡建立的政策体系先后遭遇到危机。人民公社的衰落和崩溃使农村福利体系失去了制度基础；家庭联产承包责任制实施以后，大部分集体经济土崩瓦解，彻底切断了农村基础福利供给的制度根基。福利资金只能通过税收、乡镇企业利润以及家庭筹资等多种途径获得，随着乡镇企业的衰落以及地方和基层权力机关的财政亏空，农村福利制度举步维艰。原来的集体福利项目，如合作医疗和教育等难以为继，农民对公共服务的需求只能通过市场途径得到解决。

城市的改革是从国有企业开始的。最初改革的目标是改变原有体制下不利于提高企业市场竞争力的因素，包括企业承担的社会福利职能。首先，分离企业办社会职能。这些职能包括企业自办的教育机构、医疗机构、职工福利机构以及住房的建设和维修。教育和住房在20世纪90年代末期实现了市场化的改革，国有企业不再是福利提供

[①] David Harvey, 2005, *A Brief History of Neoliberalism*, Oxford University Press.
[②] 李培林：《中国改革初期的制度创新与利益调整》，载陆学艺主编《中国新时期社会发展报告》，辽宁人民出版社1997年版。

者，原来依附于企业的集体福利被打破。其次，通过推行劳动合同制，建立企业和劳动力双向选择的市场用工机制，打破了计划经济时期建立在统分统配基础上的终身就业制度。90年代后，又通过"下岗分流，减员增效"政策的实施完成了企业职工的身份置换，解除了国有企业及其员工之间的人身依附关系。企业集体福利失去了继续存在的制度基础。据统计，1993—1999年期间，全国国有城镇下岗职工5500万（国家统计局、劳动与社会保障部，2000）。

建立服务于经济发展的社会政策是这个阶段的主要目标。重新构建的多元福利模式主要由以下制度构成：首先是以社会保险为主、社会救助为辅的社会保障制度。社会保险面向工作人口，由企业和个人共同缴费；社会救助面向贫困人口，采取家计调查的方式由政府财政拨款，具有补缺性。其次，在教育、医疗等方面实行用者自付的原则，使教育和医疗机构逐步变成独立经营的实体，并允许社会组织或私人投资建立医疗和教育机构。医疗和教育的市场化改革降低了医疗和教育服务的可及性。再次，停止住房实物分配，出售公有住房，推行住房分配货币化，设立住房公积金，建立市场化方式为主的住房制度。最后，福利服务社会化，原来由政府包办的社会福利服务改为由全社会共同兴办，以解决政府投入不足和服务需求日益增长的矛盾。[1]与此同时，广大农村成为一个被遗忘的角落，国家既没有提出政策指导和规范，更没有提供财政支持，失去福利的农村居民几乎是"裸奔"在通往市场经济的道路上，除了土地和劳动所得，生老病死没有任何制度化的保障。

城乡巨变要求政府重构社会政策体系。不同于计划经济时期由国家包揽社会政策供给、筹资和管理的全部责任，改革开放时期的领导人试图重新定义国家与市场、国家与社会团体以及国家与市民社会的关系。[2]在此过程中，市场化、社会化和私有化的改革措施被采纳。

---

[1] 黄晨熹：《社会福利》，上海人民出版社2009年版，第226—227页。
[2] Wong L., 1998, *Marginalization and Social Welfare in China*, London: Routledge; Mok, K. H (2000): *Social and Political development in Post—Reform China*, Basingstoke: Palgrave.

自 20 世纪 90 年代以来，中国政府加快了推行"社会化福利"政策举措的步伐，在社会福利的管理体制、服务模式、资金来源与服务范围等方面都采取了积极的对策，逐步形成了国家、企事业单位（集体）、非营利组织、社区和个人承担福利责任的局面，福利服务的承载主体和服务模式多元化初现端倪，而其中第三部门的角色日益明显（熊跃根，2001）。有学者指出，福利三角的形成，即国家、市场与家庭在福利责任承担中构成的关系，是认识当今西方福利体制转型和社会化政策走向的一个重要途径，也是认识中国社会政策变革和未来发展趋势的一个有益视角（彭华民，2006）。在中国，福利多元主义的实质是在市场经济与社会化变迁的背景下将福利由国家单一责任模式转向国家—组织—个人共担责任的模式。[1] 社会福利领域政府责任的减弱，并不必然导致国家能力的弱化和国家合法性的减弱，而是国家寻求了一个可供替代的策略整合并追求集体利益。

3. 21 世纪以来以民生为导向的社会政策阶段（2000 年以来）

21 世纪以来，中国的发展目标出现了新的转向。政府通过提出"科学发展观"和"和谐社会"，从意识形态上公开承诺保障社会并在经济发展的利益与成本分配方面实现社会公平正义，用以缓解经济高速增长带来的社会分化。党的十七大报告更是明确提出"使全体人民学有所教、劳有所得、病有所医、老有所养、住有所居"的社会化建设目标。

经过改革开放后 20 年来以新自由主义为导向的经济改革后，中国社会出现了严重的两极分化。这种两极分化体现在城乡之间、地区之间和不同社会群体之间，这种基于市场地位不同引起的分化又被既有的社会政策体系进一步强化。中国社会政策的改革带有鲜明的新自由主义特征。在中国的社会福利供给模式中，国家参与的范围有限，市场是福利供给的基础性制度，整个制度变迁的过程是一个从以公民身份为基础的最小覆盖的静态模式向自由主义模式的系统性转变的过

---

[1] 熊跃根：《社会政策：理论与分析方法》，中国人民大学出版社 2009 年版，第 172 页。

程，基于收入状况调查的福利计划和社会保险提供了大部分社会保障。在20世纪90年代末，基本上实现了医疗、教育和住房的商品化。社会政策的市场化、社会化导向进一步固化了社会不同利益群体间的分化。

改变自由主义社会政策模式的负面后果是这个阶段社会政策的主要任务。扩大社会保险制度的覆盖面，突破身份的限制，使社会保险制度覆盖到全体城镇劳动者和居民，改革不涉及各方利益的调整，在扩大覆盖面和提升社会保障水平方面取得显著进展。在城市，相继推出了城镇居民养老保险、城镇居民医疗保险制度，解决了城镇无业和非正规就业人员的养老和医疗保障问题。在农村，重新启动了新农村合作医疗制度，并加大了各级政府在供款和服务提供方面的责任；推出了农村居民养老保险制度，为60岁以上老年人口提供部分养老金；政府负责为农村基础教育供款，实现了九年义务教育。教育、医疗和住房领域的过度市场化，导致这些福利的可及性下降，政府致力于改变市场导向的福利供给方式，由政府提供基本的福利供给，解决福利供给的排斥性和高价问题。这类改革涉及中央政府、地方政府、企业等利益相关者利益调整，在改革过程中遇到较大的阻力。郑永年认为，当前虽然社会政策的改革在许多方面都取得了不同程度的成功，但与一般公众的期望还存在差距，进一步的社会政策改革需要一个更广泛的议程，包括对国家—社会关系的调整，这种必要的调整将构成社会改革的政治维度。目前，作为既得利益者的社会精英阶层已经构成国家—社会关系调整的阻力和障碍，他们从市场导向的经济中获取巨大利益却不承担相应的风险。在社会政策领域，改革的方向应该是破除依据身份和职业获取特殊福利的制度安排，将国家资助的特权和特殊利益转换成各种形式的普遍共享权利，具体做法是建立依法治理、覆盖不同阶层和职业的各种社会保险、社会救助和国家补贴的福利，并且使雇主提供的福利计划有法可依，实现透明化。调整机关事业单位、垄断行业与国有企业雇员享有的特殊福利待遇。①

韩克庆认为，从某种程度上说，中国社会政策的发展虽然最初是经济改革或者经济系统的变迁诱发的，但当经济系统和政治系统逐步分离后，现阶段中国社会政策已经成为中国政治改革或者政治系统变迁的一个重要组成部分。从当前中国政治系统的运行来看，单一的经济发展目标正在或者已经转向政治民主和社会建设的多元目标。中国社会政策的功能也正在或者已经从为市场经济改革配套的目标，转向解决贫富差距、促进社会公正等多元目标（韩克庆，2011）。

第三节 企业在社会福利制度中的角色

政府的社会政策是影响公共福利的国家行为（Hill，2001）。政府是传统意义上公共社会福利的提供者和执行者。20世纪70年代以来福利国家危机发生后，福利国家逐步开始向社会化、私有化和地方化转型，福利多元主义兴起。福利国家向福利多元主义的转型是福利国家在福利事物上对社会和市场领域的放权，非政府组织和企业作为社会和市场领域的代表性组织承担了越来越重要的福利职能。在社会福利领域，社会、市场和国家的合作一直存在，只是在不同的国家，合作方式和各个组织发挥作用的边界存在差异；而且，在福利国家发展的鼎盛阶段，社会和市场领域的作用也没有得到突出的强调。

埃斯平·安德森在其《福利资本主义的三个世界》一书中，根据各个国家劳动力的"去商品化"程度不同，将亚太经合组织的成员划分成三种不同的福利体制：自由主义、保守主义和社会民主主义。这三类福利体制中，不同国家对政府在社会政策中的角色定位不同，提供福利的范畴和对象也不同。在以英美为代表的自由主义福利体制中，社会政策偏重于补余模式，即政府承担市场没有承担或市场失灵

---

① 郑永年：《国际与市场之间：中国社会政策改革的政治逻辑》，载莫道明、祁冬涛编《社会发展与社会政策：国际经验与中国改革》，东方出版社2014年版，第263页。

造成的社会风险，政府的作用是提供最低安全网；在以欧洲大陆国家为代表的保守主义福利体制中，中央政府只起到最小限度的保障作用，雇主和地方政府在不同层次上保障公民的福利；在北欧社会民主主义福利体制中，政府具有强大的再分配作用，以中产阶级的标准为全体公民提供社会福利和平等机会。在三种不同的福利体制中，国家、市场和社会以不同的方式进行组合，其背后体现的是不同的国家政治经济社会制度传统和价值观体系。

信奉市场经济的人认为市场是最佳的福利提供者，如果竞争不受限制，市场本身就会对公共福利作出很大贡献。但在现实中，因为市场失灵，或者自由竞争的条件难以实现，各国政府都在经济领域进行或多或少的干预。用波兰尼的话讲，就是通过政府的管制修正市场力量，使市场重新嵌入社会之中，保证公民的基本权利不受到威胁。在自由派经济学家看来，政府力量并不是修正市场失灵的最佳选择，一方面是因为政府本身也存在失灵问题，另一方面是忽视了市场自身对失灵的反应，没有给市场或准市场的解决办法提供一定的生存空间。同时忽视了政府失灵造成的市场扭曲（Wolf, 1987; Zerbe and McCurdy, 1999; Tulock and Seldon, 2002; Le Grand, 2003）。

对于企业社会责任能否算作公司克服市场失灵，或者政府失灵所创造的市场化的解决办法存在不同的看法（Maignan and Ralston），有的人认为，企业社会责任是面临危机的福利国家体系的一个重要的补充（Garriga and Melé, 2004; Habisch, 2005）。而有的人认为，至少从企业社会责任的发展现状看，还非常缺乏有效的制度安排，因而很难成为政府社会责任的有效替代（Panapanaan and Linnanen, 2003）。从制度实践中看，企业社会责任与政府的社会责任之间存在一定的互动关系，不同类型的福利国家中，企业社会责任的表现也相应地不同。[①]

不同的企业社会责任理论从不同的角度表述了企业与政府的关

[①] 李秉勤、盛斌、胡博：《社会福利发展路径中的企业社会责任》，载《西方社会福利理论前沿》，中国社会出版社2009年版，第72页。

系。新自由主义者认为，增加财富或者扩大财富的来源是企业履行社会责任的动机和目标，企业是由私人财产关系构成的制度，守法经营就是履行了企业的社会责任，企业需要遵守的基本行为准则包括由法律和社会道德习俗确定的准则。利益相关者理论把公司需要遵守的社会行为准则拆分成公司利益最大化的若干角度，即雇员、客户和用户、工会、监管机构、合作伙伴、供货商和政府。利益相关者理论认为持久地创造财富和长期价值的能力是由公司与重要的利益相关者之间的关系决定的。政府作为重要的利益相关者，是社会利益的保护人，对公司行为进行监督，以保障公司能够在满足自身利益最大化的同时，不至于损害社会其他群体甚至社会整体的利益（Robertson and Nicholson，1996；Carrol，1999；Deegan，2002）。政治学理论从社会影响力的角度解释企业的社会责任动机。企业承担社会责任就是实现与社会其他组织和个人在影响力上的平衡，只顾眼前利益不顾社会责任的公司，其社会影响力从长远看会受到侵蚀。从社会契约论角度阐释的企业社会责任，把社会责任看成是公司和社会之间隐含的社会契约。这种以文化习俗、惯例形式出现的社会契约，体现了人们对他人行为的期望，规定了公司在特定经营环境中要承担的责任。在政府与企业的关系上，政府作为公民利益的保护者，需要通过社会政策保护雇员的利益，因为个人在面对企业时，无论在资源和谈判方面都处于劣势。从社会需求的角度，而不是以企业管理者的需要为出发点，企业社会责任关注如何取得社会合法性，获得更多的社会认可。

从不同的福利制度角度看，福利国家模式在一定程度上影响了企业参与社会的行为。在保守主义福利模式下，政府立法强制企业对其员工承担一定的社会责任。在自由主义福利国家，受到规制的市场是社会福利的主要来源，政府只负责为社会弱者提供补余式的社会政策。在社会民主主义福利体制下，由于政府提供完善的保障措施，企业承担的社会责任就相应少一些。欧洲和美国属于不同的福利体制，因此，企业对社会责任的表述和实践也表现出较大的差别。欧洲社会责任比美国出现晚，与欧洲企业相比，美国企业更乐于明确地表述其所承担的社会责任，积极参与社会福利事务，因为政府的立法已经要求德国企业承担了很多在美国属于社会责任范畴的义务。①

正如马丁（Martin，2004）总结的，企业社会责任的承担取决于若干与政府福利制度有关的因素：政府社会福利体制或所在国的政策类型；所在国中代表企业的组织所起到的作用；企业自身的经济和组织特征，以及政府官员在调动企业积极性中起到的作用。企业社会责任是嵌入国家的制度结构中的。企业社会责任意味着企业的选择，但企业的选择受制于企业所处环境的制度、约定俗成的伦理和社会关系，因此，在不同的社会中企业会以不同的方式承担社会责任。

职业福利是企业对员工承担社会责任的重要内容。蒂特马斯认为，所有为了满足某些个人需要或为了服务广泛社会利益的集体干预大致可分为三大类：社会福利、财政福利和职业福利。社会福利是指国家福利和社会服务，或直接公共服务和直接现金给付；财政福利是指具有明确社会目标的特别减税和退税措施，蒂特马斯把它看成是一种转移支付；职业福利，也称附带福利，是指与就业或缴费记录有关的由企业提供的各种内部福利，可以现金或实物形式支付，根据政府立法强制实施，如企业补充医疗和养老保险，子女教育和住房补助、带薪假期等。社会福利只是社会政策的"冰山一角"，而财政福利和职业福利则是"社会政策冰山的水下部分"，在社会政策中占主体地位。斯彼克（2005）指出，蒂特马斯的分类过于粗糙，比如职业福利还应该包括额外补贴、与薪资相关的津贴、提高雇员工作效率的措施以及一些慈善措施。

在实践中，职业福利涉及的范围远远超过蒂特马斯和斯波克提到的内容。企业在工资之外为职工提供的其他现金福利给付或福利性服务都属于职业福利的范畴，因此，职业福利也被称为"附加福利""企业福利"或"职员福利"。企业还通过提供餐厅、图书馆、住房、体育场馆等设施以及相关服务改善员工的生活水平，这类职业福利可以看作是对员工收入的补偿，通过无偿或低价提供的服务，发挥实物

---

① 李秉勤、盛斌、胡博：《社会福利发展路径中的企业社会责任》，载《西方社会福利理论前沿》，中国社会出版社2009年版，第73—74页。

薪金的作用。同时，企业提供的与生活保障无关的一些附加服务，比如企业为一定级别以上的员工配备车辆，就可以作为一种地位的象征、代表和反映使用者的社会地位。

职业福利受到政府社会保障政策的影响。一般社会保障发达的地方，职业福利不发达；相反，发达的职业福利也会妨碍社会保障的发展。以日本为例，日本的社会保障水平在发达工业化国家中处于相对较低的水平就与企业在社会保障中发挥的作用密切相关，此外，日本大企业普遍为员工提供住房也可以在一定程度上解释国家层面上公共住房政策落后的原因。国家保障与职业福利之间的关系比较复杂。两者之间并不存在此多彼少、此增彼减的必然联系，从社会保障的经费来源看，大部分国家采用的是企业和雇员共同缴费的制度安排，在大部分国家，社会保障经费大部分来源于企业。因此，社会保障制度并不规定企业保障规模的大小，而是规定企业内部保障的比例。在美国，企业承担的社会保障费仅占工资总额的11%，其他的附加福利费用则占工资总额的12%。在欧洲，由企业承担的社会保障费占工资总额的24%，而其他的费用则不到工资总额的5%。[1] 所以，尽管社会保障发达的欧洲企业负担的职业福利负担率低于美国企业的负担，但企业的综合负担远超过美国。企业作为市场经济的主体，承担着经济和社会的双重职能，企业需要在两种目标中协调内部资源的分配。在一国政策、法规允许的范围内，企业的自由裁量权取决于国家在法定福利之外留给企业多大的自主空间发展企业的职业福利。在企业可用资源的限制下，法定福利的标准越低，留给企业的自主空间就越大。

第四节　企业社会责任理论与实践

企业社会责任概念在20世纪50年代即已产生，70年代开始丰

---

[1]　埃斯平·安德森等：《转型中的福利国家：国家对经济全球化的适应》，商务印书馆2010年版。

富，并在20世纪90年代以及21世纪开始广泛传播。① 但是至今仍然没有一个被广泛接受的定义，企业社会责任在发展中面临的最大问题就是缺乏对概念内涵和外延的清晰界定。

一 企业社会责任的概念与理论流变

企业社会责任是由克拉克（Clark）于1916年在《改变中的经济责任的基础》一文中首次提出来的。他认为："迄今为止，大家并没有认识到社会责任中有很大一部分是企业的责任，因为商人和学者仍然被日渐消失的自由经济的阴影所笼罩着。我们需要有责任感的经济原则，发展这种原则并将它深植于我们的商业伦理之中。"② 1924年英国学者欧利文·谢尔顿第一次从学术角度提出了"企业社会责任"概念，他把企业社会责任与公司经营者满足产业内外各种人类需要的责任联系起来，并认为企业社会责任包含道德因素。③ 20世纪20年代以前，中西方社会中，企业的规模普遍较小，企业家的社会责任多是自发的，是社会伦理道德在商业行为中的折射和反映。

霍华德·R.鲍恩被称为"企业社会责任之父"，因为他在1953年的划时代著作《商人的社会责任》中第一次提出比较规范和明确的企业社会责任概念，他将企业社会责任定义为"商人按照社会的目标和价值，向有关政策靠拢，采取理想的具体行动和行为"，如果公司在决策中认清了更广泛的社会目标，那么其商业行为就会带来更多的社会和经济利益。④ 鲍恩的社会责任思想包含三个重要的内容：一是强调企业社会责任的主体是现代的大公司（小公司另作分析）；二是明确公司社会责任的实施者是公司的管理者；三是明确公司社会责任的自愿原则。继鲍恩之后，戴维斯（Keith Davis）、弗莱德里克（Fre-

---

① Golob, Ursa & Jennifer, L. Barlett, 2007, "Communicating about Corporate Social Responsibility: A Comparative Study of CSR Reporting in Austrilia and Slovenia", *Public Relations Review*, Vol. 33, pp. 1 – 9.

② Clark J. Maurice, 1916, "The Changing Basis of Economic Respomihility", *Journal of Political Economy*, Vol. 24 (3), p. 229.

③ Sheldon O., 1923, *The Phylosophy of Management*, Isaac Pitman & Sons.

④ Bowen H., 1953, *Social Responsibility of the Businessman*, New York: Harper and Row, p. 6.

drick)、麦克奎尔（James W. Mcguire)、沃尔顿（Walton）提出的企业社会责任也都追随鲍恩的观点，从企业的所有者和管理者的角度研究企业社会责任。

1967年戴维斯把企业社会责任的主体从企业的所有者和管理者扩展到作为法人实体的企业。作为公司法律代表的经理只是以代理人的身份采取这些行动，而并不承担企业社会行为的成本。在戴维斯之后，企业社会责任的研究者开始把作为经济组织的企业而不是商人个体作为研究的对象。戴维斯认为，企业在承担"社会—经济"责任的同时还要承担"社会—人类"责任。也就是说，企业对社会的责任不仅仅局限在经济方面，还包括非经济方面。1979年卡罗尔建构了公司社会表现的三维空间模型，并提出企业社会责任呈现出由经济责任、法律责任、伦理责任和自愿责任构成的"金字塔"结构，经济责任构成"金字塔"结构的塔底，在企业社会责任中占据基础性的地位，他把企业社会责任界定为"社会在一定时期对企业提出的经济、法律、道德和慈善期望"。[①]

除了上文提到的学者为企业社会责任下的定义之外，还有许多学术机构和社会组织也对企业社会责任给出了自己的定义。比如，世界银行将企业社会责任界定为企业和雇员、雇员的家庭、当地社区以及更大范围的社会一起努力，以对企业和社会发展都有利的方式改善他们的生活质量，是企业对可持续经济发展作出贡献的承诺。欧盟对企业社会责任的定义是，企业在资源的基础上，把社会和环境密切整合到他们的经营运作以及与其利益相关者的互动中。

除了关于什么是企业社会责任难以达成共识之外，关于企业是不是应该承担社会责任这个问题也存在两种针锋相对的观点：一是认为企业社会责任就是实现股东经济价值的最大化；二是主张企业对其运营中可能产生影响的所有利益相关者都负有道德责任。下文将从"效率"与"合法性"两个视角对这两类观点不同的企业社会责任加以

[①] 阿奇·B.卡罗尔、安·K.巴克霍尔茨：《企业与社会：伦理与利益相关者管理》，黄煜平等译，机械工业出版社2004年版。

分析介绍。

1. "效率"视角下的企业社会责任

西方经济学庞大的理论体系是建立在"经济人"假说基础上的，经济人是指经济行为主体的经济活动是以经济利益为根本导向的，经济人在追求自身利益最大化的同时往往不会考虑对旁观者或者利益相关者的利益产生的影响。

1776年，古典经济学派的代表人物亚当·斯密在其著作《国富论》中指出，企业的目的就是尽可能地提高资源的使用效率，为社会生产出更多的产品和服务，给员工发出足以维持其生活的工资，为投资者支付足够的利息。在资本主义发展早期的自由竞争阶段，恶劣的生存环境迫使企业把不择手段地追求利润作为企业的首要经济目标。

新古典经济学仍然把创造利润作为企业的唯一目标。新古典经济学的企业社会责任观就是在市场经济条件下，市场这只"看不见的手"通过价格机制进行资源配置，利用每个人的自利行为达成社会的公利。企业追求利润最大化目标的行为能够自动实现社会福利最大化，因此，企业的社会责任就是最大限度地创造利润。新古典经济学的代表人物弗里德曼在他的《资本主义与自由》一书中明确指出："在自由经济中，企业有且仅有一个社会责任——只要它处在游戏规则中，也就是处在开放、自由和没有欺诈的竞争中，那就是要使用其资源从事经营活动并增加利润。"在1988年就企业社会责任问题接受《商业与社会评论》的采访时，他再一次明确指出："确实有实实在在的社会责任，那就是在遵守法律和适当的道德标准的前提下，尽可能挣更多的钱。他们的社会责任就是在那些约束下，尽可能挣钱，因为这样会更好地服务消费者。"当职业管理者追求利润以外的目标时，他们实际上是将自己置于非选举产生的政策制定者的地位，而经营者并不具备制定公共政策的专长。[①] 企业追求利润最大化的行为，能够有效促进社会资源的更优配置，自动实现社会福利的最大化。所以，

[①] 中国企业管理研究会、中国社会科学院管理科学研究中心：《中国企业社会责任报告》，中国财政经济出版社2006年版。

企业的社会责任就是努力实现利润最大化目标的行为。

利维特与弗里德曼持有相同的观点。他也认为，企业的功能就是不断地产出高利润；自由企业的本质在于以符合其自身作为一种经济组织而幸存的方式追逐利润，福利和社会并非企业应负责的事情。可见，新古典经济学对企业承担社会责任持反对态度，并认为企业的社会责任就是在遵守法律和适当道德标准的前提下创造出更多的利润。

新古典经济学秉承了个人主义方法论的分析传统，认为个人追求自身利益最大化的行为自然会达成社会整体的利益最大化，所有的个人或组织都被假设为"理性经济人"，因此新古典经济学反对企业承担任何社会责任，企业的社会责任就是实现利润最大化的追求。新古典经济学的企业社会责任观是从"效率视角"出发的，将企业的目标局限于经济利益，忽略了企业所处的社会环境，忽略了企业是嵌入在由一系列利益相关者构成的社会情境中的现实。企业不仅仅是为了节约交易成本而存在，也不仅仅是生产性契约，更不是存在于新古典经济学所假设的"真空"社会里，而是作为"企业公民"而存在。[①] 企业受到社会制度、大众规范的影响，唯有在一定的社会环境中，人们才能真正领会到企业社会责任的完整意义。[②]

2. "合法性"视角下的企业社会责任

在"合法性"的视角下审视企业社会责任就是将企业从"经济人"转换为"社会人"。"社会人"是经济人、道德人和生态人的完整结合。[③] 企业社会责任的核心是探讨企业和社会的关系问题，对企业而言，承担社会责任的本质就是对企业利益分配关系的一种重新审视，是对企业利益分配关系的一种调整。[④]

---

① 陈宏辉、贾升华：《企业利益相关者三维分类的实证分析》，《经济研究》2004年第4期。

② Carroll A. A., "Three Dimensional Conceptual Model of Corporate Social Performance", *Acadamy of Management Review*, 1979, 4 (4)：497 - 505.

③ 王艳、杨文选：《社会人的三重性与人的全面发展》，《武汉电力职业技术学院学报》2006年第3期。

④ 任荣明、朱晓明：《企业社会责任的多视角透视》，北京大学出版社2009年版，第38页。

新制度经济学的奠基人科斯把社会契约理论带入了企业理论的研究。科斯在 1937 年发表的著名论文《企业的性质》中提出了企业契约理论，他把交易作为基本的分析对象，提出企业是为了节省市场交易成本和交易费用而产生的，企业的本质或显著特征是作为市场机制和价格机制的替代物。企业把原本通过市场进行的交易改由企业安排，因此，企业产生的根本原因是企业通过与生产要素提供者签署的长期性的契约合同代替市场交易过程中产生的一系列短期契约，从而节约了大笔交易费用。为此，张五常指出，企业并非为取代"市场"而设立，而仅仅是以"一种契约取代另一种契约"。阿尔欣和德姆塞茨把企业的本质归结为一种契约结构。"企业并不拥有自己所有的投入，它也不具有命令、强制及对行动的纪律约束等权力，这同任何两个人之间普遍的市场合约没有丝毫不同。"[1] 契约理论已经成为企业理论的主流解释框架，越来越多的学者把企业理解为一个由物质资本所有者、人力资本所有者以及债权人等利益相关者间的一系列契约的组合，具有不同资本的利益相关者通过谈判来分配各自的责任、权力和利益，确定彼此间的合作方式，形成一份有约束力的企业契约。[2]

邓菲认为，现实的或"现存的"社会契约构成了企业社会责任的一个重要源泉。被视为生产性组织的企业之所以存在，是为了通过发挥公司特有的优势和使劣势最小化的方式来增加消费者和工人的利益，进而增进社会的福利。这就是公司作为生产性组织的"道德基础"。也就是说，当这样的组织履行契约的条款时，他们就做得很好；否则，从道德角度来说，社会有权谴责他们。[3] 企业是"所有企业相关者之间的一系列多边契约"。[4] 这些契约包括企业与管理者、雇员、所有者、供应商、客户以及社区等利益相关者之间的契约，企业通过

---

[1] 罗必良：《新制度经济学》，山西经济出版社 2005 年版，第 420—421 页。
[2] 李淑英：《社会契约论视野中的企业社会责任》，《中国人民大学学报》2007 年第 2 期。
[3] 戴维·J. 弗里切：《商业伦理学》，机械工业出版社 1999 年版，第 43 页。
[4] Freeman R. Eward, William, 1990, "Corporate Governance: A Stakeholder Interpretation", *Journal of Behavior Economics*, Vol. 19 (4).

将各方所具有的独特资源和能力整合在一起，成为一个利益共同体，这些契约具有自愿缔结性、相互约束性和不完整性等特点。公司和利益相关者之间的利益要求通常通过他们之间的显性契约来实现，但是还有一些利益要求是无法显化的，或者是显化的成本极高以至于双方都愿意放弃这种显性化的努力。但这并不意味着当某些事前没有在契约中明示的情况在现实中确实发生时，企业可以以"契约中没有规定"为由推卸责任，因为这既不符合规范性的道德伦理，也会对企业的生存发展产生不利的影响。在综合性社会契约理论中，企业是一个人格化的组织，它能够而且必须对其经营的活动所处的社会系统的要求做出回应，并承担相应的社会责任。①

产生于20世纪60年代并在20世纪80年代获得较大发展的利益相关者理论颠覆了"股东至上论"，为企业社会责任提供了强大的理论支持。托马斯（1976）把利益相关者解释为"在公司的程序性活动和实体性活动中享有合法性利益的自然人和团体"。弗里曼进一步指出："利益相关者就是任何影响企业目标实现或被实现企业目标所影响的集团或个人。"②

利益相关者理论对企业社会责任最大的贡献在于明确了企业在经营活动中应该承担社会责任的对象，米歇尔、爱吉尔和伍德通过识别权力、合法性和急迫性三个特征定义企业的利益相关者。利益相关者理论认为，企业本质上是受到多种市场和社会因素影响的组织，不应该是仅由股东主导的组织制度，而应该考虑到其他利益相关者的利益要求。弗里曼等在《公司治理：利益相关者的解释》一文中驳斥了威廉姆森等以交易成本为基础得出的应该由股东控制董事会的结论，作为多方缔结的合约组织，其他利益相关方与股东一样拥有平等的谈判权，其余的利益相关方除了可以采取法律规定的外部保护机制外，还可以把在董事会中握有投票权作为一种可以选择的手段。

---

① 杨钧：《综合性社会契约视角下的社会责任投资决策》，《生态经济》2010年第2期。

② Freeman R. Eward, William, 1984, *Strategic Management: A Stakeholder Approach*, Pitman Publishing Inc., p. 46.

尽管利益相关者涉及的主体较为广泛，但从企业承担社会责任的内容来看，劳工权益是企业社会责任中最直接和最主要的内容。罗伯特·托佩尔（Robert Topel）等的研究表明，工人下一份工作的工资增长率与其在前一企业的工龄呈负相关，即在前一个企业工作时间越长，其下一份工作的工资水平反而下降得越多。工人的人力资本如实物资本一样，由于与企业之间的长期合作，越来越有专用性，脱离了原来的企业就好比机器报废一样，人力资本的价值迅速贬值。说明员工在企业中投入了一定资本的同时，也承担了相当的风险。[①]

社会契约理论为理解企业的社会责任提供了一个分析框架。在这个框架中，企业组织是通过与社会建立契约而获得合法性的，企业社会责任是由一系列契约所规定的。企业与社会之间的契约关系规定了企业有义务遵守其与社会达成的契约，要求企业的行为必须符合社会的期望，为社会和经济的改善尽自己的义务。[②] 受到人的有限理性、社会环境变化等因素的影响，企业与社会之间的契约通常是动态的、不均衡的。企业和社会之间的契约内容会根据不断变化的制度环境作出调整，因而企业社会责任的内容和范围遵循"干中学"的动态机制。

企业承担社会责任的动因在于企业受到习俗、惯例等非正式制度以及由此逐渐演化为以标准、法律等为形式的正式制度的约束。韦伯在关于权威来源的论述中指出，权威的产生不一定是强迫的，也可能是另外一种机制作用的结果，这个机制就是合法性机制。如果组织想要获得合法性，并获得对社会资源占有的公认的权利，组织追求的价值必须和更为广泛的社会价值相一致。[③] 从认知合法性的视角来看，企业承担社会责任就是企业为了获得合法性遵从企业所处社会结构的需求和期望而采取的行动，也是企业的制度化过程。

[①] 任荣明、朱晓明：《企业社会责任的多视角透视》，北京大学出版社 2009 年版，第 48 页。

[②] 李淑英：《社会契约论视野中的企业社会责任》，《中国人民大学学报》2007 年第 2 期。

[③] Marx Weber, 1968, *Methodology of Social Sciences*, Transaction Publishers.

企业的制度环境是指企业所处的社会规范、法律制度、观念制度、文化期待等人们认为顺理成章的社会事实，是由顾客、投资者、政府、协力企业、环境团体等各种利益相关者的规范构成的。① 制度环境要求企业不断地接受外界公认和赞许的形式、做法，而不管这些形式或做法对企业内部运作是否有效率，这就是"合法性机制"。对企业所处制度环境的强调要求企业行为的依从性、习惯性和权宜性，"合法性"突出了企业的社会情境，合法性机制是诱使或迫使企业采纳在组织外部环境中具有合法性的组织结构或做法的制度力量，这种制度力量不仅仅指法律制度的影响，还包括文化、观念、社会预期等制度环境对企业行为的影响。② 在合法性视角下，企业社会责任行为不仅受到技术环境的影响，更受到制度环境的影响，正是制度环境导致了企业的社会责任行为。企业根据环境的变化调整自身的行为方式，因此企业社会责任在不同的社会、文化、行业甚至不同的企业中都表现出较大的差异。

企业是一种劳动关系的治理结构，企业治理本质上是企业内部劳动关系的协调，是人力资本产权和物质资本产权的相互制衡。③ 在劳资关系问题上，美国公司雇员的流动率非常高。由此导致较高的培训成本，企业与员工关系淡漠。日本大企业具有终身雇佣制的传统，与美国企业专注于资本受益的目标不同，日本企业认为在劳动力过剩时不解雇员工的损失可以通过赢得员工的忠诚得到补偿。劳动力过剩或经济衰退时可以通过压缩员工的报酬、工作日，在保证自身工作稳定的同时为企业分担成本，在企业与员工间形成利益共同体。德国的企业也采取类似的做法。

二 企业社会责任的内容与实践

在对企业社会责任的各类阐释中，无论是一元和多元社会责任之间的争论，绝对命令式和相对命令式社会责任之间的分野，还是内部

---

① 崔之元：《美国二十九个州公司法变革的理论背景》，《经济研究》1996 年第 4 期。
② 周雪光：《组织社会学十讲》，社会科学文献出版社 2003 年版，第 64—110 页。
③ 赵小仕、陈全明：《论劳动关系中的企业社会责任》，《当代财经》2008 年第 2 期。

和外部社会责任之间的划分,以及利益相关者显性契约与隐性契约之间的判定,都无一例外地将企业的"经济责任"放在了首位,同时也将员工的利益,诸如员工的工资报酬(各种福利和津贴待遇)、劳动时间、社会保障、职业安全与卫生等纳入其分析框架并将它们作为重要的内容涵盖其中。①

从利益相关者理论看,员工是唯一存在于企业内部的利益相关者。G. A. 泰纳(Steiner G. A.)等认为,企业社会责任可以分为内在社会责任和外在社会责任。内在社会责任包括合法和公正地选拔、培训、晋升和解雇员工以及提高员工的生产力、改善员工的工作环境。欧盟就业与社会事务委员会在2003年的一份文件中对企业社会责任进行了系统的探讨。这份文件指出,企业社会责任是由内部维度和外部维度构成的。企业社会责任的内部维度要求企业在人力资源管理、员工工作中的健康和安全、适应变革中承担相应的责任;企业社会责任的外部维度要求企业对当地社区、商业伙伴、供应商、消费者等利益相关者以及对全球化环境的改善承担责任。②

从实践中看,自企业出现伊始,特别是在工业革命时期,企业就不可避免地开始承担一系列在封建社会由封建主和家庭承担的对雇员和社会的责任(Cannon, 1992)。公司社会责任思想出现在20世纪初的美国,也是因为美国特殊的制度背景使它比其他西方工业国家更加关注公司社会责任问题。美国钢铁集团公司的创始人卡耐基提出,企业管理者应将自己视为社会利益的受托人。卡耐基还通过慈善和公益事业将企业社会责任的观念付诸实践,他在有生之年向社会捐赠了3.5亿美元,创建了2811个公共图书馆,向美国的教堂捐赠了7689架风琴。美国钢铁公司和国际收割机公司董事伯金丝在1908年提出,"公司越是大型化,则它对全社会的责任就越重"。爱泼斯坦(Epstein, 1978)将影响公司社会责任的制度背景总结为以下四点:第

---

① 吕景春:《构建基于企业社会责任的劳动工资增长机制》,《南京社会科学》2010年第1期。

② 段文、刘善仕:《国外企业社会责任研究述评》,《华南理工大学学报》2007年第6期。

一，有关社会责任的合法性。在美国，权力与责任是一枚硬币的两面，紧密依存。拥有权力的组织必须通过承担责任获得合法性，以确保组织之外的人认同权力的存在和实施是恰当和正确的。第二，对私人经济的倚重造就了美国对公司社会责任的长期关注。其他国家由国有经济完成的经济职能，在美国都是由私人经济组织完成的，由此造成了美国社会与企业之间的高度依存关系。第三，企业从一开始就在国家生活中扮演了重要的领导者角色。而在欧洲国家，传统的非企业的社会团体早就占据了社会的领导地位。第四，美国普遍接受了企业界传播的一种思想，认为企业管理者不仅仅是一个职位而是一种职业。这种职业概念的重要组成部分就是对公众的责任，职业经理人有责任审视其行动对所涉及的个人或团体的影响，有责任认识到其决策对更为无形的"公众利益"的影响。[1] 除了爱泼斯坦提到的背景之外，一个更为直接和主要的原因是美国的工业化和现代大公司的出现，当社会的创造性功能集中到一个小群体的手中时，就导致了我们所说的"权力"，这是一种在某些活动中可以诱导或者要求其他人行动的能力。[2] 戴维斯提出的权力—责任模型认为，"公司的社会责任来自他所拥有的社会权力，责任就是权力的对等物"。[3]

从美国福利制度的发展来看，美国的大企业先于联邦政府承担了雇员的福利责任，奠定了美国在社会福利事务方面较多依赖私人部门的制度传统。在美国，国家只对弱势群体承担较多的责任，其余人口依靠市场通过就业满足基本的需求，也就是依靠私人企业提供社会福利，因此美国学者通常将美国模式称为"福利资本主义"。美国以私人企业主导的福利资本主义是美国企业为了应付19世纪末20世纪早期出现的劳资关系危机而建立，并在此后延续下来的一种解决雇员社

---

[1] Epstein, Edwin, Votaw, Dow, 1978, *Rationality, Legitimacy, Responsibility: Search for New Directions in Business and Society*, Goodyear Publishing Company, Inc., Santa Monica, California, pp. 101 – 101.

[2] Berle, Adolf A., Means, Gardiner C., *The Modern Corporation and Private Property*, Transaction Publishers, pp. 309 – 313.

[3] Davis, Keith, 1967, *Understanding the Social Responsibility Puzzle: What does Businessman Owe to Society?* Business Horizon, Winter, pp. 45 – 50.

会福利问题的体制。桑福德·M. 雅各比在其著作《现代庄园：新政以来的福利资本主义》中，将由工商业公司，而不是政府或工会，为现代社会保障和稳定所做的各种努力，称为福利资本主义；① 森口千晶在其论文中将私人福利资本主义定义为"雇主自愿为工人提供的不属于工资的津贴、更多的就业保障以及雇员代表计划"。② 福利资本主义的内容并不仅局限在为雇员提供各种物质福利，还包括工业民主的内容，主要表现在20世纪20年代被大多数企业采纳的雇员代表计划上。当下美国的企业福利起源于20世纪初的福利资本主义实践，大企业有责任承担雇员福利的思想和实践对美国公私混合的社会保障制度的形成与发展产生了重大的影响（李月娥，2011）。政府的不活跃给企业提供了更大的自由裁量空间，国家或是强制要求企业承担某些领域的责任，或是通过减税方式鼓励雇主提供社会福利。

与美国不同，欧洲国家权力比美国更大（Lijphart，1984），而且欧洲政府更多地参与到经济和社会活动中（Heidenheimer. Heclo and Adams，1990），欧洲国家普遍建立了全国性的健康、养老保险和其他社会产品，所以企业更多是依照国家法律规定承担社会责任。在欧洲，历史上发展水平较高的工会使人们能够在行业或者国家层面上商讨各种劳工议题，而不是停留在公司层面上。同样，欧洲的公司也更倾向于通过国家层面的企业协会或联合会争取集体利益（Molina and Rhodes，2002；Schmitter and Lehmbruch，1979）。在欧洲，国家的法规不但规定了企业对员工承担的福利责任，而且雇员的代表权、参与权和雇员保护等内容也都包含在与雇佣相关的法规中，所以与美国企业承担的显性社会责任相比，欧洲的企业社会责任更多地隐含在更广泛的组织责任体系中。这种"隐性的企业社会责任"通常包含各种价值观、规范、规则，通过广泛的正式和非正式体系对公司提出（强制

---

① Sanford M. Jacoby, Modern Manors, 1997, *Welfare Capitalism Since the New Deal*, Princeton University Press.

② Chiaki Moriguchi, 2003, "Did American Welfare Capitalists Breach Their Implicit Contracts? Preliminary Findings from Company – level Data, 1920 – 1940", *NBER Working Paper*, No. 9868.

的和惯例性的）要求，要求公司作为集体行为主体而非个体行为主体对各利益相关方提出的议题承担适当的义务。隐性社会责任是企业对制度环境作出的回应，并且许多隐性社会责任的元素是以规章、规则和法律形式出现，而不是将其清晰地描述为企业社会责任。日本企业集团、韩国财阀和（大部分国有的）中国台湾企业集团，有着与欧洲企业类似的隐性企业社会责任传统，包括终身雇佣制、福利、社会服务和健康保健等（Dirk Mattern and Jeremy Moon，2008）。

企业社会责任的不同是不同国家制度遗产的体现。美国的社会责任更多地表现为显性社会责任，而欧洲的社会责任更多地体现为隐性社会责任；这种差异是由国家内部的制度安排不同所导致的。一是就政治体系而言，美国和欧洲的国家权力不同，欧洲的国家权力比美国更大，欧洲政府更多地参与经济和社会活动，北欧国家建立了全国性的健康、养老保险和其他社会产品，欧洲大陆国家则强制要求企业承担这些领域的责任。美国企业拥有更大的自由裁量权，即使是政府较为积极的领域，也是通过减税方式激励雇主提供福利。二是从金融体系上看，股票市场是美国企业的主要资金来源，股东高度分散，企业要对投资者做到高度透明和负责。而欧洲企业倾向于嵌入少数大型的投资者网络中，影响力和权力是所有者网络所看重的。在欧洲模式中，利益相关方扮演了重要的角色，甚至与股东平等抑或发挥更大的作用，如工会、行业协会。三是从教育和劳动体系上看，在欧洲，公共部门采取积极的劳动力市场政策，主导劳动力的培训，企业根据惯例或法规参与其中。在美国，劳动力的教育和培训是公司人力资源管理的重要组成部分。欧洲的商业机构和劳工权益更具整体性、全国性以及层级化，而美国很少有国家层面的政策制定。历史上发展水平较高的工会使欧洲的工人能够在行业或国家层面商讨各种劳工议题，而不是停留在公司层面，欧洲的公司也更倾向于通过国家层面的企业协会或联合会争取集体利益。不同的协调控制系统影响雇员对公司的作用。在欧洲，大量与雇佣有关的法规涉及雇员的代表权和参与权议题，而在美国这些是企业社会责任范畴。四是从文化体系上看，美国和欧洲的文化体系对企业、社会和政府有非常不同的假设。美国文化造就了一个关于管理职责和回报社会的伦理体系，富裕商人的社会责任最终演变为企业的社会责任。而欧洲文化更依赖于各种代表性组织，如政治团体、工会、雇主协会或者国家。[①]

20世纪80年代以来由消费者推动的欧美发达国家的企业社会责任运动突破了对单一的产品质量的关注，进而将环保、职业健康和劳动保障等多方面的内容包括在内。一些倡导绿色和平、环保、社会责任和人权等方面的非政府组织也要求社会责任与贸易挂钩，迫使欧美跨国公司纷纷制定责任守则，或通过环境、职业健康、社会责任认证应对不同利益团体的需要。20世纪90年代美国劳工及人权组织针对成衣业和制鞋业发动了"反血汗工厂运动"，在劳工和人权组织等非政府组织和消费者的压力下，许多知名品牌公司都建立了自己的公司生产守则。但是跨国公司自己制定的生产守则带有明显的商业目的，实施情况也无法得到社会的监督。在国际非政府组织的推动下，到2000年，全球246个生产守则中，有118个是由跨国公司自己制定的，其余都是由商贸协会、多边组织或国际机构制定的具有"社会约束"的生产守则。至此，生产守则从跨国公司"自我约束"的"内部生产守则"转变为"社会约束"的"外部生产守则"。[②] 1997年，社会责任国际发起并联合欧美跨国公司和美国"经济优先领域鉴定代理委员会"等国际组织制定了SA8000。2001年版的SA8000的内容包括：①公司不应使用或支持使用童工；②公司不得使用或支持强迫性劳动；③公司应提供安全、健康的工作环境；④公司应尊重结社自由和集体谈判权利；⑤公司不得从事或支持歧视；⑥公司不得从事或支持惩戒性措施；⑦公司应遵守工作时间的规定；⑧公司应保证达到最低工资标准；⑨公司应制定社会责任和劳动条件的政策。[③] 作为一种以保护劳动环境和条件、劳工权利为主要内容的新兴管理体系标

[①] Dirk Matten、Jeremy Moon：《隐性的和显性的企业社会责任：比较理解企业社会责任的概念框架》，载《企业社会责任前沿文献导读》，中国电力出版社2013年版，第28—33页。

[②] 匡绪辉：《构建企业社会责任的制度基础》，《湖北经济学院学报》2008年第6期。

[③] 沈洪涛、沈艺峰著：《公司社会责任思想起源与演变》，上海人民出版社2007年版。

准，从2004年5月1日起，美国、欧盟开始强制推广SA8000标准，要求跨国公司在采购商品时要审查对方企业是否达到这一标准，如不达标必须取消订单。余晓敏等曾将企业社会责任和公司行为守则看作是国家干预和以工会为代表机制的传统劳工运动之外维护劳工权益的第三种方式（余晓敏，2006）。但对企业社会责任实施企业进行经验研究后发现：面对全球背景下"强资本、弱劳工"的现实，企业社会责任对于提高工人的工资和保障工人自由结社和集体谈判的权利也无能为力，对于改造工厂层面的劳动关系以及促进劳工运动的复兴也作用甚微（余晓敏，2006；2007；Prieto‐Carrón，2004；Rodriguez‐Garavito，2005；Ross，2006）。

欧洲的企业社会责任出现了由"隐性"向"显性"的转变，这种转变是企业为适应其所嵌入的制度环境的变化所作出的调整。20世纪70年代以来，欧洲福利国家面对财政和合法化的双重危机，为此政府鼓励企业承担更多的社会责任，对自身合法性的考虑也促使企业转向显性的社会责任（Moon，2004a）。新组合主义的出现反映了欧洲劳资关系中有组织的利益群体在政治上的代表性、斡旋和交换的变化，以及这些群体对国家政策制定的影响。在欧盟，国家和商界之间的相互作用已经发生转变，特别是在欧盟层面的游说（Coen，2005）。欧洲工业和公共服务部门的私有化使大量的能源、教育、健康、公共交通和社会服务责任交给企业，这些变化提高了社会对企业的期望。欧洲国家对劳动力市场管制的放松，工会和行业协会重要性的削弱，使利益相关者希望欧洲的公司在裁员、工厂关闭和技能培养方面承担更多的社会责任，而不是依靠国家福利制度。企业社会责任是在企业、社会、政府三方相互制衡机制下，各相关利益主体间关系的重构。

可见，企业社会责任的内容、范围和表现形式是由企业所处的制度环境决定的，而且会随着制度环境的变化而进行调整。在全球化背景下，国家影响力逐渐减弱，与这一过程相伴随的是资本的全球流动带来的企业影响力的上升，企业作为劳动关系的一种治理结构，对员工履行更多的社会责任，既是员工的需求，也是企业组织制度化的结果。

　　企业社会责任于中国来讲是个舶来品，自20世纪80年代企业社会责任开始传入中国至今不过30余年的历史。但是，除了企业社会责任作为一个新的概念和理论领域让国人感到陌生外，企业社会责任的内容和实践是新中国成立以来国有企业日常实践的一部分，更有甚者，在计划经济时期，国有企业承担的社会责任甚至比经济责任更重要。改革开放后，随着社会主义市场经济发展方向的逐步确立，在国有企业改革的过程中，国有企业承担的社会职能开始让位于经济职能，伴随着"减员增效、下岗分流"和国企改制等相关政策的实施，企业与员工之间的关系曾经一度走向剑拔弩张的对抗状态。但相较于非国有企业，国有企业与员工之间还是存留着一丝脉脉的温情；改制后的国有企业在履行社会责任方面仍可以堪称各类企业的典范。国有企业的社会责任行为深深地植根于企业所处的制度环境，这种制度环境显示了转型经济体特有的路径依赖效果。

第三章 单位与单位社会的变迁

经济转型国家的社会福利制度变迁，应该将其与一系列政治、经济和社会领域的制度安排联系起来。第二次世界大战后，冷战的两个阵营都全面发展了社会福利制度。实行市场经济体制的西方成为"福利国家"的天下，而选择社会主义道路实行高度集中的计划经济体制的中国也建立了较为全面的社会福利制度。"单位"是新中国成立后在城市实施的一系列社会福利制度的组织载体，因此，研究中国的社会福利制度，必须从"单位"研究开始，单位是中国式企业社会责任最大的制度环境。

第一节 单位及其研究视角

一 单位的界定

单位对于新中国成立以来中国社会的重要性不言而喻，但如何界定单位，则是见仁见智的问题。路风将单位界定为我国社会组织普遍采取的特殊组织形式，是我国政治、经济和社会组织的基础（路风，1989）。在李猛、周飞舟和李康看来，"单位是再分配体制中的制度化组织"。而王沪宁认为，"单位是中国社会组织和调控的一种特殊的组织形式，在社会长期发展过程中，单位构成基本的调控单位和资源分配单位"。吕晓波将单位制度界定为"由国营工作单位所构成的等级体制"，在这个体制下面，单位为其职工提供"农民所不能得到的各种好处，包括固定工作、廉价住宅、便宜的医疗服务以及其他种种津贴"。叶文欣也认为，"单位的鲜明特征是几乎从摇篮到坟墓的终生社会福利制度以及囊括工作、家庭、邻里、社会存在以及政治身份的关系网络"。

美国学者卞历南还将单位制度广义地界定为占主导地位的行政体制，包括1949年后中国城市中几乎所有的政府、企业以及教育组织机构，所有这些组织机构都是行政机构不可分割的有机组成部分。现存档案资料表明，这个意义上的单位制度，可以追溯至抗日战争时期国民党为实现国家行政官僚机构合理化的种种努力。在这个过程中，国民党统治者开始用"单位"这个概念来称呼政治、经济以及行政组织。①

二 单位的起源

在单位制起源和形成过程中，无论是作为组织的单位，还是作为制度形态的单位，既是一个广义的生产共同体，同时又是一个建立于相对封闭的单位空间内，植根于单位熟人社会关系体系基础上的社会共同体。这一共同体的形成和创制根植于20世纪中叶前后中国社会剧烈变迁的基础上，经历了漫长的发展演化过程。田毅鹏教授将国内外关于单位起源的观点总结为四种类型：②

（1）根据地经验说。民主革命时期中国共产党人在农村建立根据地的经验，为其革命成功后在城市社会中建立起"单位制"提供了最为直接的经验和参照。尤其是解放区公营企业的管理经验，成为这场改造运动的制度借鉴来源。持这种观点的学者主要有路风和吕晓波。路风将单位的起源追溯到中国共产党在20世纪30—40年代的革命斗争时期。他认为，中国共产党与国民党政府的武装斗争过程中，在根据地建立了自己的政府机构、社会服务组织、工厂以及教育机构。这些机构便构成了单位的雏形。路风进一步认为，为了实现社会主义工业化，中国共产党在1949年后开始进行社会与政治的重组。在重组过程中，绝大多数的城市居民成为以单位形式呈现的各种政治、军

---

① 卞历南：《制度变迁的逻辑——中国现代国营制度之形成》，浙江大学出版社2011年版，第232页。
② 田毅鹏：《"单位共同体"的变迁与城市社区的重建》，中央编译出版社2014年版，第52—58页。

事、经济以及文化组织的成员。① 几年之后，他进一步发挥了这一论点。他坚持认为单位制度发端于中国共产党在革命根据地时期的供给制以及 20 世纪 50 年代初国家通过自下而上的动员来控制城市社会的种种努力。② 吕晓波提出了一个与路风的解释十分相似的观点。吕晓波认为，中国共产党鼓励其行政和军事单位从事生产活动，并且允许这些单位保留其收入的一部分作为集体财产，改善该部门的生活条件和福利水平。这种状况造成了一个"小公经济"，并且这个"小公""为各个单位追求各自利益奠定了一个制度基础"，"小公经济"的分配特征诞生了"大公共性"和"小公共性"的矛盾，即后者通过瞒产、虚报等手段"多取而少缴"，小公经济内部构成了一个闭合的"小公共性"体系，这一特征一直延续到新中国成立后的单位制时期，甚至在改革年代的某些特定部门仍有其痕迹。吕晓波认为，"工作单位的经济与福利职能之根源要追溯到中共延安时期的实践与制度"。③

（2）革命后社会的统合与联结说。刘建军从国家的视角审视单位制度的起源，单位制度作为中国在资源总量不足的历史条件制约下的一种实现现代化的组织方式，将市场力量、行会力量逐步取消，资源被纳入集权的分配体系，整个城市通过单位组织组织起来，以行政化的管理替代市场化的自我约束，单位承担了整个国家经济与社会的基础，通过单位体系对社会资源集中使用，实现迅速的现代化。"当社会资源总量处于明显贫弱的境况下，必须通过权威对资源的强行提取和再分配来满足现代化的要求，单位的形成自然是这一战略设计的一个重要产物"。④

（3）单位制"民国时期起源说"。美国学者卞历南在《制度变迁的逻辑：中国现代国营企业制度之形成》一书中，考察了民国时期中

---

① 路风：《单位：一种特殊的社会组织形式》，《中国社会科学》1989 年第 1 期。
② 路风：《中国单位体制的起源和形成》，《中国社会科学·季刊》1993 年第 2 期。
③ Xiaobo Lü, "Minor Public Economy: The Revolutionary Origins of the Danwei", in Danwei: *The Changing Workplace in Historical and Comparative Perspective*, ed. Xiaobo Lu and Elizabeth J. Perry (Armonk, N. Y. : M. E. Sharpe, 1997), pp. 21 – 41.
④ 刘建军：《单位中国：社会调控体系重构中的个人、组织与国家》，天津人民出版社 2000 年版，第 130 页。

国国营企业体制的根本特征,将其概括为"官僚治理结构""独特的管理与激励机制""企业内部提供的各种社会服务与福利"三个方面。他通过对民国时期若干公营企业的考察发现,"中国国营企业的根本特征都可以归因于中华民族的持续性的全面危机以及这个民族为回应这一危机而做出的反应。抗日战争直接导致兵器工业与重工业的扩张以及官僚治理结构在国营企业的延伸与扩张。抗日战争期间,几乎所有的国营企业都在其治理结构中建立了这种正式的行政官僚组织模式",同时,"整个社会与经济生活的危机使社会服务与福利制度的发展成为必要。档案资料表明,工厂管理的社区(即后来所谓'工厂办社会'的现象)在抗日时期便已经形成"。[1]

(4)东北地区"典型单位制起源说"。将空间维度带回单位研究的核心,田毅鹏提出了"典型单位制"概念。从宏观和长时段的角度看,新中国单位制的形成乃是现代中国为摆脱社会"总体性危机",建构民族国家,同时也是为了在新中国建成社会主义乃至共产主义这一理想社会的方案而提出的。从单位制的起源及在全国的建立看,其演进轨迹不是"同步"的,由于东北在解放战争中率先解放,因而得以在全国范围内最早借鉴根据地模式构建单位制,东北地区扮演了关键的"典型示范"角色。以东北老工业基地为代表的"典型单位制"是在较短时间内,在相对集中的空间里建立起来的,其工业社区带有明显的"单位社区化"特点。从社会空间的角度看,企业成员是在一个相对封闭的社会空间内展开其互动关系的,更易形成浓郁的单位氛围和国营惯习。"典型单位制"具有超强的社会整合力,几乎将全部社会成员都吸纳到单位中。这些超大型企业不仅仅承担"单位办社会"的诸项职能,同时还必须扮演一个行政区的角色。[2]

除了上述田毅鹏提及的关于单位制起源的四个观点外,还有一些外国学者也对单位制的起源展开了研究。作为"由国营单位构成的等

---

[1] 卞历南:《制度变迁的逻辑:中国现代国营企业制度之形成》,浙江大学出版社2011年版,第285页。

[2] 田毅鹏:《"单位共同体"的变迁与城市社区的重建》,中央编译出版社2014年版,第57—58页。

级体制",为职工提供"农民所不能得到的各种好处,包括固定工作、廉价住宅、便宜的医疗服务,以及其他种种津贴"①的单位,又或者"提供从摇篮到坟墓的终生社会福利制度以及囊括工作、家庭、邻里、社会存在以及政治身份的关系网络"②的单位,许多学者将单位的起源追溯到延安时期的供给制、工人运动的遗产、大民营银行的管理方式以及劳工管理制度的演变。

在戈尔·汉德森(Gail E. Henderson)与麦龙·柯恩(Myron S. Cohen)看来,单位制度出现于20世纪50年代,而且它的出现与限制农村人口进入城市,将工业与商业社会化,以及建立一个安排工作与分配物资的合理化制度有直接关系。③ 怀默霆(Martin K. Whyte)和白威廉(William L. Parish)也持相似的观点,他们认为,中国城市组织模式的显著特征并非源自"特殊的中国历史与文化传统而是源自1949年后发生的变化"。一方面,他们承认1949年前的一些大企业的确为职工提供住房及其他设施,但另一方面,他们坚持认为"1949年以后中国工作单位为其职工提供资源数量之大及其对职工控制之程度都是1949年以前的大企业所无法比拟的"。④

裴宜理(Elizabeth J. Perry)把单位制度的起源追溯到20世纪50年代初期的劳工政策。裴宜理认为,20世纪50年代初期的劳工造成了单位体制的制度化。她发现中国20世纪50年代的劳工政策与20—40年代的劳工政策颇有相同之处。根据她的研究,国家负责劳动政策的领导几乎完全是从前劳工运动领袖中产生出来的。在裴宜理看来,我们应该把"单位制度"理解为"抗议",尤其是劳资冲突遗产的结

---

① Xiaobo Lü, Elizabeth J. Perry, "The Changing Workplace in Historical and Comparative Perspective", in Danwei: The Changing Workplace in Historical Comparative Perspective, ed. Xiaobo Lu and Elizabeth J. Perry (Armonk, N. Y.: M. E. Sharpe, 1997).

② Yeh Wen-Hsin, "Republican Origins of the Danwei: The case of Shanghai's Bank of China", in Danwei: The Changing Workplace in Historical and Comparative Perspective, ed. Xiaobo Lu and Elizabeth J. Perry (Armonk, N. Y.: M. E. Sharpe, 1997), pp. 60-88.

③ Gail E. Henderson, Myron S. Cohen, 1984, The Chinese Hospital: A Socialist Work Unit, New Haven, Conn: Yale University Press, p. 139.

④ Martin K. Whyte, William L. Parish, 1984, Urban Life in Contemporary China, Chicago: University of Chicago Press, pp. 358-359.

果，而不是自上而下强加列宁主义意识形态的产物。①

叶文欣（Yeh Wen-Hsin）试图通过探讨20世纪30年代和40年代的中国银行来寻找"共产主义单位的城市根源"。叶文欣的研究显示，中国银行为其雇员提供住房，并在住房附近修建花园、亭宇阁楼、网球场、篮球场、礼堂以及教室。在她看来，中国银行的管理人员将职员日常生活的绝大部分置于其协调与支配之下，其结果是，"在这个充满道德说教的环境中，公与私以及个人与职业的大部分界限都已荡然无存"。中国银行内部的城市生活方式与1949年以后的单位"有着惊人的相似之处：虽然城市的公司社区不见得是中共城市中社会主义单位的直接或主要渊源，当中共带着他们的集体居住与工作安排体制进入城市时，上海中产阶级中的很重要的一部分已经被多年的公共生活经历所社会化了"。②

费景明对单位制度的起源提出了另外一种解释。他认为，"我们现在称为单位的不是一个单一的制度。恰恰相反，这个单位是由不同的制度与规范所构成的。在这个意义上的单位决定着工人的雇佣、组织以及补偿"。费景明将这个意义上的单位称为"劳工管理制度"。对他来说，"在中国工业中演变而来的单位可以理解为与20世纪30—50年代末形成的劳工管理制度的基体。这个时期出现的种种经济与政治危机导致国家对劳资关系进行干预，政府官员在这些充满危机的时期里逐渐形成了一整套劳工管理制度。与此同时，工人与管理人员则把这套劳工管理制度根植于现存的规则或规范之中"。③

---

① Elizabeth J. Perry, 1997, "From Native Place to Workplace: Labor Origins and Outcomes of China's Danwei System", in Danwei: The Changing Chinese Workplace in Historical and Comparative Perspective, ed. Xiaobo Lu and Elizabeth J. Perry, Armonk, N. Y.: M. E. Sharpe, pp. 42 - 59.

② Yeh Wen-Hsin, 1997, "Corporate Space, Communal Time: Everyday Life in Shanghai's Bank of China", American Historical Review 100, No. 1 (February 1995): 97 - 122. See also her "Republican Origins of the Danwei", in Danwei: The Changing Workplace in Historical and Comparative Perspective, ed. Xiaobo Lu and Elizabeth J. Perry, Armonk, N. Y.: M. E. Sharpe, pp. 60 - 88.

③ Mark W. Frazier, 2002, The Making of the Chinese Industrial Workplace: State, Revolution, and Labor Management, Cambridge University Press, p. 234.

卞历南指出，虽然关于单位制起源的各种学术观点有助于说明单位制度的各种可能根源，如根据地时期的自由供给制、劳动抗议的遗产、中国银行的管理理念以及劳工管理制度的演变，但始终无法解释1949年后中国国营企业制度与单位制度的各种可能之根源。他通过提出一个新的制度变迁理论解释中国国营企业制度的形成。他指出，1949年后制度安排的某些因素在1949年之前就已经开始形成。但是要对1949年之后国家权力如何在政治、经济，以及行政生活的某些关键领域保持以及扩充已有的制度还需要大量的研究。我们已经了解的事实是，早在接收城市中的国营与民营企业之前就已经在1949年1月决定不对现存企业进行大规模的重组。[①] 按照路风的解释，"在最初阶段，由于面临着恢复经济秩序，解决失业和重振工业生产以及缺乏管理经验等现实问题，新政权不仅没有触动私人工商业者的权利，甚至对被没收企业中的原有管理权威都维持了现状"。路风引用中共中央《关于接受官僚资本企业的指示》说："对于企业中的各种组织及制度，应照旧保持，不应任意改革及宣布废除，旧的实际工资标准和等级及实行多年的奖励制度，劳动保险制度等，亦应照旧，不得取消或任意改行。"[②]

从上述关于单位制起源的各种理论解释来看，单位制的生成和延续受到如下因素的影响：首先是政治因素，单位作为国家实现行政管理的基层组织，起源于民国时期国民党政府实现国家合法化和提高行政效率的努力，当时的国营企业在管理中也广泛采用了单位制管理的方法，新中国成立后，维持了没收官僚资本企业中的管理权威。其次是经济因素，单位作为生产组织，无论是中国共产党在根据地建立的企业，还是国民党政府建立的国营企业，或者是民族资产阶级经营的企业，在资源紧缺的情况下，都在一定程度上承担了满足内部成员衣食住行需求的福利功能。最后是劳资关系因素，单位是一套"劳工管

[①] 卞历南：《制度变迁的逻辑：中国现代国营企业制度之形成》，浙江大学出版社2011年版，第290页。

[②] 路风：《中国单位体制的起源和形成》，《中国社会科学·季刊》1993年第2期。

理制度",决定着个人的雇佣、组织以及补偿(费景明,2002),单位制度是新中国成立前劳资冲突的遗产(裴宜理,1997)。以上影响单位制起源的政治、经济和社会诸因素无遗是中国新政权建立之前的制度遗产。

新中国成立后,单位的作用被发挥到极致,成为所有社会组织的组织形式,资源流通的合法渠道,在单位之外,没有自由流动的资源和自由流动的机会,单位成为连接国家与城市社会成员的集经济、政治和社会功能于一身的组织。国家通过单位向社会成员分配有限的资源,实现对社会的控制,社会资源局限于单位内部流动的分配机制强化了社会成员对单位的依赖。单位成为计划经济时代再分配经济的组织基础。

三 单位研究的基本视角

作为学术话题,单位研究始于20世纪80年代,美国哈佛大学社会学教授魏昂德试图建立一种关于中国企业的理想类型,提出"共产主义的新传统主义",作为对中国企业权威关系进行比较研究的分析概念,并指出了国有企业的"组织化依赖"和"制度化文化"两个制度特征。魏昂德的研究试图说明,在中国的企业中,存在一种既不同于苏联也不同于日本或美国的工作和权威的关系模式,这种关系模式具有社会交换的性质,成为国家控制基层社会的制度框架。中国企业中的"工具性—个人性的关系网络"形成了社会关系的亚文化,这种关系网络蕴含着个人的某些偏好、信任与物质好处之间的交换,在职工的社会资源、经济资源和政治资源都来源于企业,职工在企业之外没有替代性资源时,职工对企业的全面依赖就是必然的;在市场的作用有限和短缺比较普遍的条件下,这种关系网络作为岗位分配的科层制体系的产物,取代了非个人化的市场交易,并超出岗位的分配而扩展到一切涉及职工资源分配的领域(Walder,1986)。[①]

新传统主义理论跳出了"集权主义"理论的传统解释框架,引入

[①] 李培林、张翼:《国有企业社会成本分析》,社会科学文献出版社2000年版,第18页。

了从企业内部的社会交换关系考察企业资源分配机制的新视角,并很有启发意义地提出,企业外部是否存在替代性资源,对企业内部的资源分配机制可能会产生至关重要的影响,强调国有企业内部个人对组织的全面依赖。虽然魏昂德在他的著作中并没有使用"单位"这一概念,但学术界还是公认他是最早进入单位研究领域的学者。他的研究对后来的"单位"研究产生的最大影响就是对国有企业的广泛关注,以至于人们每提到单位,首先想到国有企业,后来很多关于单位问题的研究成果,几乎都是围绕着国有企业展开的。[1]

路风于1989年发表了《单位:一种特殊的社会组织形式》一文,明确提出了"单位体制"概念,所谓单位就是"我国各种社会组织所普遍采取的一种特殊的组织形式,是我国政治、经济和社会体制的基础"。[2] 路风对单位研究的突出贡献在于突破了单位研究仅限于企业范围的局限,开始把单位研究作为对1949年以来中国社会宏观研究分析的重要视角,进一步推动了单位研究的深入发展。

20世纪90年代以来,伴随着中国社会的发展和转型,单位研究成为社会学、政治学和经济学等学科关注的热点问题。研究者从不同的学科传统出发,形成了不同的研究视角。田毅鹏总结了单位研究的三个视角:其一是组织制度研究取向,即将单位作为一种制度和体制展开研究。如路风将单位视为"各种社会组织所普遍采取的一种特殊的组织形式,是我国政治、经济和社会体制的基础",在李猛、周飞舟和李康看来,"单位是再分配体制中的制度化组织"。[3] 其二是统治秩序取向,如王沪宁认为"单位是中国社会组织和调控的一种特殊的组织形式,在社会长期发展过程中,单位构成基本的调控单位和资源分配单位"。[4] 刘建军在其著作《单位中国》中,也选择了"社会调

---

[1] 田毅鹏:《"单位社会"的终结:东北老工业基地"典型单位制"背景下的社区建设》,社会科学文献出版社2005年版,第1页。
[2] 路风:《单位:一种特殊的社会组织形式》,《中国社会科学》1989年第1期。
[3] 李猛、周飞舟、李康:《单位:制度化组织的内部机制》,《中国社会科学·季刊》1996年第16期。
[4] 王沪宁:《从单位到社会:社会调控体系的再造》,《公共行政与人力资源》1995年第1期。

控体系中的个人、组织与国家"这一视角。其三是社会结构取向，将单位视为一种总体性的现象，通过"单位社会"开展研究。①李汉林认为，之所以把1949年以来的中国社会理解为"单位社会"，主要是因为：

在目前的中国社会中，对于绝大多数生活在国营和集体所有制的社会组织中的中国人来说，单位对于他们的价值观念和行为规范起着举足轻重的作用。他们的行为事实上通过组织功能多元化的特殊方式逐一整合到了一个个具体的社会组织即单位之中。从而由这种单位组织代表他们的利益，满足他们的基本需求，给予他们社会行为的权利、身份和地位，左右和控制他们的行为，逐步实现人们社会行为以单位组织为基本单元，在这种单位组织中全面实现人的社会化。正是由这种独特的单位现象构成了中国社会极其独特的两级结构：一是权力高度集中的国家和政府；二是大量相对分散和相对封闭的一个个单位组织。长期以来，国家对社会的整合与控制，不是直接面对一个个单独的社会成员，更多的是在这种独特的单位现象的基础上，通过单位来实现的。②

李汉林认为，单位制不仅体现一种政治意义，它还在相当程度上塑造了中国社会结构的特征。按照社会学的观点，在任何社会互动的场景中，人与人之间、群体与群体之间、组织与组织之间都有可能有优势和劣势的区分，进而形成一种支配的关系。在国家和单位的关系上，国家全面占有各种社会资源、利益和机会，形成对单位的绝对领导和支配关系；在单位和单位成员的关系上，单位全面占有和控制单位产业发展的机会和他们在政治、经济、社会以及文化生活中所必需的资源、利益和机会，因而形成对社会成员的支配关系。单位组织处在国家和个人的联结点上，一方面单位组织依赖于国家，另一方面国家通过单位组织来实现对广大社会成员的管理和控制。单位因此成为

---

① 田毅鹏：《"单位社会"的终结：东北老工业基地"典型单位制"背景下的社区建设》，社会科学文献出版社2005年版，第3页。

② 李汉林：《关于中国单位社会的一些议论》，载潘乃古、马戎《社区研究与社区发展》，天津人民出版社1996年版，第1151—1152页。

政治控制和社会控制的有力工具。

李培林等把单位的概念引入对中国国有企业的研究,他认为在传统的经济体制框架中,单位化是中国企业组织的基本特点。所谓单位化,一方面是指企业成员的身份、地位、利益分配、行动方式等与企业的单位性质——企业的所有制性质、管理体制、制度化结构、占有资源的稀缺程度等密切相关的;另一方面是指企业成员的一切社会生活(甚至包括闲暇生活)都对其所在的企业具有很强的依赖关系。企业不仅是一个经济和经营单位,也是一个社会生活和政治管理单位。企业单位化特征主要表现在四个方面:一是企业的行政属性;二是企业的功能泛化;三是企业资源的非流动性;四是企业成员利益的非阶层化(指企业成员的利益更密切地与其所在单位而不是其所属社会阶层相联系的现象)。企业职工的固定就业制、终身雇佣制、平均工资制和全面的福利保障制度,与职工对企业的全面依赖以及自主选择的放弃之间形成一种成本—收益的均衡模式(李培林、姜晓星、张其仔,1992)。[①]

可见,在中国"单位"具有丰富的内涵和重要的功能。单位曾是社会的基本组织形式,是构成社会运行的基本制度;单位也曾是中国社会的基本结构,规范社会成员间的互动关系;单位还曾是一种统治,实现了政府与社会的连接。单位深入社会生活的方方面面,作为再分配经济的组织基础,单位还具有重要的福利功能,由于制度惯性的存在,在市场经济条件下,国有企业的市场化改革并没有使其摆脱单位制度遗产对其福利行为的影响。

第二节　单位社会的形成与消解

单位社会是中国走向现代化进程中发生的剧烈社会变迁,根植于

[①] 李培林、张翼:《国有企业社会成本分析》,社会科学文献出版社2000年版,第19页。

19世纪中叶以来中国社会的总体性危机。从19世纪中叶开始,面对西方列强的挑战,中国传统社会发生了全面危机,在政治解体的同时出现了严重的社会解体,作为总体性危机的解决方案,"单位中国"应运而生。①

单位体制是中国社会主义社会的一个独特和关键的方面。第二次世界大战后,非西方国家在从"传统"向"现代"转型的过程中,无论是资本主义的市场经济社会,还是其他社会主义的再分配经济社会,都不存在"单位现象","单位现象"是中国社会走向"现代化"进程中的独有产物。与苏东国家相比,中国再分配体制的影响程度、组织的仪式性和制度化程度都明显更高。尽管苏东国家也具有某些单位特征,但尚不能完全称为单位。②

在改革开放以前,中国社会各种类型的社会组织几乎都可以被称为单位组织。这样一种单位组织,在结构上,政治组织与具体的专业组织合二为一;在行为取向上,专业取向和意识形态的取向融为一体。个人和单位的关系由于资源主要由单位垄断性的分配机制而变得异常紧密,功能多元化是单位组织的显著特征。③

1949年以后"单位社会"建立的过程,实际上也就是社会主义在中国的建立和推广过程。在单位体制的分期问题上,学者路风、刘建军和田毅鹏提出了各自的看法。路风强调1956年、1957—1966年、1966—1976年这三个时段对单位体制形成的关键作用。他认为,"从新中国社会体制的演变过程来看,单位体制在第一个五年计划完成时就初步形成了"。而在1957—1966年间,"从1958年'大跃进'开始,中国走上一条与众不同的发展道路。造成这个转变的是根植于中国共产主义革命历史中的一种政治力量,正是它的实践在后来的岁月里推动单位体制走向成熟形式"。在1966—1970年的时段中,在"文化大革命"这一中国历史上规模最大、时间最长的政治运动中,"计

---

① 田毅鹏:《"单位社会"的终结》,社会科学文献出版社2005年版,第4页。
② 路风:《中国单位体制的起源和形成》,《中国社会科学·季刊》1993年第4期。
③ 李汉林:《中国单位社会:议论、思考与研究》,上海人民出版社2004年版,第1页。

划—行政体制和就业场所内部审核关系的一系列变化使单位制达到成熟形式"。①

田毅鹏教授将单位社会的建立和发展变迁轨迹分为四个时期：1948—1953 年单位社会的酝酿探索时期；1953—1956 年单位社会的形成时期；1957—1976 年单位社会的扩张时期；以及 20 世纪 80 年代以来单位社会的变异和消解期。在单位社会的酝酿和探索时期，面对总体性社会危机和在落后条件下实现工业化的发展目标，中国共产党通过党政双重力量对社会实现了新的整合，建立了以党为领导核心的国家—社会一体化的结构体制以及统一的工资制度、普遍就业制度等。在 1953—1956 年单位社会的形成时期，"一五"计划基本完成时，城市的国有部门基本具备了单位的制度性因素："第一，由于国家一方面尽力消灭市场关系并运用行政手段控制资源分配，另一方面又强迫企业承担起对劳动者永久性就业和福利的责任，造成劳动者对就业场所的全面依附，其实质是个人对国家的依附；第二，决定中国国家组织过程的政治结构和原则使法律没有成为国家管理社会的手段，因而在实现了公有制基础上被纳入行政组织结构的经济组织成为国家对社会进行直接行政管理的组织手段；第三，劳动者的就业场所同时成为他们参与政治过程的主要场所；第四，对于个人来说，就业场所的党组织和行政当局不仅是劳动过程的管理者，而且在政治上和法律上都实际代表了党和政府。"因此，"一五"期间对单位制的形成至关重要。在 1957—1976 年单位社会的扩张时期，正如路风所言，人民公社虽然不能定义为单位，但在"大跃进"时期，毛泽东曾试图通过人民公社的形式建立起把农民包下来的组织。在城市社会，通过街办工业、公营企事业单位以外的职工家属和其他闲散人员陆续被纳入单位体系中，到"文化大革命"时期，伴随着知识青年上山下乡运动的展开，游离于单位体系以外的人员越来越少，社会管理事务几乎完全进入单位，单位以外的街区权力几乎成为"真空地带"，单位社会的发展达到了巅峰状态。20 世纪 80 年代以来是单位社会的变异和

---

① 路风：《中国单位体制的起源和形成》，《中国社会科学·季刊》1993 年第 4 期。

消解期,该阶段单位组织逐渐由"管理型单位"向"利益型单位"转化,单位所承载的意识形态因素和政治要素开始退出,单位逐渐成为一个福利的共同体。①

新中国成立以来,单位社会经历了从兴盛到消解的发展进程,这种消解带有长期性和复杂性。田毅鹏教授将单位社会的现代命运总结为以下三种观点:②

其一是衰退消解论。曹锦清和陈中亚在《走出"理想城堡"——中国"单位"现象研究》一书中,遵循梅因著名的"从身份到契约"的论断指出:"中国从计划经济体制向市场经济体制的转型,实质上意味着从以抽象整体利益为主的单位组织转向以具体个人利益为导向的契约组织的运动过程。随着资源配置手段和社会结构的变革,单位体制的解体和个人化的发展是同样不可避免的。"杨晓民和周翼虎在《中国单位制度》一书中将单位社会称为"被制度锁定的社会",提出了以"社会业绩结构"为核心内涵的"后单位社会"的概念。③

其二是长期存在说。以李汉林为代表,他认为,"尽管随着改革开放的深入,单位对国家、个人对单位的依赖性会逐渐地弱化,国家与单位两级构造所形成的中国社会的基本结构逐渐松动。但是,这种以单位组织为主导的基本结构格局在短期内还不会彻底改变,单位组织和非单位组织并存,两种社会组织行为并存,并相互作用、相互影响、相互制约的状态还会持续相当长的一段时间"。④

其三是功能转化说。持该观点的刘建军认为:"简单地说,单位正趋于消解,或者说单位依然强固,都是极为武断的评判。如果对单位是趋于消解还是强化作出回答,就不得不对单位在不同层面所承载的意蕴进行区分,然后才能给出完满的答案。"⑤ 在他看来,作为社会

---

① 田毅鹏:《"单位社会"的终结》,社会科学文献出版社2005年版,第29—34页。
② 同上书,第36—37页。
③ 杨晓民、周翼虎:《中国单位制度》,中国经济出版社1999年版,第369页。
④ 李汉林:《中国单位社会》,上海人民出版社2004年版,第99页。
⑤ 刘建军:《单位中国:社会调控体系重构中的个人、组织与国家》,天津人民出版社2000年版,第570页。

调控基本单元的单位组织；作为一种维护自身利益、保障单位主权的单位组织；作为个人安身立命的空间和实现社会化唯一通道的单位组织；作为个人就业场所的一种话语表达；作为个人安身立命的精神空间，单位还是有其存在的充分理由的。传统单位体制的消解和取而代之的新的组织体制的诞生是一个漫长复杂的过程，绝不可能一蹴而就，而在目前的条件下，我们不能简单地否定单位制，而应该"通过其内在的逻辑更新，使单位体制成为一种适合超大型社会调控的形式"。[①]

[①] 刘建军：《单位中国：社会调控体系重构中的个人、组织与国家》，天津人民出版社2000年版，第566页。

第四章 国有企业福利的生成与固化

第一节 国有企业福利的生成与制度化

在计划经济体制下，政府是资源配置的中心。农村的社队和城镇的单位是分配机制发挥作用的组织基础。社队和单位不仅是经济组织，还是社会机构。在城市社会，国有企业集生产组织、社会组织和政治组织的功能于一身，是连接社会成员与国家权力的重要纽带，是再分配经济的组织基础。作为"福利共同体"的国有企业，其福利功能的生成与固化是由当时特殊的社会政治经济条件决定的。

一 福利生成的政治起点：政权合法化

建立社会福利制度是执政党出于维护和巩固合法地位，争取社会公众广泛支持与合作的重要手段。中国革命走的是"农村包围城市"的道路，农村能成为中国革命的根据地，农民能成为中国共产党的重要阶级基础，很重要的原因在于中国共产党通过土地革命在农村建立和巩固了稳定的合法地位。新中国成立后，中国革命和权力的重心由农村转入城市，为巩固对城市社会和工商业的控制，新政权必须赢得工人阶级的支持。

在经过抗日战争和国共内战的长期战争洗礼后，中国共产党接管的是一个通货膨胀、生产瘫痪、失业严重的城市经济，城镇失业率在20%以上。为了保证失业工人的基本需求能够得到满足，并能重新得到就业的机会，政府在短期内采取了多项措施，其中包括：紧急设立救济工作机构、以全国动员的方式筹措救济基金、以工代赈、生产自救、还乡生产、发给救济金解决生计问题、短期培训失业工人、登记介绍工作等。这些临时救济措施发挥了防止失业问题进一步恶化、缓和失业工人情绪和保障失业工人基本生活的作用。

党通过为工人阶级提供就业保障和福利，绕过城市经济体系的上层结构，直接渗透到下层社会，动员群众并把工人阶级自下而上地组织起来。旧中国城市中的资本主义生产关系并没有得到充分发展。资本家和个人间的雇佣关系及劳动组织中的控制—被控制关系被编织在同乡、师徒、亲友和帮会等一系列前资本主义的社会关系网络中。处于分裂状态的工人阶级，在意识形态和组织上构成了新政权赢得群众支持的障碍。一方面，政府通过提供就业、福利和工作保障瓦解把头和帮会的社会权利基础。另一方面，发动政治运动（如民主改革、镇压反革命、"三反""五反"等）的需要也驱使政府要求企业对工人提供越来越多的福利和工作保障。[①]

通过新中国成立初期开展的对资本主义工商业的改造，取消了企业在正常条件下可以解雇工人的任何权利。新政权对接管的"官僚资本主义"企业的职工采取了"包下来"的政策，而对私营企业解雇工人的权利进行了限制，并且在1952年上半年的"五反"运动中被进一步强化。1952年8月颁布的《政务院关于劳动就业问题的决定》是中华人民共和国历史上唯一一个明文禁止企业因经济原因解雇工人的文件。对此，路风认为，新政权已经越来越感到对工人无限工作保障的政治义务。这种日益增长的政治义务是由新政权巩固权利和控制经济组织发动政治运动的目的决定的。换言之，永久就业关系产生于新的政治控制机制形成过程中。

中央人民政府政务院还于1951年颁布了《中华人民共和国劳动保险条例》，几乎为城市就业工人及其家属提供了从摇篮到坟墓的福利。该条例除了规定保险费的征集与管理、保险的项目和标准，以及保险事业的执行和监督情况；还规定了劳动保险的实施范围，拥有100名职工以上的国营、公私合营、私营和合作社经营的工厂、矿场

---

① 路风：《国有企业转变的三个命题》，《中国社会科学》2000年第5期。

及其附属单位,以及在铁路、航运、邮电三个产业所属的企业和其他附属单位实施社会保险。从劳动保险的项目看,除失业保险外,其他发达工业化国家有的社会保险项目,我国的社会保险都包括了。

通过把"福利和保障"融入"终身就业"的劳动关系,赢得了工人阶级的支持与合作,增加了对新生政权的政治认同,同时在各项救济工作中对工人进行了普遍的政治教育,失业工人的政治觉悟有了普遍的提高,新生政权的凝聚力进一步加强,建立和巩固了新政权在城市社会中的政治基础。可见,国有企业承担的政治功能并不是马克思主义意识形态的直接后果,也不是出于经济效率的考虑,而是政治过程的产物。①

政府在国有企业中实行的社会保障制度将工人对企业的依赖转化为工人对国家的直接依赖。在1949—1953年,国有企业不是作为生产组织,而是作为社会政治组织出现的。党和国家通过企业这种生产组织,在维护生产的前提下,逐步消解扎根在社会基层的权威,并成立忠实新政权的群众组织,逐步树立新政府的权威。在国营企业中,普遍地建立党组织,并实行厂长负责与工厂管理委员会的民主管理相结合的新领导体制。路风(1993)精辟地指出:在国家—工人之间建立的恩惠关系并不是一个有利于工商业发展的社会—经济环境,而是一个有利于国家消灭私人经济的社会政治秩序。

从1949年新中国成立到1970年末,中国在经济上采取了计划经济体制,在政治上采取了政企合一的制度,改革开放前,集权型政企合一制度的政治基础是工人阶级,通过国有企业为工人阶级提供终身就业及其附属的福利和保障,使其成为政权"合法性"的阶级基础。

二 福利生成的经济缘起

新中国成立初期,经济发展水平低下。1949年,国民收入只有358亿元,国民收入中工业所占比重仅为12.6%。在工业总产值中,重工业产值比重只占26.4%。而当时发达国家的工业增加值占国内生

---

① 路风:《国有企业转变的三个命题》,《中国社会科学》2000年第5期。

产总值的比重一般都在50%上下。①

重工业优先的发展战略需要政府能在社会资源总量不足的情况下最大限度地控制和配置经济剩余，企业国有化是实现政府战略意图的最佳选择。加大国有企业在国民经济中的比重是通过政府投资建立新企业和对资本主义工商业进行改造实现的。政府通过经济组织的国有化、行政化建立现代化城市工业体系。1950年中央政府统一全国财政经济工作，将地方财权收归中央，建立中央集中统一管理的财政体制，为高度集中的经济体制奠定了基础。到1978年，国营经济占城镇工业总产值的份额上升至85.4%，集体经济下降为14.6%。②

当私人经济被消灭、市场活动被极度压抑后，安排城镇居民的就业就成为国家不可推卸的责任。根据对社会主义原则的传统理解，对国营经济中就业的劳动者提供工资、保险和福利待遇等囊括生老病死全部内容的保障是社会主义国家不可推卸的道德责任。与此同时，还采取了"低工资、高福利"的分配政策。

单位福利制度源于一个时期工业高速增长的国家动机。为了迫使资金最大限度地投入直接生产部门，必须尽可能减少基础设施这种短期效益不显著的建设项目，城市基础设施建设也被列入压缩削减的重点项目。政府对基础设施的欠账，必然导致生产单位自行设法解决政府欠缺的功能。各种公共设施不断建立，"企业办社会"已成为一种事实。政府—社会关系的实质在于，在政府逐步夺取社会资源后，无法彻底承担全部的社会功能，因此只能由社会集团或集体成员来自行组织填补"政府空位"。③

三 国有企业福利的制度化

如果说在新中国成立之初，政府通过建立保障工人就业和福利的制度在城市巩固了合法地位，赢得了工人阶级的支持，那么由国有企

---

① 林毅夫、蔡昉、李周：《国有企业产生的逻辑》，载盛洪、张宇燕《从计划经济到市场经济》，中国财政经济出版社1998年版，第28页。

② 国家统计局：《中国统计年鉴》（1995），中国统计出版社1995年版，第365、377页。

③ 杨晓民、周翼虎：《中国单位制度》，中国经济出版社2002年版，第55页。

业承载的工人福利的制度化还需要通过劳动就业制度和户籍制度把农业户籍人口长期排除在城市就业体系之外，并进一步发展出"铁饭碗"的就业制度。

1. 劳动就业制度

国家全面介入劳动力市场是国家社会主义的一个特点。因此，在市场经济制度下由市场决定的劳动力价格，在再分配制度下是由国家规定的（Szelenyi，1978）。在私人经济被消灭、市场活动被极度压抑的情况下，安排城镇居民就业是国家不可推卸的责任。在"集中力量办大事"的工业化过程中，面临严重持续的劳动力过剩压力，城市人口的就业完全被纳入政权控制之下，而农村人口则被持久地排斥在城市就业体系之外。1952 年，政务院颁布的《关于劳动就业问题的决定》指出，在当时的历史条件下，国家还不可能在短期内吸收整批的农村劳动力到城市就业，因此必须做好农民的说服工作。[①] 当时城市的情况是，存在不少闲散劳动力，失业、半失业现象，1952 年城市失业人员达 376.6 万，失业率高达 13.2%，到 1957 年，失业率下降至 5.9%。至于农村，20 世纪 50 年代即存在剩余劳动力，他们都有进城谋生的意愿。一遇灾荒，更有大批农民背井离乡，成为所谓的"盲流"。如果撇开稳定农村劳动力队伍以发展农业生产的考虑，允许大批农民进城，结果会如何呢？由于城市工业化刚刚起步，且以重工业为主，就业位置本来有限，不仅进城农民无业可就，而且会加重城市原有的就业压力。有鉴于此，1957 年国务院公布了《关于各单位从农村中招用临时工的暂行规定》，明确规定城市"各单位一律不得私自从农村中招工和私自录用盲目流入城市的农民。农业社和农村中的机关、团体也不得私自介绍农民到城市和工矿区找工作"。甚至规定，"招用临时工必须尽量在当地城市中招用，不足的时候，才可以从农村中招用"。[②] 由此可见，20 世纪 50 年代形成的劳动就业政策，原则

[①] 参见《中央人民政府法令汇编》（1952 年），法律出版社 1982 年版，第 217 页。
[②] 《中华人民共和国法规汇编》（1957 年 7—12 月），法律出版社 1958 年版，第 482—483 页。

上规定城市劳动部门只负责城市非农业人口在城市的就业安置，不允许农村人口进入城市寻找职业。[①] 如果说党和政府为稳固政权在城市的合法性，通过取消企业在正常条件下解雇工人的权利实现了"终身雇佣"的就业制度，那后来通过一系列政策取消了农村人口进城就业的机会和权利，则进一步巩固了城市人口的"终身雇佣"，并使其进一步发展成"铁饭碗"的就业制度。

2. 限制人口流动的户籍制度

新中国刚成立时，自然灾害造成农村灾民外流现象非常严重，国家对户口迁移的控制比较宽松，城乡之间的户口迁移一般不受限制。而且新中国成立之后最初几年政府颁布的几个文件都承认了居民自由迁徙的权利。1953年以后，农村"盲流"问题出现并逐步加剧。为了及时解决这一问题，政务院及后来的国务院和其所属有关部门相继发出了一系列指示与规定。1957年12月，中共中央、国务院联合发出《关于制止农村人口盲目外流的指示》，要求城乡户口管理部门密切配合，通过严格的户口管理，切实做好控制人口盲目流动工作。1958年1月，全国人大常委会第91次会议讨论通过《中华人民共和国户口登记条例》，其中第十条第二款对农村人口进入城市作了带约束性的规定："公民由农村迁往城市，必须持有城市劳动部门的录用证明，学校的录取证明或者城市户口登记机关的准予迁入的证明，向常住地户口登记机关办理迁出手续。"这一规定将国家关于制止农村人口盲目流入城市的指示精神法律化，标志着我国以严格限制农村人口向城市流动为核心的户口迁移制度的形成。[②] 户籍制度的限制关上了农村人口流入城市的大门，新生农村人口基本上只能通过升学和参军两条途径改变农村户籍。

1958年人民公社制度的诞生防止了"流民"的产生。作为"政社合一"组织，人民公社既是生产组织，也是基层政权，体现了计划

[①] 李迎生：《社会保障与社会结构转型——二元社会保障体系研究》，中国人民大学出版社2001年版，第71—72页。

[②] 同上书，第70—71页。

经济体制下农村政治经济制度的主要特征。人民公社一方面方便了实行"统购统销"政策，为工业化提供了源源不断的积累；另一方面通过土地的集体所有制，集体的生产和分配，通过"三级所有，队为基础"，实现了对农民的集中管理与控制，形成了农民对集体的依附性，防止在农村出现土地兼并和两极分化。①

人民公社制度与户籍制度、就业制度相配合形成并强化了中国社会的二元结构格局。农村人口通过人民公社组织起来进行生产并分配生产成果，城市人口通过"统包统配"的就业政策获得"铁饭碗"及其附属的"福利与保障"。限制农村人口流动的户籍制度和农村人民公社制度的建立为国有企业"福利"制度的发展扫清了外部障碍，进一步强化了国有企业的"福利化"行为倾向。

第二节　福利的组织基础：国有企业单位的生成与运作逻辑

传统的计划经济体制不仅表明了一种特定的经济活动类型与运行机制，而且与其相配套的社会政策模式也历史地塑造着一种特定的社会行为规范、社会利益分配格局、社会秩序与社会生活类型（姜晓星，1992）。计划经济时代政府的目标是在保障社会成员基本生活需要得到满足的同时多快好省地建设社会主义，在重工业优先的发展战略指导下，国家再分配集中于两大方面：一是保障社会成员的基本生存；二是用来优先保障对经济发展而言最为重要的部门，其中城市比农村重要，重工业部门比轻工业部门重要（White，1998）。

中国式社会主义再分配体制的特殊之处在于，整个经济与社会的组织方式是以城市中的"单位"，农村中的集体组织来实现的（李猛等，2000；刘建军，2000，转引自李路路，2002）。在计划经济时代，

---

① 李迎生：《社会保障与社会结构转型——二元社会保障体系研究》，中国人民大学出版社2001年版，第72页。

单位是占据主导地位的行政体制。1949年后，中国城市中几乎所有的政府、企业以及教育组织机构都是行政机构不可分割的有机组成部分。美国学者卞历南通过考察现存的档案资料指出，单位作为占据主导地位的行政体制，可以追溯至抗日战争时期国民党为实现国家行政官僚机构合理化的种种努力。在这个过程中，国民党统治者开始用"单位"这个概念来称呼政治、经济以及行政组织。① 1949年国民党政府垮台，新中国成立时，国营企业之单位名称已经在无数正式文件中牢固树立起来并成为工厂行政管理人员常挂在嘴边的词汇之一。②

1949年后国营企业的某些根本特征形成于抗日战争时期。在抗日战争时期，国民党政府经营的国营企业建立了官僚治理结构，确立了具有鲜明特征的管理与激励机制，并且为企业职工提供社会服务与福利设施。国营企业行政管理人员也试图通过贯彻分层负责制度来改革企业管理行政，贯彻分层负责制度的后果之一是厂内几乎所有的组织都获得了单位身份。③

中国的"单位体制"在"一五"计划完成时基本确立起来。早在中华人民共和国成立初期国民经济恢复阶段，中国已经建立了高度集中的计划经济雏形，在1956年"一五"计划基本完成时，计划经济体制和"单位体制"基本上确立起来，"一五"计划的完成对单位体制的形成有标志性作用。"一五"期间，通过苏联援建的156个项目，确立了高度集中的计划经济体制，中央政府各部门直接管理的工业企业数量大大增加，由1953年的2800多个增长到1957年的9300多个，约占当年国营工业企业总数（58000个）的16%，工业产值接近国营工业总产值的一半。④

在单位体制下，所有基层单位都成为国家行政组织的延伸，单位组织成为城市社会结构的基本单元，整个社会的运转依靠自上而下的

---

① 卞历南：《制度变迁的逻辑——中国现代国营制度之形成》，浙江大学出版社2011年版，第232页。
② 同上书，第245页。
③ 同上书，第212—245页。
④ 汪海波：《中华人民共和国工业经济史》，山西人民出版社1998年版，第169页。

行政权力。单位作为我国政治、经济和社会体制的基础，填补了国家与个人之间的真空地带，使资源的分配有一种可以连接国家与普通社会成员的组织通道，适应了社会和政治整合的需要，使国家的社会控制得到加强。按照国家—社会理论，单位是国家政权向社会推进的业缘组织，单位社会存在制度性边界，这个边界，就是各种扩张规则有效的范围。因为社会生产力水平有限，国家不能将全社会都纳入公职人员范围。在几经尝试和挫折后，国家与社会之间的力量均衡边界稳定在城镇和乡村这道分野。[①]

路风认为，当城市的国营部门产生了一种特殊的组织形式，具备了下面几个制度性因素的时候，即可认定为单位制度的初步形成。这些制度性因素包括："第一，由于国家一方面尽力消灭市场关系并用行政手段控制资源的分配，另一方面又强迫企业承担起劳动者永久性就业和福利的责任，因而造成劳动者对就业场所的全面依附，其实质就是个人对国家的依附；第二，决定新中国国家组织过程的政治结构和原则使法律没有成为国家管理社会的手段，因而在实现了公有制基础上被纳入行政组织结构的经济组织成为国家对社会进行直接行政管理的组织手段；第三，劳动者的就业场所同时成为他们参与政治过程的重要场所；第四，对于个人来说，就业场所的党组织和行政当局不仅是劳动过程的管理者，而且在政治上和法律上都实际代表了党和政府。在社会生活受到国家行政权力全面控制的条件下，离开就业场所党政当局的认可和证明，个人的许多社会活动就无法进行（如婚姻登记、户口登记、工作调动等）"。[②]

国有企业的单位化主要体现在生产模式和福利供给上。首先，从国有企业的计划生产模式上看，计划经济体制下的国有企业只是整个计划体系的一部分，企业的一切生产活动都是国家计划和指令的实现。国家借助行政隶属关系和行政指令对企业生产活动进行统支统收，企业单位的生产规格、数量指标、扩大再生产能力、产品销售以

---

① 杨晓民、周翼虎：《中国单位制度》，中国经济出版社1999年版，第37页。
② 路风：《中国单位体制的起源和形成》，《中国社会科学·季刊》1993年第2期。

及服务对象都有明确安排，企业的建立和关闭也要听从行政指令。其次，从国有企业的福利供给看，在高度集中的计划经济体制下，国有企业具有经济、政治和社会等多重功能。在社会资源总量不足的情况下推动国民经济现代化，政府选择了"低工资、高福利"的收入分配政策，这一制度安排的直接结果就是单位福利的出现。

第三节　单位福利的构成

中国计划经济时代的福利体制也被称为"国家—单位福利"或"微型福利"（White，1998）。"单位制"福利的特点是"低工资、高福利、广就业"。职工作为单位人，生老病死全部费用都由财政和企业负担，个人基本上不用交纳任何费用。"单位报销""单位负责"是计划经济年代，用以描述职工福利最简单、最形象的词汇。到1956年，中国已基本确立了建立在"单位体制"上的"低工资、高福利"保障体系，即"国家—单位"保障制。[①] 单位福利主要由劳动保险、集体福利和住房分配制度构成。

一　劳动保险

（一）劳动保险的建立

劳动保险是在职工因疾病、生育、年老、伤残等陷入生活困境时，由国家或社会给予必要的物质帮助，以满足职工的基本生活需要。依照1949年9月中国人民政治协商会议通过的《共同纲领》中第32条规定，要"逐步实行劳动保险制度"。新中国成立后，劳动部和中华全国总工会在总结革命根据地和解放区以及铁路、邮电等产业部门实行社会保险经验的基础上，参考国外经验，1950年拟定了劳动保险条例草案，经过3个月的讨论，进行相关修改后，最终于1951年2月20日，政务院颁布了《中华人民共和国劳动保险条例》，为劳

[①] 郑功成：《从企业保障到社会保障：中国社会保障制度发展与变迁》，中国劳动社会保障出版社2009年版。

动保险和职工福利事业的发展奠定了法律基础。《中华人民共和国劳动保险条例》涉及伤残、疾病、生育、年老、死亡等项目以及职工供养直系亲属所享受的待遇。除失业项目外，其他发达工业化国家有的社会保险项目，我国的社会保险都包括了。同时，条例对集体福利事业，如托儿所、哺育室、疗养所、食堂等的设置也做了规定。

1951年该条例公布时，我国处在经济恢复阶段，条例的实施范围局限在拥有100名职工以上的国营、公私合营、私营及合作社经营的工厂、矿场及其附属单位；以及铁路、航运、邮电三个产业所属企业及其他附属单位。劳动保险的覆盖范围只与企业的规模有关，而与企业的所有制类型无关。

1953年，国家度过了国民经济的恢复阶段，进入计划建设时期。为适应经济建设规模的扩大，劳动保险条例也进行了相应的修改，1953年1月2日，政务院政务会议通过并发布了《关于中华人民共和国劳动保险条例若干修正的决定》，同时公布修改后的劳动保险条例。同年1月26日，劳动部也公布了《中华人民共和国劳动保险条例实施细则修正草案》，修改的主要内容是适当扩大实施范围，酌量提高待遇标准。但是，由于抗美援朝战争和重工业优先发展战略的资金积累等原因，范围扩大和待遇提高的幅度有限。

1956年，根据国家财政基础和国民经济发展的需要，劳动保险的范围扩大到商业、外贸、粮食、供销合作，金融、民航、石油、地质、水产、国营农牧场、造林等产业和部门。享受保险待遇的职工人数相当于国营、公私合营、私营企业职工的94%。加上享受相关保险利益的职工家属，社会保险制度覆盖的人数已经达到6000万人。至此，中国已经初步建立了以国家为主要责任主体、城乡各单位担负共同责任并一起组织实施的较为完整的社会保障制度，国家与单位在社会保障制度的确立与实施过程中日益紧密地结为一体。[①] 到1957年对资本主义工商业的社会主义改造完成后，随着所有制的不断升级，县

[①] 郑功成：《从企业保障到社会保障：中国社会保障制度发展与变迁》，中国劳动社会保障出版社2009年版，第6页。

以上的城镇企业绝大多数已经变成国营或类似国营的大集体企业,并被社会保险制度所覆盖。①

(二)劳动保险向单位保险的蜕变

1951年颁布的《条例》规定,职工的劳动保险基金全部由企业当局缴纳,不得在职工的工资内扣除,也不得向职工另行征收;企业行政或资方按该企业职工工资总额的3%缴纳劳动保险基金。其中30%上交给中华全国总工会作为劳动保险总基金,由总工会在全国范围内调剂使用,70%由该企业的基层工会管理和分配,直接用于该企业职工的各项劳动保险。支付工人与职员按照劳动保险条例应得的抚恤费、补助费与救济费之用。企业工会基层委员会留用劳动保险基金,每月结算一次,其余额全部转入省、市工会组织或产业工会全国委员会户内,作为劳动保险调剂金。不足开支时,向上级工会申请调剂。如省、市工会组织或产业工会全国委员会调剂金不足开支,申请中华全国总工会调拨调剂金补助。

1969年2月,财政部发出的《关于国营企业财务工作中几项制度的改革意见(草案)》规定,国营企业一律停止提取劳动保险金,企业的退休职工、长期病号工资和其他劳保开支改在企业营业外列支。这样,社会保险失去了它固有的统筹调剂职能,社会保险变成了"企业保险",从而形成了待遇标准按国家规定执行,费用由企业实报实销的企业保险,这一规定和做法一直延续到计划经济体制进行改革后很长一段时间。

由企业营业外支出支付劳动保险待遇,实质上是由企业利润支付。当时企业业绩考核的主要指标是产值,而不是利润,而且企业利润总额上缴,与企业的利益没有直接的关系,企业对这样的制度安排没有异议。更重要的是,企业盈亏最终是由上级主管部门统一平衡的,因此企业并不负有对职工劳动保险的最终责任。计划经济体制下,企业不是自主经营、自负盈亏的市场主体,而是国家行政机构的延伸,要负担相应的经济、政治和社会职能,企业财务只是政府财务

---

① 李迎生:《社会保障与社会结构转型》,中国人民大学出版社2001年版,第62页。

的延伸部分。职工的劳动保险待遇由国家的计划体系进行统筹安排，劳动保险是以国家财政间接支撑得以实施的。单位保险制是与全民所有制相契合的一种保险模式，它形式上以企业为风险分散单位，实质上是以国家财政作为最终的保障基础。

（三）TH矿务局劳动保险的实施

1948年，东北全境解放后，TH矿务局就开始实行1948年由东北人民政府颁布的《东北公营企业战时暂行劳动保险条例》（以下简称《条例》）。这是在解放战争走向胜利的过程中，共产党人出台的第一个关于公营企业人员的劳动保险条例，是第一部比较完整和专门性的社会保险法规，它对保障职工的基本生活，解除职工的后顾之忧，支援解放战争起到了重要的作用。《条例》对公营企业的正式职工和临时工进行了区分，规定"凡实施劳动保险之公营企业工厂中，有正式厂籍与固定工作岗位的职工，不分国籍、民族、年龄、性别，均适用劳动保险条例与本细则。凡公营工厂中所有临时性的、无固定厂籍与固定工作岗位的职工，或附属的公私合作与私营加工厂的职工暂不适用劳动保险条例"。公营企业职工不仅因公负伤残疾所发生的医疗费由企业全部负责，而且，"职工疾病及非因公负伤者医疗费，在本企业医疗及指定医院治疗者，由所属企业负担"。此外，不仅职工本人就连职工供养的直系亲属死亡，也"由劳动保险基金给付相当于本人一月工资三分之一的丧葬补助金。不满一岁不发，一岁至十岁者，发给成年人的半数，十岁以上者，按成年人待遇发给"。[1]

在落实职工劳动保险待遇方面，矿务局根据条例规定缴纳企业工资总额的3%作为劳动保险金，职工个人缴纳所得工资的5‰作为劳动保险金。在劳动保险条例实行初期，矿务局共有职工3647人，符合享受劳动保险待遇条件的职工有675人，到1950年享受劳动保险的人数增加到994人。

1951年，中央人民政府颁布《中华人民共和国劳动保险条例》，同年5月矿务局进行了职工劳动保险登记，共核准1056人享受劳动

---

[1] 《东北公营企业战时暂行劳动保险条例试行细则》，《东北日报》1949年3月4日。

保险待遇。1952年享受劳动保险待遇的职工1677人，占职工总数的24.63%。劳动保险的实施极大地调动了职工的劳动生产积极性和主人翁社会责任感。劳动保险覆盖的内容是非常全面的，囊括了除失业保险待遇之外的几乎所有现代保险制度的内容，如养老、医疗、生育和工伤待遇。

1953年，矿务局执行了政务院颁发的《中华人民共和国劳动保险条例》，按月缴纳本企业全部职工工资总额的3%作为劳动保险基金，用于支付职工退休生活费、疾病救济费、因公死亡丧葬费、非因公死亡职工丧葬补助费、死亡职工遗属生活困难补助费等。

职工的劳动保险也惠及家属。比如，在解放初期，职工家属享受全部公费医疗。1953年，TH矿务局根据《中华人民共和国劳动保险条例》第十三条规定的精神，职工供养的直系亲属患病时，在本局医院或特约医院治疗，手术费及普通药费由职工单位核销50%；贵重药品、就医路费、住院费、住院时的膳费及其他一切费用自理。[1]

二 单位福利

在计划经济体制下，低工资政策、平均主义分配原则和对日用消费品以外的个人财产权利的否定，不能不使个人在生活的重要方面依赖于由单位提供的国家福利，同时由于对市场活动的压抑阻碍了社会分工的发展，独立的服务行业萎缩，对服务的实际需求使服务机构内化于单位中，内部服务机构的财务收支纳入单位预算，并不自负盈亏，实际上是以社会福利的形式向单位成员提供福利。[2] 单位作为唯一的资源配置方式，满足与人们日常生活密切相关的基本需求，如住房、托儿所、幼儿园、学校、食堂、图书馆、电影院、采暖补助、交通补贴等，形成了"从头到脚""由生到死"的单位福利，构成了国有企业"高福利"的重要内容。

职工福利的内容包括两部分：职工集体福利以及职工个人福利。职工集体福利为职工提供必要的集体消费和共同性消费设施，为单位

---

[1] 根据《通化矿务局志》第285—291页整理，吉林文史出版社2010年版。
[2] 路风：《单位：一种特殊的社会组织形式》，《中国社会科学》1989年第1期。

内职工集体提供服务以满足他们的物质与精神需要。职工个人福利是对职工生活方面的各种经济性的补贴制度，多以货币形式发给职工本人，有时也以实物发给。①

除了集体福利事业和职工生活补助外，单位福利的一大项是住房福利。为了解决职工住房困难，国家大量投资建设职工宿舍无偿分配给职工，只收取象征性的房租。企业不仅要筹资建房，还有承担日常维修的责任。对于未住企业住宅的职工，则发放房租补贴。1957年国务院《关于职工生活方面若干问题的指示》提出："今后中央各部门和各省（自治区、直辖市）人民委员会在根据国家核定的基本建设计划分配建设投资的时候，应当适当注意建筑住宅的投资，逐年为缺房的职工增建一部分住宅。企业中历年积存下来的奖励基金，都可以拨出一部分用来建筑职工住宅。"在20世纪70年代以前，住宅福利是国家和企业共同承担的，国家承担的比例要大于企业。70年代初，企业集体福利基金也成为职工住宅的重要资金来源，渐渐取代了国家的投资主体地位。

职工福利费用的来源主要包括国家给各单位提供的基本建设费用、企业所设的福利基金、从企业管理费中列支的费用、从工会费中列支的费用以及来自福利设施本身的收入。工矿企业的基本建设投资，就包括了与职工基本生活有关的、必要的非生产性建设投资费用。1957年国务院《关于职工生活方面若干问题的指示》中明确提出，中央各部门和各省（自治区、直辖市）人民委员会根据国家核定的基本建设计划分配基本建设投资的时候，都要适当地注意用于职工基本生活设施的非生产性建设投资。企业福利基金制度，其资金来源按国家规定有三种提取办法：按工资总额的一定比例从成本中支出；按工资总额的一定比例从企业基金中提取；按一定比例从利润留成中提取。② 职工生活困难补助以及企业单位职工食堂、托儿所、浴室、

---

① 李怀康、刘雄：《社会保险和职工福利概论》，北京经济学院出版社1990年版，第196、202页。

② 同上。

理发室等设施的经常性费用,均由福利费和福利基金开支。从企业的管理费中开支一部分福利费用,如食堂、托儿所等补贴,职工上下班交通费补助、房贴、水电补贴、冬季宿舍取暖补贴等。

"文化大革命"时期,正常的社会生产和生活秩序被破坏,政府及企事业单位被迫普遍加强了"企业办社会"的力度,进一步增强了单位的封闭性。"国家主管福利工作的机构处于瘫痪状态,过去通过各级工会组织等还能在较大范围内调剂使用的职工福利经费筹集制度被抛弃,政府举办的社会福利越来越少,仅仅承担着举办城市无依无靠的孤寡老人、孤儿及少数残疾人的福利责任,与职工家属有关的一切福利彻底推给了企业,并完全由各企业自行负责。此后,由企业全包的职工福利制度日益走向'小而全',使企业变成了一个麻雀虽小,五脏俱全的小社会。"①

从 TH 矿务局集体福利事业的发展来看,共产党在接收企业后,积极建立了"包下来"的福利制度,福利的范围涉及职工及其家属生活需求的方方面面,而且随着企业规模的扩张,企业还担负起了安排家属就业的职责。

(一)发展集体经济,广开就业门路

20 世纪 50 年代后期到 20 世纪 60 年代初期,受"左"倾路线的影响,国家经济凋敝,职工生活水准下降,为了提高部分困难职工的生活水准,大批职工家属走上了自救之路,进国营厂当了家属自救工,揭开了"家属革命化"的序幕。依托于"家属革命化"和"家属自救运动"而建立起来的家属队和五七厂是为贯彻党中央"一手抓生产、一手抓生活"的指示而在企业层面展开的实践,职工家属被纳入单位体系内,导致了单位体系的扩张。家属队的工作基本上围绕着企业服务事业展开,在国企体系内是一种典型的边缘化存在。

TH 矿务局 1966 年开始成立家属大队,组织家属妇女大搞农副业生产。1967 年,整个矿务局共有家属大队 12 个,生产小队 80 个,参加农副业生产达到 4410 人,经过一年的生产就增加了固定资产,开

---

① 郑功成:《从企业保障到社会保障》,辽宁人民出版社 1996 年版,第 186 页。

始有了公共积累。1968年贯彻毛主席走"五七"道路的指示，将家属大队改为"五七"家属大队。在1979年之前，家属大队的工作主要围绕农副业生产展开，缓解了职工吃粮、吃菜困难的问题。1980—1982年，在中共十一届三中全会精神的指导下，国民经济形势逐渐好转，市场放开，主副食供应充足，农副业生产开始转向工业和服务业。1983年，全矿务局共有农副业场队46个，从事农副业生产人员1000余人，耕地面积7501亩，产粮食72.39万斤，产蔬菜986.76万斤。到1985年时，保留耕地面积2945亩，产粮50万斤，产蔬菜220万斤。家属大队的工作满足了企业内部职工对农副业产品的需求，在主副食供应缺乏的计划经济时代发挥了后勤服务保障功能。在市场开放后，原来作为市场资源替代选择的自给自足的生产模式逐步缩小，显示了家属大队这种集体经济在国有企业中的边缘性地位。

"家属革命化"的政治目标是为了实现企业队伍的高度"革命化""组织化"，强调的是把家属纳入单位体系的革命意义。"家属革命化"运动的客观结果是单位家属得以进入依托于国营单位的集体五七厂，通过劳动换取微薄的报酬，缓解了物质生活极度匮乏状态下单位人的家庭生活困难。此时期，随着知识青年上山下乡运动中一些问题的暴露，国家也要求各单位对其上山下乡子女加强管理和生活安排，单位逐渐开始深度介入知识青年的管理问题，虽然这些子女没有正式进入单位，但单位逐渐把职工子女纳入单位的"外围"，为1979年开始的以"厂办大集体"为主要内容的单位共同体扩张埋下了伏笔。①

家属大队在搞农副业生产的同时，还开办了生活服务网点。1979年成立了 TH 矿务局劳动服务公司，随后所属各单位先后成立劳动服务公司，兴办各类集体经济的经营实体和生活服务网点，如饭店、旅店、商店、药店、粮米加工厂、豆腐房、煎饼房、榨油厂、冰棍厂、饮料厂、托儿所、卫生所、理发店、家电修理部、木器加工厂、被服

---

① 田毅鹏：《"单位共同体"的变迁与城市社区重建》，中央编译出版社2014年版，第72页。

店、照相馆、工艺美术服务社、卫生队、废品收购站等。到1985年商业、服务业等网点发展到300多个,这些生活服务网点为解决返城知识青年的就业问题发挥了重要的作用,一共安置就业青年5200人,方便了职工的生活,安置了就业人员,稳定了矿区形势,使企业的集体经济得到了发展。1984年,TH矿务局劳动服务公司被授予安置待业青年先进单位,并颁发"广开生产门路,发展集体经济"奖旗,WDJ劳动服务公司被煤炭部授予全国煤炭工业"集体经济先进单位"称号。

(二) 职工集体福利[①]

职工集体福利为职工提供必要的集体消费和共同性消费设施,为单位内职工集体提供服务以满足他们的物质与精神需要。职工集体福利又可以分为职工生活福利、文化娱乐福利、健康福利。第一,职工生活福利是为减轻职工的生活负担和家务劳动,方便职工生活而设立的福利设施,如职工食堂、职工宿舍、托儿所、幼儿园、浴室、上下班交通车等。第二,为丰富和活跃职工文化生活建立的各种文化福利设施,如图书馆、俱乐部、电影院、体育场等。第三,健康福利是指增进职工身体健康而开办的健康福利设施,如职工医院或医务室、疗养院等。职工医院或医务室是为解决职工疾病医疗问题的福利场所,它根据国家劳保医疗政策为职工提供近乎免费的医疗保健服务;疗养院主要由大企业或单位举办,主要对象是本企业或本系统患有慢性疾病和职业病的职工。

生产浴池是最受企业重视和最具企业特色的集体福利设施。1948年成立TH矿务局时,矿区内只有5处井口浴池,一次能够容纳230名工人洗澡,设施简陋,没有其他服务设施。1949年根据东北煤矿工会提出"建议行政增设澡堂,做到坑内工人升井后能够洗澡"的精神,矿务局在恢复生产的同时,恢复和改建了一些临时浴池。后来经过不断的发展和探索,到1985年时,全矿区已经有生产浴池18

[①] 浴池、食堂、宿舍、托儿所和教育机构等职工集体福利在1985年以前的发展情况是根据企业的相关文件资料以及《通化矿务局志》中的相关内容整理而成。

处，建筑面积达到 19534 平方米，全矿区有 17 个浴池实现了生活福利管理标准化。其中，DQ 煤矿一生产浴池被煤炭部评为"生活福利管理工作先进单位"，是煤炭部实行生活福利标准化管理树立的一批典型。

供职工家属使用的福利浴池经历了从无到有的发展过程。1956 年以前，整个矿务局除本部设立福利浴池外，家属和地面辅助工人洗澡只能合用生产浴池。随着生产的发展和职工队伍的扩大，到 1957 年时，原有的设施已经不能满足职工及其家属的需要，为了解决家属洗澡难的问题，矿务局内各单位开始逐步新建职工福利浴池。到 1985 年，全矿区共有福利浴池 21 处，建筑面积 8275 平方米，有 20 个浴池实现了生活福利管理标准化，WT 煤矿福利浴池还被煤炭部评为"生活福利管理标准化先进单位"。

食堂从 1948 年矿务局刚成立时的 4 个可以容纳 1000 多人就餐的简易食堂发展到 1985 年的 11 个。食堂总建筑面积达到 7057 平方米，可供 1396 人就餐，满足了单身职工就餐的需要。在食堂发展的过程中，探索了多种方式提高食堂的管理水平和饭菜质量，如开展全矿区食堂系统竞赛活动、成立民主管理委员会、开办炊事员脱产培训等。1982 年，矿区多个职工食堂被煤炭部评为"生活福利先进单位"，到 1985 年，职工食堂全部实现生活福利管理标准化。

职工宿舍发生了翻天覆地的变化。1931—1945 年日伪统治时期，有一首民谣形象地描绘了当时职工的居住条件："大房子稀破烂，地湿炕凉顶露天，枕着木头盖草袋，一夜冻醒好几遍。" 1948 年，矿务局成立后，在对原有宿舍进行改造的基础上，开始建设新宿舍。1978 年以后，职工宿舍的建设加快了步伐，从 1948 年人均居住面积 0.6 平方米，达到了 1978 年的人均居住面积接近 6 平方米。1980 年后，企业逐年增加投入，又大大改善了单身宿舍的条件，普遍建立了读书室、游艺室、寄存室、缝补室、探亲室，甚至有的宿舍还有专门的电视室。工人普遍认为"比住在家里舒服多了"。到 1985 年，共有职工单身宿舍 11 处，除三处为平房外，其余均为新建或改建的楼房。宿舍总建筑面积 15568 平方米，设有床位 1851 张，实际居住 1401 人，人均居住面积达 11 平方米。10 处宿舍实现生活服务管理标准化，TC 职工宿舍被煤炭部评为"生活福利先进单位"。

除食宿条件得到改善外，企业为了满足双职工家庭的育儿照顾需求还兴办了相关的服务机构。1950 年，成立了第一个托儿所。1955 年以后，各厂矿也相继开办托儿所。对托儿所发展影响比较大的是 1958 年开始的"大跃进"，由于大量家属参加生产劳动，托儿所的规模和数量出现爆发式增长。1957 年共有托儿所 4 处，收托儿童 106 人，到 1960 年时，共有托儿所 12 处，收托儿童 803 人。1981—1985 年，通过改善办所条件、全面开展幼儿早期教育和大力加强幼师队伍建设三项措施促进幼教事业的发展。实现了幼儿教育从"哄、看、护"为主向"保、教、育"为主的转变。到 1985 年矿区共有托儿所 16 处，入托儿童 2013 人，配备管理和保教人员 331 人，有 15 个园实现管理标准化，解决了广大职工的后顾之忧。

1948—1985 年，TH 矿务局先后设立医务股、卫生科、卫生处、成立矿务局医院、矿（厂）医院和厂（处）卫生所等开展医疗卫生工作。到 1985 年，全矿区共有医疗机构 20 个，职工 1991 人，其中卫生技术人员 1450 人。深入开展卫生防疫和爱国卫生运动，有效预防和控制麻疹、伤寒疫情在矿区流行，积极进行地方病、结核病的普查和防治，实施计划免疫，防治小儿传染病。此外，还积极开展劳动卫生和职业病防治，满足职工及其家属的基本医疗需求。

矿务局的教育事业主要由基础教育、职业技术教育和成人教育构成。矿务局基础教育起步较早。1948 年东北全境解放后实施企业办学，由各矿直接领导开办了 TC、SR 和 ZHZ 三所工友子弟小学。1949 年 TH 矿务局成立后，矿区工人子弟小学统一由矿务局领导，共有 4 所小学、小学分校 1 所，学生 924 人，教职工 37 人。1956 年 1 月，根据 JL 省政府规定，矿务局将 6 所小学移交给地方政府管理，学校的人、财、物全部移交给当地政府。1958 年 11 月，中共 JL 省委、省人委决定恢复企业办学，地方又将原属企业办的学校和在 TH 矿区内发展成立的学校交给矿务局管理。当时有中学 3 所（1957—1958 年在矿区成立的），小学 9 所，中小学在校学生和教职工分别为 5722 人和192人。1960—1965年，矿务局基础教育迅速发展，先后成立7所小学，到1965年共有16所小学，学生20200人，教职员工618人，共有中学7所，学生2911人，教职员工161人。1966—1976年"文化大革命"期间，基础教育受到影响和冲击。但随着矿区人口规模的扩大，中小学生和学校数量迅速增加，学校规模也相应扩大。1977—1985年，基础教育进入改革和发展的新时期，到1985年普通中学发展到18所，其中完全中学6所、独立高中3所、初中8所，职业高中附设普通高中1所，学生18151人，教职工1408人；小学发展到25所，学生19478人，教职工1115人，是矿务局基础教育发展史上学校和教职员工数量最多的时期，但与1976年相比，学生数量已经出现了大幅度的下降。

表4-1　　　　TH矿务局部分年份中小学规模情况①　　　单位：所、人

		1949年	1959年	1965年	1976年	1985年
小学	学校数量	4	9	16	26	25
	教职工数量	37	168	618	1190	1115
	学生数量	924	5480	20200	32752	19478
中学	学校数量	—	3	7	13	18
	教职工数量	—	24	161	936	1408
	学生数量	—	242	2911	24211	18151

矿务局中小学经费的来源有三：企业营业外支出；开展勤工俭学，增加预算外收入，补充教育经费；缴纳学杂费。企业营业外支出是经费的主要来源，由矿务局财务处经管，按中小学在校人员编制和在校班级数、学生数所需的教育经费标准下拨给有关矿（厂），由矿（厂）财务科拨给中小学包干使用，并对使用情况进行监督检查。

---

① 1949年，矿区只有小学，没有中学。1985年的统计数据中，矿区共有18所中学，其中，包括完全中学6所、独立高中3所、初中8所、职业高中附设普通高中班1所，矿区教育体系逐渐完善。

表 4-2　　　　TH 矿务局中小学部分年份教育经费情况　　　单位：万元

年份	金额	年份	金额	年份	金额
1960	21.07	1970	104	1980	305.22
1962	31.03	1972	152.1	1982	363.60
1965	62.24	1976	185.12	1984	370.70
1966	77.36	1978	258.1	1985	428.50
总计（1960—1985）			4552.55		

自 1948 年成立到 1985 年期间，TH 矿务局一直承担着基础教育的职能。一方面，企业办学可以解除职工子女入学的后顾之忧；另一方面，企业办基础教育是地方政府在自身能力有限情况下的一种替代选择，是地方政府赋予企业的职责和义务，企业替代政府提供公共服务的同时，也满足了自身在不断扩张中对基础教育的需求。矿区学生数量在 1976 年达到顶峰，但是学校数量、教师数量和投入经费的增长势头并没有就此停止。1976 年以后学生的数量逐渐减少，但教育机构自我扩张的内在冲动仍然推动着学校数量、教师数量和教育经费投入的增长。到 1985 年，基础教育支出累计达到 4552.55 万元。

除基础教育外，作为企业内部人力资源培训的重要内容，企业为内部员工提供职业技术教育和成人教育。1985 年以前，职工教育经费由各单位每月按照职工工资总额的 1.5% 交财务部门集中使用。TH 矿务局职业技术教育起步于 1958 年，经省人民政府批准成立了 TH 矿务局矿业学校，开始举办中等专业教育。至 1970 年先后办起 10 多所中等专业学校和半工半读学校。至 1985 年，学校先后开设电气、车工、采煤、通风、机修、电钳、木瓦工等 12 个专业，共培养毕业生 1584 人，短期培训 1349 人。1970 年成立 TH 煤矿学校，于 1983 年更名为煤炭师范学校，招收初中应届毕业生，至 1985 年毕业学员 3510 人。以上两所学校均隶属于上级行业管理部门，由 TH 矿务局代管。至 1985 年矿务局共办职业高中 9 所，设置 15 个专业，在校学生 2020 人，教职工 365 人，毕业学生 1405 人。

矿务局的成人教育始于1949年，矿务局机关成立干部业余学校，后各煤矿成立职工夜校。1960年矿务局扫除了在籍职工全部文盲，实现无文盲矿区。1958年，成立矿务局函授站，开展学历教育。1983年，开办电大教育。1985年，经煤炭部批准，成立矿务局职工中等专业学校，学制2年。

（三）职工个人福利

职工个人福利是对职工生活方面的各种经济性的补贴制度，多以货币形式发给职工本人，有时也以实物发给。[①] 根据国家相关规定，为解决职工及其家属的生活困难而建立的困难补助制度和其他补贴制度的主要内容如下：探亲假补助是对因工作需要而与家人分居两地的职工探亲期间的工资规定和来往车船费用的补助。职工根据政策享受探亲假时，企业照常支付职工工资，同时承担探亲假期间的往返路费和住房中超过本人标准工资30%以上的部分。上下班交通补贴是为那些距离工作单位较远，上下班往返乘车时间长，所需车船费较多，消耗精力、影响工作的职工设置的。适用于大中城市家距工作地点2千米以上的企业职工，经费由企业管理费中开支（1978年2月财政部、国家劳动总局《关于建立企业职工上下班交通费补贴制度的通知》）。职工生活困难补助是对那些由于工资低，或赡养人口多，或由于突发意外事故，生活上发生困难的职工予以经济上的补助，以维持他们的基本生活需要。补助期限可以分为长期、短期和一次性三种，补助标准按实际需要而定，但全体受补助职工的总补助金额不得超出单位福利基金中的"职工困难补助费"总额。冬季取暖补贴是为了补助那些地处寒冷地带的单位职工由于取暖所支付的额外生活费用，不致因此而降低正常的生活水平。房租补贴是对没有住企业宿舍的职工发放的，以保证职工的生活水平不至于因为分不到本企业的住房而降低。

TH矿务局1950年开始采用实物的方式提供冬季取暖补贴。工人与职员一律每人临时补贴原煤1吨，不发现金。1956年，根据国务院

[①] 李怀康、刘雄：《社会保险和职工福利概论》，北京经济学院出版社1990年版，第196、202页。

劳齐字〔1956〕第 104 号文件规定，取暖补贴不发原煤改按本人工资的 4% 计算发给，采暖期 5 个月。1959 年按 JL 省政府文件规定，每人每年发给采暖补贴 22 元。1974 年，根据省政府相关政策作出进一步调整：由公家供给取暖的职工不发给取暖补贴，也不按面积定额收费。自行取暖的临时（季节）工，根据本人在取暖期内的实际天数算，不足半个月的发给半个月，半个月以上不足一个月的发给一个月采暖补贴。住集体宿舍由公家供给取暖的单身职工，不发取暖补贴。

TH 矿务局对职工进行困难救助的工作主要是由工会开展的。对困难职工进行救助的方法主要有两种：一种是企业对生活困难的职工进行定期或不定期的救济补助；另一种是在职工间开展互助活动。从 1950 年开始，矿区工会就组织职工互助，当时参加职工互助组的共有 3413 人，1952 年参加互助组的人数为 2142 人，1956 年矿区内 10 个单位建立了互助储金会，参加人员 2512 人。1963—1966 年，全矿区工会组织职工家属开展互助活动，成立互助储金会 170 个，参加互助人员 13000 人，互助金额 89000 元，是自开展职工互助活动以来参与人数最多，涉及互助金额最高的一次。到 1985 年时，互助储金会发展到 604 个，参加互助储金会的有 4132 人，金额达到 247879 元。通过开展职工间经济上的互助活动，解决了部分职工生活中的临时困难。企业从 1957 年开始对职工进行定期或不定期的救济补助。1957—1962 年期间，共补助职工 11517 人次，补助金额 209423 元。被救济的职工分为长期救济户和临时救济户。到 1985 年，共有困难户 3440 户，其中人均收入 12 元以下的特困户 787 户。[1] 对职工进行救助的形式是多样化的，开展生产自救是企业采用的另一种扶贫手段，1984 年向 9 户特困户贷款 3500 元，为他们开办第三产业提供资金支持，如开办代销店、缝纫组等。除了对困难职工进行救助外，离退休职工中的困难户也接受了企业的救助。1984—1985 年，矿务局共救济退休职工 2254 人，发放救济金 93694 元。[2]

---

[1] 《通化矿务局志》，吉林文史出版社 2010 年版，第 462—463 页。
[2] 同上书，第 290—291 页。

从1948年企业建立开始就一直朝着"大而全"的方向发展。企业为职工提供的集体福利范围广泛，从医疗卫生、食堂、浴池、托儿所、学校到职工宿舍几乎无所不包，企业几乎承担了政府应该为公民提供的所有公共物品。新中国成立后，政府在社会福利领域的责任基本上仅限于为无业、孤寡老人和孤儿提供基本的社会救助，而大部分生活困难的城市就业人口通过所在单位获得帮助和救济，因此可以说企业展开的救助活动是对政府功能缺失的一种补充。企业集体福利经费的支出一直处于膨胀状态，1958年和1977年是两个标志性的节点，1958年福利经费的突然增加是因为生产扩张引发了对生活服务需求的增加，1977年则是缘起于"文化大革命"结束这一政治事件对企业的影响和企业自身发展周期正好在1977年时在人口规模上达到了顶峰，企业的福利支出从1953年的844千元增加到1985年的8245千元。

表4-3　　TH矿务局部分年份福利基金支出情况[①]　　单位：千元

类别\年份	1953	1955	1958	1962	1967	1970	1977	1980	1985
医疗卫生	497	501	700	1742	1798	1796	2566	3418	4228
职工困难补助	15	—	39	23	321	138	201	274	296
职工食堂	124	99	—	89	60	52	129	146	187
职工浴池	18	32	—	99	110	118	171	246	267
职工托儿所	15	27	—	79	37	38	94	192	276
公共事业	—	—	—	200	491	258	566	708	1040
集体福利设施	106	—	427	8	436	444	481	5	608
当年福利总支出	844	667	1875	2489	3702	3173	4476	5105	8245

[①] 表中的数据是根据《通化矿务局志》第307—311页的内容整理而成，当年福利支出包括十大类，分别是医疗卫生费、职工困难补助费、其他福利费（用于职工食堂、浴池、托儿所、公共事业、农副业、采掘工人福利待遇、独生子女保健费、其他）、集体福利设施、书刊补助费、技术补助费、罚金支出、转入奖励基金、奖励支出以及其他。

（四）住宅建设①

"冬天做饭炕冒烟，夏天雨季水进房。"是 1931—1945 年日伪统治时期工人居住条件的真实写照。1948 年 TH 矿务局成立后，矿区在恢复生产的同时，开始全面维修日伪时期的旧房，基本达到夏天不漏雨、冬天不透风。在维修旧房的基础上，还采取了多种办法解决职工的住房需求，如国家投资建房、自建公助、提供租房补贴、集资建房等。

1. 国家投资建房

1966 年"文化大革命"之前，国家大力支持并投资职工住房建设。1953 年第一个五年计划开始后，东北煤矿管理局每年都有计划地投资建设矿区家属住宅。1956 年，国家投资新建住宅 20814 平方米，解决住房 946 户。同年，根据煤炭部"以租养房"的指示，矿务局对矿区公房按照三等九级标准划分的居住面积收取房租，作为房屋维修基金。1960—1965 年新建公有住宅 59720 平方米，有 1500 名职工迁入新居。"文化大革命"期间，受到"先生产，后生活"极"左"思想的影响，国家住宅投资大量减少。10 年间新建住宅总面积仅增加 66974 平方米，人均居住面积由 1965 年的 3.21 平方米下降到 1976 年的 2.29 平方米。1978 年召开中共十一届三中全会以后，在煤炭部主管部门的大力支持下，矿务局逐年增加对住宅资金的投入。到 1985 年年末，矿务局共有公有住宅建筑面积 824904 平方米，居住面积 458280 平方米，是 1948 年矿务局建立初期的 20 倍，是 1975 年的 1.6 倍，共居住 28078 户。

表 4-4　　　　　　　　TH 矿务局公建住宅情况　　　　　　单位：平方米

年份	居住面积	人均面积	年份	居住面积	人均面积
1949	23665	1.72	1965	255456	3.21
1953	34039	1.95	1975	294216	2.30
1956	65646	2.52	1985	458280	3.60

---

① 企业住宅建设和发展情况主要参照《通化矿务局志》第 394—396 页的相关内容整理而成。

2. 通过自建公助方式建设住宅

1953年第一个五年计划开始后，虽然加大了职工住宅建设的力度，但是跟不上生产扩张导致的职工人数增加产生的住房需求。为了解决这个矛盾，1954年燃料工业部管理总局和中国煤矿工会联合下发了《关于发动职工自建住房问题的通知》，要求各矿区除在保证国家投资解决职工部分住宅外，还要采取发动职工自建公助建设住宅的办法解决住宅不足的问题。对自建公助房的职工，均由国家给予不超过250元的现金贷款，或以贷建筑材料为主，并由矿务局材料管理部门负责集体采购，降低造价成本。矿务局还成立了"自建住宅委员会"专门领导机构，成员主要由工会、行政有关部门负责人以及建房职工或家属构成，负责制订具体的工作计划和实施方案。1955年共建住房290户，5800多平方米，是同期国家投资建设住宅面积的118%；1956年又新建770户，19250平方米。到1960年，通过公建和自建公助的方式解决了全矿区85.2%的职工的住房问题。

3. 为无房户补贴房租满足住房需求

对租住私人房屋的职工，根据家庭人口及应住面积高于公产房租者，超出部分给予补助。在住宅普遍紧张的情况下，除了为租住私人房屋的工人提供房租补贴外，还积极开展住房建设，在住房分配工作中优先满足井下采掘工人的住房需求。1981年，对租住私房的717名采掘工人按月发放4—5元的补助费。

1981—1985年，矿务局采取三项措施加快了住宅建设的进程：一是每年都安排专项资金新建或大修住房；二是继续发动职工自建公助；三是鼓励服务公司（集体企业）集资建房。1983年，WG煤矿通过工会贷款、群众集资等形式新建了住房424户。其间，职工自建和集资建房2413户，房屋结构更趋合理，住房条件显著提高。

至1985年年末，矿务局共有公有住宅建筑面积824904平方米，居住面积458280平方米。自建住宅面积395954平方米，居住面积209856平方米，自建住宅占公有住宅面积的48%，缓解了矿区职工住房紧张的情况。但是，整个矿区仍有无房户3948户，拥挤户和不方便户4108户。在增加住房建设的同时，房屋的质量和结构也大大改善。职工家属普遍住进了一室一厨、二室一厨或三室一厨的砖瓦结构住房，有突出贡献的职工还住进了有暖气、通上下水的楼房。

三　单位福利的特点：平均主义

平均主义是国有企业的组织文化（路风，1993）。国家通过统一规定的工资标准、劳动保险和福利待遇使工人的工资收入大体保持平均水平，体现效率原则的奖励制度在"文化大革命"开始后被取消，工资长期处于冻结状态。作为扣除工资基金后的剩余个人消费基金，是以生产费用的名义下发的，但是，它又不同于工资：它不是按单个劳动力而是按整个劳动力来支付的，职工个人享受到的福利也不是按劳分配。因此，在福利分配方面，单位最能够体现出中国式的平均主义色彩。

单位间福利的高度同质性。单位福利的高度同质性是由国家的政策决定的，单位福利的项目内容，包括劳动保险和职工福利的享受内容、资格、水平，国家都出台了相应的法规条例，以作为执行的依据，在国家掌握社会资源的情况下，单位的自主权空间非常小，依据国家政策提供福利，单位间的福利项目相差无几。

单位内部福利的平均分配。1949年，中国政府与社会产生了一种新关系，主要表现为政府权力前所未有的扩张。旧经济和社会地位的标志——财富、土地所有权、教育、年龄和宗法关系迅速衰落，而政治角色（党员、团员、积极分子、公职人员等）成为重新分配社会资源的基本凭据。国家通过无条件、强有力的平均主义分配，使单位与单位之间的差别并不显著，单位人与单位人之间的比较主要是身份的比较，表现为工人、干部等身份归属感。由于地位一致性，工资与福利表现为普遍均等的平均主义分配。[①] 在计划经济体制下，单位代表国家向其成员提供的福利具有排他性，禁止非本单位人员使用，而对单位内部成员则不论其劳动态度和对企业的贡献如何，均可平等地享受企业福利。在企业目标为平均收入最大化的情况下，较之于企业经营状况，职工对福利的相对优厚表现出更大的关心，从而使单位成为

---

① 杨晓民、周翼虎：《中国单位制度》，中国经济出版社1999年版，第258页。

一种强烈的再分配组织而非生产组织。

改革开放前，单位作为中国社会的基本形态，成为公共利益的具体承担者。单位通过全面供给单位成员所需的生活和社会资源，与其成员形成了全面的控制—依赖关系。作为贯彻国家权威的公共机构，单位必须满足职工多层次的利益需求，满足职工需求的能力和程度成为考核单位领导工作的重要指标。在国家严格控制工资和奖金分配的情况下，单位办社会就成为显示单位差别的重要指标，用表面上的平等掩盖事实上的不平等。单位办社会是政府在资源约束下为了实施重工业赶超战略而做出的迫不得已的选择，单位办社会的后果是在"大公"经济的背后形成了单位的"小公"利益，"小公"是单位办社会的动力机制与合法性来源。

在单位内部，集体物品贯彻平均主义的分配原则。计划经济时期的中国是一个崇尚集体主义的时代，集体主义不仅是官方主导的意识形态，而且还进一步落实为一种社会组织和制度形态。社会成员之间的差别主要是由其所属单位的差别造成的，单位的身份性质不同，单位组织内部成员适应的制度和政策也不同。国家甚至对单位成员的收入都做了详细的规定。单位内部集体物品的分配普遍遵循平均主义的原则，平均主义是集体主义的意识形态在分配制度上的表现和实现方式。由企业制定的超越国家政策规定范围并导致内部成员分化的分配方式都缺少合法性根基。TH矿务局在集体物品的分配上尽量弱化干部和普通工人之间的差别。1960—1962年的困难时期，为了应对主副食供应紧张的情况，矿务局组织各矿大搞农副业生产，大抓职工食堂管理的同时，还取消了群众意见最大的"食堂小灶"，做到干部和工人同吃。在服务管理上，要求食堂服务对就餐职工做到三个一样：买多买少一样热情，早来晚来一样耐心，对干部和工人一样诚心。1981年矿务局制定了提高采掘工人待遇的十项规定，按比例优先解决采掘工人的住房问题，采掘工人分配到的住房占当年可分配住房总数的41.8%，得到了职工的好评。

在集体主义和平均主义的理念导向下，国家和集体组织成为社会成员的"保护伞"，无论城乡，单位内部成员享受相对平等的生活。

进入"文化大革命"以后,国家将保障民生的沉重责任通过强化单位保障的方式,将国家责任越来越多地转嫁给单位,造成了国家、企业单位角色严重错位的直接后果。[①] 在企业连生产什么、生产多少,甚至连盈亏都不需要自负的计划经济时期,单位福利共同体扩张的内部冲动与一系列制度规定的国家、企业与职工关系密切相关。

第四节 计划经济体制下国家、企业与职工的关系

在市场经济条件下,劳动力作为商品在劳动力市场上和用人单位缔结劳动合同,人们通过就业关系获得由企业提供的各种福利,蒂特马斯将其称为职业福利,职业福利与财政福利和社会福利一起构成社会政策。而在计划经济体制下,中国只有经济政策,没有社会政策,劳动力不是可以用来交易的商品,劳动者是社会财富的直接主人而不是雇员,由国家安排就业的个人进入单位后,便获得一种几乎终身不变的身份,并且难以流动。就业者的权利要在单位中实现,单位代表国家对其负起生老病死的无限义务,这种组织方式使单位逐渐演化成家长制的福利共同体。[②]

单位福利制度源于一个时期工业高速增长的国家动机。为了迫使资金最大限度地投入直接生产部门,必须尽可能减少基础设施这种短期效益不显著的建设项目,城市基础设施建设也被列入压缩削减的重点项目。政府对基础设施的欠账,必然导致生产单位自行设法解决政府欠缺的功能。各种公共设施不断建立,"企业办社会"已成为一种事实。在这一时期,政府—社会关系的实质在于:在政府逐步夺取社会资源后,无法彻底承担全部的社会功能,因此只能由社会集团或集体成员来自行组织填补"政府空位"。当国家认为内卷化节约成本时,

---

① 郑功成:《企业角色错位论》,《中国社会保险》1996 年第 3 期。
② 路风:《单位:一种特殊的社会组织形式》,《中国社会科学》1989 年第 1 期。

依附于国家的企业承担并发展社会服务功能就会受到国家的鼓励和支持。在TH矿务局职工福利事业的发展过程中始终不乏国家力量的参与和推动，国家参与的方式包括制定出台政策、提供资金支持、通过检查进行督促等。此外，某些特殊政治事件也起到了推动性作用，如1967年毛泽东发表的"五七"指示起到了使企业社会服务功能的泛化、合理化和合法化的作用。TH矿务局为了贯彻指示的内容，将各矿（厂）的家属大队改为"五七"家属大队，并开展了"学习大寨赶小乡"等活动。所以，在这个阶段，企业福利功能的扩张与其说是企业自我发展的内在冲动，还不如说是国家政策安排的必然结果。

随着劳动保险蜕变为企业保险，企业开始把职工的一切保险福利事务承包下来，单位开始真正形成。单位全部地负担职工的生老病死和一切福利，单位成员对单位开始全面依赖，离开单位，就意味着得不到社会保护。"文化大革命"的一个重要后果就是诞生了一个标准的单位社会。国家将保障民生的沉重责任通过强化单位保障的方式，将国家责任越来越多地转嫁给单位，造成了国家、企业单位角色严重错位的直接后果。[①]

人员过密化是企业单位的重要特征。我们经常说改革开放之初中国企业普遍存在人浮于事的问题：一方面，每年国家按计划分配新的人力资源进入单位；另一方面，单位又必须解决本单位职工子女的就业问题。办三产、办福利机构是消化就业的最佳渠道，也是单位办社会的主要动机之一。20世纪60年代后由家属为主成立家属大队，在发展农业生产的同时，开办了许多生活服务网点。1980年，国家调整知识青年政策后，矿务局大批返城知识青年需要煤矿自行安置。为扩大就业门路，矿务局对农副业生产基地进行了调整，把七个大型农场改为知青农场，安置待业青年600多人。此外，还在矿区附近新建了知青鱼场、鹿场、果园，既填补了农副业生产的空白，又安置了部分待业青年。先后成立劳动服务公司21个，公司广开门路，兴办了各类集体经济的经营实体和生活服务网点。此外，子女顶替退休政策也

[①] 郑功成：《企业角色错位论》，《中国社会保险》1996年第3期。

加剧了国有企业的人员过密化趋势。1979 年，根据国务院《关于个人退休、退职暂行办法》和《若干具体问题的补充处理意见》及《招收退休、退职个人子女试行办法》的通知精神，矿务局对全民所有制固定工、1966 年年底前参加工作的长期临时工办理退休、退职手续后招收一名符合招工条件的子女参加工作。TH 矿务局从 1979 年到 1985 年一直执行子女顶替的退休政策。1986 年 7 月 12 日，国务院发布《国营企业招用工人暂行规定》，在第 2 章中明确规定：国营企业招收工人应面向社会，公开招收。"企业招用工人，应当张榜公布经过考核合格者名单，公开录用。企业不得以任何形式进行内部招工，不再实行退休工人'子女顶替'的办法。"以此为标志，子女顶替制度正式被废止。

单位办社会是典型的中国现象。作为相对封闭的小社会，福利制度是单位之间相区别的主要特征，单位成员有着强烈的单位意识。单位成员由于长期共同使用禁止"外人"使用的福利设施、项目和服务，实际上构成了一个个"小而全"的福利俱乐部，单位也办成了一个囊括医院、学校、食堂、浴室甚至武装和公安机关的大单位和小社会。企业办社会是单位功能多元化的过程，直接的社会后果就是强化了单位成员对单位的全面依赖。计划经济体制下的中国是典型的低工资高福利国家。由单位承担社会功能是国家用对社会成员的全面保护作为全面束缚的回报。对企业而言，在以国家代理人的身份承担起包括劳动保险在内的对职工个人无限义务，单位不仅是国家组织社会成员进行生产的场所，而且是一个社会成员全面依赖于国家的福利组织。随着时间的推移和制度的变迁，在效率和平等的竞赛中，单位制度朝平等的方向倾斜，福利制度就是平等思想的历史实践。

单位制度是一种权力和福利的再分配制度。在改革开放前，公有制具有至高无上的地位，单位制度作为管理公有体制内部人员而设立的组织形式，具有政治、经济与社会的三位一体功能，单位成员也因此具备了掌握国家权力的合法性。单位成员拥有宪法保障的普遍就业权，享有较为完善的福利保障制度、稳定的工资收入和较多的文化教育机会。

在一个相当长的时期，国家、单位与个人处于支配与被支配、控制与被控制的关系模式中。国家全面占有和控制各种社会资源，处于绝对的优势地位，形成对单位的绝对领导和支配；单位全面占有和控制单位成员发展的机会以及他们在社会、政治、经济及文化生活中所必需的资源，形成对单位成员的绝对领导和支配。不可能破产的企业和不可能被解雇的职工使国家对国有工业承担起无限的责任和义务。工作与生活混淆，社区服务与单位福利功能的膨胀，使中国的社会主义工厂逐渐演变成了多功能的，具有家庭性质的，自我服务的组织，即变成了类似"村庄"式的组织。[①] 1968年起，单位组织替代国家直接承担和管理再分配功能，单位办社会的性质发生了变化，它不再是纯粹的经济组织，而成为一种社会化单位（杨晓民、周翼虎，1999）。

单位是国家连接社会大众的基本组织样态。"单位共同体"通过包下来的福利体制，兑现了其对工人阶级翻身做主人及美好生活的政治承诺，每一个单位组织都是一个福利单元，在全能主义的框架下，单位共同体是其成员的看护者，需要像慈父一样去回应单位成员的各种要求，对单位成员及其家属提供"父爱式"的照料。[②]

[①] 路风：《国有企业转变的三个命题》，《中国社会科学》2000年第5期。
[②] 田毅鹏等：《"单位共同体"的变迁与城市社区重建》，中央编译出版社2014年版，第77页。

第五章　国有企业改革和单位福利共同体扩张

20世纪80年代初到90年代，中国实现了从伦理经济向市场社会的转型。市场取代计划成为资源配置的主要方式，产品市场、劳动力市场、金融市场陆续出现。在这场转变过程中，主流意识形态由追求基本保障和平等转变为对效率和经济增长速度的重视。国有企业改革就是在这样一个大的社会经济背景下展开的，由此改变了中国广大城市人口获得保障的方式。

第一节　以效率为导向的国有企业改革

国有企业的改革是从经济性分权开始的。所谓经济性分权，是指将政府手里的一部分直接指挥企业生产经营决策的权力和责任转移给企业（M. Bornstein，1977）。1978年12月召开的中共十一届三中全会指出："应该有领导地大胆下放（权力），让地方和工农业企业在国家统一计划的指导下有更多的经营管理自主权"，改变"权力过于集中"的现象。自20世纪80年代开始的国有企业改革经历了两个阶段：第一阶段是双轨制时期以"放权让利"为根本特征的企业制度改革；第二阶段是1992年确立社会主义市场经济体制发展方向以来进行的产权改革。

一　企业改革的进程

（一）双轨制时期的企业制度演变（1978—1992年）

我们把确立社会主义市场经济发展方向前，或者由计划经济向市场经济过渡的这段时间称为双轨制阶段。这一时期改革政策的核心是扩大市场、减少计划、扩大企业的自主权、强化物质激励机制。

1978年12月到1984年10月对国有企业进行了"放权让利"改革。"放权让利"改革特指国有企业制度改革之初，政府以实行企业利润留成制度为重点，有限地扩大企业在生产计划、产品销售、劳动管理、内部分配等方面的经营管理自主权改革，是对中国传统的高度集中的计划经济管理体制下统收统支、统分统配、统销统购的企业管理制度改革的尝试，目的是调动企业与职工生产经营的积极性，提高企业效率。

不过利润留成制度在赋予企业更多的财权与生产权的同时，并没有采取措施增加企业应该承担的责任，对没有完成利润任务的企业没有相应的惩罚，导致企业上缴国家的利润下降，中央财政紧张。因此从1981年春季开始，政府又在企业试行了以"盈亏包干"为中心的改革。该政策只要求企业保证一个向国家上缴利润的基数或亏损的基数，超出基数的利润或亏损企业不到亏损基数的余额，可按20%不等的比率让企业与中央或地方政府进行分成。为了进一步增加企业的活力，国务院在1984年5月还颁布了《关于进一步扩大国营工业企业自主权的暂行规定》，扩大了企业十个方面的自主权，其中一个自主权就是厂长有权任免厂内各层行政干部，有权对职工进行奖惩，企业有权从外单位、外地区招聘技术人员、管理人员，并自行制定报酬。企业有权自行公开招工，择优录用。

1984—1987年对国有企业实行"利改税"制度改革。由于在实行利润留成制度和盈亏包干责任制时国家与企业之间的财政关系随意性较强，经过研究，中央决定把国有企业的上缴利润改为按照规定的税种及税率缴纳税款，税后利润全部归企业支配，逐步把国家和国有企业的财政关系通过税收形式固定下来，用税收的形式来规范国家和企业之间的利润分配关系，"利改税"既是税收改革，也是企业收入分配制度的改革，"利改税"意味着政府试图改变收入机制，不谋求资产收益或剩余利润，只希望得到固定的课税收入，是政府对剩余索取权的部分让渡和部分退出。"利改税"的同时，国家还实行了"拨改贷"，改变了国有企业由政府投资的方式，政府从国有企业投资领域退出，企业要通过银行取得贷款，并要还本付息，由此，企业面临财政和金融的双重约束。企业面临双重约束的反应是"税前还贷"，这是企业谋求"福利"的体现，企业的这种行为造成更严重的财政困境。[①]

1986年12月国务院颁布了《关于深化企业改革、增强企业活力的若干规定》，提出了深化企业改革要围绕企业经营机制这个中心，1987年3月全国人大会议的政府工作报告把完善企业经营机制、实行多种形式的承包经营责任制作为全民所有制企业改革的方向。在国有大中型企业推行的承包制使企业对政府的责任建立在产量、利润、税收等合同的基础上，承包制的利税指标由合同而不是法律规定，政府与企业间的财政关系比较随意。承包制的实质是"包税制"，目的在于确保财政收入，解决财政困难，采取的形式是企业对地方政府承包、地方政府对中央承包。"放权让利"和"承包经营责任制"都是政府向企业让渡经营管理权力，基本内容是调整分配关系。权力让渡的结果是政府的剩余索取权空间缩小，企业及其职工的权利空间和自主行动空间相应扩大，企业及其职工分享到部分剩余索取权（古汉文、聂正安，2003）。

（二）企业产权改革时期（1992年以来）

双轨时期对国有企业的改革并没有遏制住其效益下滑的趋势，国有企业的经营和财务状况继续恶化。为增强国有企业的活力，国家推出了一系列旨在搞活国有企业的方案，使制度变革向纵深推进。根据中共十四届三中全会《中共中央关于建立社会主义市场经济体制若干问题的决议》的精神，国有企业的改革方向是建立适应社会主义市场经济要求的产权明晰、责任明确、政企分开、管理科学的现代企业制度，大量的国有企业在以后的10年间进行了各种形式的产权变革、资产重组的公司化改造。这种指导思想又在党的十五大中得到强调，国有企业改革的步伐因此而加快。

---

① 古汉文、聂正安：《国有企业的"非常福利"与国有企业退出》，《经济评论》2003年第1期。

1992年国有企业进行"两权分离"的改革，政府不再局限于转让剩余索取权，而是试图从经营领域退出，促使企业转化经营机制。1992年，国务院颁布贯彻《企业法》的有关规定，政府不得干扰企业的生产经营，并给予企业14项生产经营权力；1993年，国有企业改革进入建立现代企业制度阶段，将国有企业公司化，国有企业拥有了法人财产权，实现了政府作为所有者和管理者职能的分离。1994年《公司法》正式生效。1995年和1996年提出"抓大放小"，并实施大公司和大集团战略，加快存量资产流动和重组的步伐。1997年党的十五大以后，国有企业开始推行股份制，提出寻求公有制的多种实现形式，鼓励企业兼并。[1]

一系列改革促使国有企业发生重大变化。首先，国有企业所有制结构发生了很大的变化，随着国有资本的退出，国有企业所有制结构，尤其是中小型国有企业变成了合资企业，从而脱离了国家所有制。从地方来看，除了保留一些行使特殊功能的国有小企业外，相当多数的国有中小企业通过兼并、租赁、承包、破产、委托经营、出卖、与外商合作等形式，变成了民营企业。其次，国有企业的治理框架也发生了变化，金融机构开始介入对国有资产的管理。

国有企业改革是其社会政治功能不断减弱，经济功能逐渐加强的过程，也是政府逐渐从国有企业退出的过程。国有企业从原来的工厂制下毫无经营权的状态，经过步步放权，参与市场的深度和广度逐步加大。市场在众多具有独立利益的企业参与下不断成熟，进而引导、约束和推动了企业的生产经营行为产生。

二 TH矿务局的体制改革[2]

矿务局的改革经历了三个发展阶段：第一阶段是1986—1992年，第二阶段是1993—2000年，第三阶段是2001—2005年。

第一阶段（1986—1992年）：转换经营机制

---

[1] 古汉文、聂正安：《国有企业的"非常福利"与国有企业退出》，《经济评论》2003年第1期。

[2] 企业改制进程是根据企业的相关文件资料、访谈资料以及企业已经公开出版的局志整理而成。《通化矿务局志》，吉林文史出版社2009年版，第234—244页。

20世纪80年代后期和90年代初期，按照国家统一部署，各煤炭企业全面推行承包经营责任制。1986年，TH矿务局落实煤炭部从1985年开始在全国煤炭系统展开的6年投入产出总承包经营方案。矿务局与8个原煤生产矿和铁厂洗煤厂签订了年度"四包"（包产量、包盈亏、包安全、包工程）、"四保"（保物资供应、保合格煤炭的及时外运销售、保计划内工程进度及时拨款、保按亏损包干指标的及时拨款）、"四定"（定生产接续、定质量、定劳动效率、定流动资金及周转天数）责任状。把生产、安全、盈亏等指标纳入局矿（厂）两级组织及领导的政绩考核内容，将6年总承包任务层层落实。同时，还将一些小型矿井划归矿务局多种经营公司，租赁给大集体性质的WT综合经营公司，成为全国煤炭系统首家集体租赁全民的企业。1988年修订了《TH矿务局经营承包实施办法》，把"两包、八定、四保"的内容写进承包经营合同。1989年承包经营工作的范围扩展到集体企业，颁布了《TH矿务局集体企业承包经营合同实施办法》。1990年又通过了《TH矿务局内部承包经营实施方法》和《TH矿务局矿厂内部经济责任承包若干规定》。把生产井口、多种经营公司、综合公司、辅助科室（车间）、生产厂、井口段队和院校等后勤事业性单位统筹纳入承包经营的范畴，并建立审计监督制度，对承包责任实施情况进行监督和审计。

在落实承包经营制的过程中，不断进行简政放权。TH矿务局企业改革以贯彻中共中央、国务院《国营工业企业管理工作条例》《国营国有企业厂长（经理）负责制条例》为中心，实行简政放权。在落实简政放权工作的过程中，确定了具体的承包经营内容和主要经济指标。承包单位按规定内容组织生产经营，局长负责指标考核、监督和指导。1987年以后，根据《两权分离承包经营试行办法》，把生产经营和管理工作的权限继续下放。在企业的领导体制上，从1988年开始实施局长负责制，局长成为企业生产经营工作中的第一责任人。党委与行政组织在企业管理中的地位发生了根本性的变化。局长负责制继续在基层推广，在全局实施了各矿（厂）长负责制。1991—1992年，DM公司与矿务局签订了延续承包合同。1992年矿务局把放开经营作为深化改革的重要措施，先后在几个试点单位进行权力下放的改革，把生产经营、机构设置、干部任免、物资采购、产品供销等权力同时下放给试点单位。

这个阶段的改革主要是转换经营机制，在落实承包经营责任制的同时进行权力下放的改革，做到了决策权的下移。原来的单位共同体被分割成数个具有独立利益追求的小型单位。按照煤炭工业部的统一部署，坚持以经济效益为中心，探索企业内部改革，通过推行各种形式的经济承包责任制扩大了经济成果。

第二阶段（1993—2000年）：深化改革

1993年，煤炭企业全部进入市场，煤炭价格全面放开，直接参与市场竞争。TH矿务局面临的经济形势非常严峻：煤炭工业部决定从1993年开始每年抽回三分之一的亏损补贴，三年全部抽回；材料价格大幅上涨，资金极度紧张；铁路运力严重不足；煤炭资源局部枯竭，矿井产量急剧下降。1993年没有完成生产任务，而且产品成本高、售价低、质量次，难以在市场竞争中立足。至此，拉开了矿务局历史上最困难时期的序幕，这种情况一直持续了八年时间。为了尽早摆脱不利局面，矿务局坚持从深化改革入手，调整经营思路，大力发展非煤产业，弥补煤炭总量不足；精简机构人员，提高工作效率。这些措施为矿务局渡过难关，发挥了主要作用。

为在改革经营机制中寻找出路，1995年下发了《深化改革转换经营机制实施方案》《1995年若干经济政策规定》和《TH矿务局1995年矿、厂承包集团效益奖励办法》。对二级单位进一步放权，提出了"自主经营、自负盈亏、自我约束、自我发展"的改革思路，采取了分权、分离、分灶、分流的具体措施。把各级领导干部的收益与企业的经济效益相挂钩。在分权方面，主要是把经营决策权、物资采购权、产品销售权、劳动用工权、资金管理使用权、小型项目投资决策权全部下放给基层。分离就是将煤炭生产、多种经营和后勤服务三条线实行主、辅分离的管理方式，实现工作重点的根本性转变。将基层承担的社会性负担分离出来，由矿务局新成立的三个管理中心统一管理，使各矿（厂）在同一起跑线上步入市场。在《TH矿务局2000

年经济运行管理办法》中，又出台了新的措施，各矿（厂）承包集团人员实行效益工资，职工工资全部与工效挂钩。将设备管理的责任直接落实到人头，加大了承包经营的力度。对有生产能力的矿井实行班子成员集体承包和个人承包经营的管理办法，企业只享受利润，不承担风险。

矿务局内实行模拟市场化管理。在1993年提出三线分离的基础上，根据新形势下出现的新问题，进一步明确了三条线的工作重点和目标。矿务局成立离退休、医疗卫生、普教（基础教育）三个管理中心，将基层厂矿承担的社会负担分离出来。明确了"三条线"的经营目标，各条线占用的资产实行有偿服务，完善内部价格体系。"三条线"管理逐渐从矿（厂）延伸到科（井）级单位，将科（井）级单位划分为生产经营、再就业和资产管理、后勤服务三条线。凡运营中的厂点都划归生产经营线、下岗人员以及全矿的债权债务划归资产管理线、其他单位一律划归后勤服务线。

整个20世纪90年代是围绕深化企业经营机制改革展开的，并没有涉及根本性的政企以及职企关系的变革。改革的基本目的还是通过放权让利和转换经营机制激发企业的效率机制，让企业变成自负盈亏的单位。在这个过程中，国家的不断退出起到了约束企业经营行为的作用。

第三阶段（2001—2005年）：从局部关闭破产到整体改制

2001—2005年，TH矿务局执行中共中央办公厅颁发的《关于进一步做好资源枯竭矿山关闭破产工作的通知》，先后三批实施局部关闭破产。第一批实施关闭破产的有三个煤矿。截至1999年年末，这三个煤矿资产总额为44042万元，负债总额为47324万元，资产负债率达107.45%。第二批破产涉及两个项目，九个单位，破产前负债79339万元，资产负债率高达151.49%。第三批破产有三个单位。

对于关闭破产单位的职工，根据国家、JL省、BS市、TH市政府的规定，进行了妥善安置。2001年7月和9月分别下发的《TH矿务局三个矿职工安置方案》和《关于下发破产单位人员安置政策中有关具体规定的通知》对破产企业职工的安置作了详细的规定。一是企业办社会职工，将成建制地移交地方政府；二是对自谋职业职工，发给安置费和经济补偿金；三是对内退职工，发放最低生活费，到退休年龄办理退休手续；四是通过劳动能力鉴定和特殊工种达到退休和提前退休职工，将享受退休待遇；五是企业重新上岗职工，与用人单位重新签订劳动合同。共安置三批关闭破产单位职工32026人，其中移交地方2795人，办理退休10871人，办理退养3823人；全民所有制职工领取安置费的有6557人，合同制职工领取经济补偿金的有2680人，混岗大集体安置5300人。

2005年，矿务局被列为省属国有煤炭企业重点改制单位。同年12月5日，改制方案经过矿区十九届七次职代会讨论通过，正式报省煤炭工业局审批。方案确定了改制分三部分：煤炭主业部分、非煤产业部分和企业办社会职能部分。对煤炭主业部分进行改制，组建国有独资的TH矿业有限责任公司，同时整合具有市场发展潜力的非煤产业，组建TH矿业集团。对前期已经改制的非煤企业，通过完善法人治理结构和资产处置、国有股权转让，建立新的运行机制，将非煤企业分别改制为国有控股、参股或国有股全部退出的股权多元化有限责任公司。将TH矿务局负担的9所全日制普通中、小学校全部移交地方政府，对企业承担矿区居民生活中的供水、供电、供暖、环卫等社会职能，积极与地方政府协调，争取将企业办社会职能移交地方管理。不能实现移交，就组建物业公司，作为独立经营的经济实体。

对改制过程中职工安置和劳动关系处理按照《TH矿务局改制实施方案》的规定实施：TH矿务局与职工解除劳动合同，重新上岗职工身份转换，与新公司签订劳动合同，并保留原企业工龄，共涉及5841位职工。符合提前退休年龄的400人，可办预退手续。不够内退条件，又不与新公司签订劳动合同的职工，给予一次性经济补偿，涉及623人。因公、私伤按国家相关规定处理的人员293人。移交地方的学校工作人员823人。

2005年12月26日，TH矿业（集团）有限责任公司成立。从1948年12月矿务局成立到2005年12月整体改制，历时57年。这次改制是对老国企的一次"瘦身"行动，剥离了不良资产和债务，剥离了企业的社会职能，建立了现代企业管理制度，TH 矿业集团可以轻装上阵参与市场竞争。

第二节 效率悖论：福利共同体的扩张

自改革开放以来，国有企业在市场化转型过程中向相对独立的经济组织转化，使其自行配置社会资源的能力加强了，但其单位组织的性质非但没有改变，反而更加强化了；其福利供给的功能非但没有缩小，反而更加扩张了。①

一 "功能内卷化"与"人员过密化"

单位福利共同体的扩张看似是国有企业改革过程中出现的效率悖论，实则是过去体制制度惯性的延续。"单位共同体"在 20 世纪八九十年代的扩张对于缓和五六十年代以来中国社会长期积累下来的各种社会矛盾，缓和就业压力，发挥了重要作用。

根据国家统计局统计，1978—1997 年，中国国有经济单位在职职工人数（包括机关和事业单位）从 7451 万人增加到 10766 万人，国有经济单位离退休、退职人员总数从 284 万人增加到 2638 万人，其中国有单位在职职工人数之比（以离退休、退职人员为 1），从 1∶26.2 发展到 1∶4.1。与此同时，1978—1997 年，国有经济单位工资总额从 468.7 亿元增加到 7211.0 亿元，其保险福利费用总额从 69.1 亿元增加到 2578.8 亿元，保险福利费总额相对于工资总额的比例从 13.7% 上升到 30.4%。从 1980 年到 1990 年，国有企业职工工资在企业新增价值中的比重，由 17.5% 上升到 35.7%。退休人员比例和福利保险费用比例的上升，这一系列数据显示了国有企业走向人员过密化和福利功能内卷化的过程。②

---

① 李培林、张翼：《国有企业社会成本分析——对中国 10 个大城市 508 家企业的调查》，《中国社会科学》1999 年第 5 期。

② 李培林、张翼：《国有企业社会成本分析》，社会科学文献出版社 2000 年版，第 2 页。

国有企业"功能内卷化"源自国有企业作为多功能单位组织的性质。企业办社会的特色，并不是新中国成立后计划经济的独创，而是抗日战争和解放战争时期国民政府国营企业和解放区公营企业长期以来形成的企业特征。新中国成立后，随着高度集中的计划经济体制的确立，为了在社会资源总量不足的情况下实现重工业优先的发展战略，国有企业逐步成为集多种功能于一身的社会生产和社会管理单位。功能的多元化自然衍生出众多的内部福利机构。在企业发展的过程中，在国家社会服务体系不完善，而企业的职工内需却急剧扩大的情况下，企业只有通过内部福利机构的兴建和扩大满足职工的需求。

人员过密化是"人文生态失调"的一种表现。在费孝通先生看来，人文生态失调是企业受到来自设备和制度的种种限制，无法消化企业内不断增长的人口的现象（费孝通，1992）。在计划经济体制下，国有企业具有国家赋予的安置就业的功能，并形成终身固定雇佣制，在一般情况下，企业的规模只增不减，国家实行统包统配的就业制度，企业没有自主用工权。企业领导人任何辞退正式工的行为都可能面临较高的成本，这种逻辑支配下的国有企业自然面临人员过密化。再者，国有企业还要解决其内部职工子女就业的问题，否则将面临企业内部压力集体施加的种种压力。另外，企业在提供就业岗位的同时，扩大了自己的权力边界，扩大了企业的用工自主权。最后，进入"文化大革命"时期后，阶级斗争成为社会生产和生活的主线，随着劳动保险蜕化为单位保险，许多到了退休年龄的人都无法退休，"文化大革命"结束后，一方面是大量超龄人口的退休，另一方面是安排职工子女的就业，其实质还是国有企业的"单位化"特征造成了人员过密化。

在市场化转型的背景下，国有企业功能内卷化和人员过密化的非理性行为其实是国有企业多个理性行动者集体选择的结果，李培林在其著作《国有企业的社会成本分析》一书中对此进行了详尽的论述。李培林指出，国有企业的行动主体根据利益关系可以划分为三种理性：政府理性、经营者理性和职工理性。这三种理性的行动选择，在有些情况下具有一致的方面，但在很多情况下是不一致的，要通过互动和协调来决定企业的行动。这三种理性协调一致的方面决定了企业的行动，形成了国有企业行动的两个具有矛盾的目标，即一方面追求效用和利益的最大化，另一方面追求综合福利的最大化。追求综合福利最大化的目标与企业内部行动者（企业经营者和职工）具有密切的利益关系，并具有刚性特征，所以企业对利润最大化目标的追求通常要受到它对综合福利最大化目标的约束，不同理性行动者共同作用的结果，可能并不一定符合企业本身的理性选择，并最后有损于不同理性行动者自身的利益。追求综合福利最大化这一逻辑前提使国有企业的行动朝着功能内卷化和人员过密化的方向展开：综合福利最大化的目标规定了国有企业并非具有单一的利润取向，福利保障作为利润的替代指标引导企业走向功能内卷化，即福利功能向企业内部的转移和扩展。功能的内卷化决定了企业人员的过密化，即在企业总产值递增的情况下，由于人员及相应福利支出的增多而出现人均效益产出的递减，而人员过密化所形成的企业内相对独立的利益格局，反过来又成为企业功能继续内卷化并走上福利化道路的条件。[1]

从 TH 矿务局的情况看，功能内卷化和人员过密化在 1985 年前后已经达到顶峰。1986—2005 年，矿务局无论面临的经济状况如何，都坚持发展职工的生活福利事业。

（一）职工的货币工资收入情况

1986 年开始的企业经营机制改革给予了企业更大的自主权。为了提高企业的经济效益，TH 矿务局采取了"四包""四定""四保"以及包干的办法，但都没有办法扭转亏损的局面。1986—1990 年，由于政策性增支因素、原材料价格上升、普调工资等因素的影响，亏损额度逐年增加。亏损总额从 1987 年的 6504 万元，上升到 1990 年的 16442 万元，亏损的情况一直没有得到扭转。1993 年，从计划经济转向市场经济，矿务局面对的是煤炭市场疲软、铁路运力下滑、资金极度紧张和亏损指标严重不足的困难局面，为此矿务局坚持以提高经济

---

[1] 李培林、张翼：《国有企业的社会成本分析》，社会科学文献出版社 2000 年版，第 25—26 页。

效益为中心，深化改革，转换经营机制，放开搞活的策略。接下来的几年，矿务局陷入了史上最困难的发展期。这种情况一直持续到2005年，在全国市场持续好转的大背景下，矿务局实现了补贴后利润106万元的盈利。

在矿务局持续亏损的情况下，职工货币收入呈现连年增加的状态。1986—2005年，为提高职工收入水平一共进行了12次工资调整。在调整工资标准晋升工资的同时，根据企业经济效益情况，还调整了奖金标准和计件工作物等级，使职工的收入得以稳步提高。职工的人均工资从1986年的1529元增加到2005年的11016元。人均奖金从1986年的125元涨到2005年的1026元，奖金变化幅度最大的年份就是2005年，企业改制后职工人数急剧下降和市场形势的好转都为企业提供了增加职工收入所需的资金来源。企业在1993年以来因为市场形势的低迷经历了发展的低谷，但企业的亏损对职工工资增长的影响是有限的，对于企业和职工而言，对自身福利和收入的关注大于对企业经济效益的关注。

企业的工资、奖金和津贴水平不受企业效益的影响节节上升是效率悖论的体现。但是，落实到具体的个人时，收入分配的原则开始脱离计划经济时期的平均主义而转向以激励生产为目的的差别化分配。在计划经济时期，企业内部职工之间的收入差别主要体现在干部与职工两个不同的群体之间，但是在两种身份内部都是按照国家统一规定发放工资，差别不大。平均主义的分配原则产生了国有企业内部普遍存在的"大锅饭"现象，干多干少一个样，干与不干一个样，企业缺少对劳动过程的控制。改革后企业的自主权逐渐增加，企业倾向于通过奖金激励职工的生产积极性，职工之间的收入差别扩大，除了原来的职工和干部身份的差别外，还强化了工龄、学历、职称以及基于较高劳动效率的奖励。1986—2005年，矿务局的奖励项目主要有13种，其中经常性奖励包括超产奖、上纲要奖、电力率奖、分成奖、自筹奖、采掘工人出勤奖、承包经营奖、劳动竞赛奖、材料奖、发明创造奖；非经常性奖励根据生产经营等特殊情况随时制定标准下发。这些奖励起到了调动职工生产积极性的作用，促进了企业的发展；同时也体现了货币工资分配突破平均主义原则向突出强调效率的转型。

表5-1　　TH矿务局部分年份职工收入、奖金及津补贴情况①

单位：元/人、年

年份	职工总数	人均工资	奖金 人均	奖金 占工资总额（%）	各种津补贴 人均	各种津补贴 占工资总额（%）
1986	49465	1529	125	8.2	316	20.7
1990	48196	2830	243	8.6	827	29.2
1993	45120	3179	269	8.5	1015	31.9
1996	39360	4078	138	3.4	1027	25.2
1999	34603	4328	178	4.1	946	21.9
2002	25941	6620	313	4.7	1570	23.7
2005	10523	11016	1026	7.6	1467	13.3

（二）职工集体福利

1986—2005年，职工福利基金的提取方式发生了两次变化，提取总额有所增加。1986—1992年，TH矿务局职工福利基金按职工工资总额扣除副食品价格补贴和各种奖金后的11%提取。其间，职工福利基金增加11239万元。其中，从成本中提取6247万元，其他增加4992万元（1992年由工资结余资金转入1440万元）。这段期间福利基金支出12004万元。其中，工程支出979万元（增加固定资产911万元），医药卫生等费用支出11025万元。1992年根据财政部发出的《关于提高国营企业职工福利基金和职工教育经费计提基数的通知》，职工福利基金按计提职工福利基金工资总额的14%提取。1993—2005年，从成本中提取职工福利基金23810万元，支出24795万元。其中，医药费支出15070万元。提取方式改变后，从吨煤福利费成本看，1992年后吨煤福利费成本高于改革前的成本。

---

① 1986—2005年职工工资、奖金和各种津贴情况是根据《通化矿务局志》第206—209页的情况整理而成。

表 5-2　　　　TH 矿务局部分年份吨煤职工福利费成本①　　　单位：元

年份	吨煤福利费成本	年份	吨煤福利费成本
1986	1.31	1998	3.46
1990	1.65	2001	3.93
1992	2.61	2003	3.50
1995	4.22	2005	4.92

1. 中小学教育

1986 年以前，矿务局的教育事业已经完成了规模上的扩张，1986 年以后教育事业的发展主要是围绕内部结构调整优化和标准化学校建设展开的，教育工作的重点从量的积累转移到质的提高。矿务局发展教育的经费来源主要是企业营业外支出（实际也是国家拨款）。其中，职工培训费是每年按工资总额的 1.5% 提取。此外，还通过开展勤工俭学，增加预算外收入，以及向社会筹集资金的方式补充教育经费。即使在矿务局经济发展比较困难的时期，也本着"再穷不能穷教育，再苦不能苦孩子"，"一切为了矿区发展，一切为了矿区未来"的指导思想发展教育事业，因此，教育经费一直保持着逐年增长的势头。

在硬件设施方面，1986—1995 年，每年拨款 200 万—300 万元用于校舍的改造和大修，并拿出 30 万—40 万元添置教学设备和仪器。矿区新建 12 栋现代化教学楼。改建、大修校舍 6000 多平方米，改造了 19000 多平方米的学校危房，全矿务局的中小学和幼儿园都实现了暖气化。1998 年以来在矿务局经济比较紧张的情况下，重视教育的指导思想坚定不移，在各系统配备经费都缩减的情况下，唯独教育经费按原计划拨付，1998 年投资 70 万元维修校舍，所有学校都配备了微机室，并在高中建设了多媒体教室。2002—2005 年，共投入 500 余万元，改善办学条件，为教育的发展奠定了坚实的基础。

加强了师资队伍的建设，教师学历达标率达到 96%。在经济困难时期，采取"上保老、下保小"的工资政策，调动教师的积极性，稳

---

① 根据《通化矿务局志》第 220—224 页整理。

定教师队伍。推进标准化学校建设，矿务局42所中小学校园达到合格校园标准，其中14所初中全部成为省达标校，12所中小学成为DM公司规范化学校，6所幼儿园分别成为JL省和DM公司的示范幼儿园。

中小学教育的规模日趋萎缩。学生人数减少是导致学校规模缩小的首要原因，1996年以来，根据学生人数减少的实际情况，矿区集中优势资源，调整结构，进行了学校的撤销和合并工作，将被撤销学校的学生和教师合并到一个高中，扩大高中的办学规模。2001年以来，由于部分煤矿关闭破产，所属的中学移交地方管理，是办学规模缩小的另一个重要原因。截至2005年，中小学学生人数总计不过10000人，教师1000余人。

表5-3　　　　TH矿务局部分年份中小学基本情况[①]　　　　单位：人

年份	小学			中学（包括1所高中）		
	学生人数	教师人数	学校数量	学生人数	教师人数	学校数量
1986	20484	1088	24	13008	1071	14
2000	14083	1026	20	8484	800	13
2005	4694	521	8	4799	555	6

2. 1986—2005年职工生活福利的发展（两堂一舍）

1986年矿务局共有职工生活福利网点157个，其中职工食堂11个，井下保健餐食堂10个，生产浴池18个，福利浴池21个，集体宿舍11个，托幼园所16个，招待所14个，自备水源23处，住宅管理17处，环境管理16处。全局后勤管理和服务人员3656人，其中干部388人，工人3268人。

职工的生活福利是矿务局日常工作的重要内容。在企业改革发展的过程中，无论经济情况如何，矿务局都投入重资发展职工的生活福利。1986年，矿务局根据煤炭部新颁发的《煤矿职工生活福利管理

[①] 根据《通化矿务局志》第271—279页内容整理。

和设施标准》制定了《"七五"职工生活福利事业发展规划》。1986—1990年，共投入资金4200多万元，新修和改善职工住宅，增添或改造职工集体福利设施，使职工的居住、生活条件得到很大改善。在此期间，还获得了大量的荣誉，如1987年被列为JL省职工生活后勤工作全优单位；1988年荣获"DM公司生活福利标准化工作一级先进局"称号等。

1991年，把职工生活福利纳入企业"八五"计划和十年发展规划，做到生产、生活同步建设、同步发展、同步提高。"八五"时期，矿务局投入2000多万元，用于生产浴池、福利浴池、食堂、幼儿园和水源等基础福利设施的改扩建。仅水源一项就投入600多万元，增加供水3100多吨，解决了矿区职工"吃水难"的困难。投入300多万元修建油渣路30多公里，建江边公园2处、凉亭10个，建各种雕塑小品50个，砌永久性水沟54700米，安设路灯40盏，新建和修建公厕40个，修下水管路17000多米，改善了矿区环境。矿务局不仅承担着生产和为职工提供生活福利的职责，还担负着发展矿区公共事业的职责。

在向社会主义市场经济转轨的过程中，TH矿务局对单位福利事业的管理模式进行了改革。改革前，矿务局的生活福利实行矿局两级共同管理，业务主要由行政处负责管理。1992年根据煤炭部关于生活福利系统转换经营机制的指示精神，矿务局将主管职工生活福利的行政处分离出去成立了生活服务总公司，实行企业化管理，由单一服务管理型转型为服务经营型。1993年，生活服务总公司下属10个单位被DM公司命名为"特级生活福利标准化单位"；44个生活福利点被命名为"特优级福利点"；57个福利点被命名为"特级福利点"。

从生活服务总公司成立至1995年年末，全局后勤系统共开办餐饮服务、商贸经营、小型加工、小煤窑、建筑装潢、汽车运输、种植养殖等经营项目70多个，安置分流人员350多人，实现年创收320多万元。

1996—2000年，在煤炭企业的困难期，矿务局仍然采取了三项措施促进职工生活福利事业的发展。第一，加大房改力度，千方百计筹措资金,加快住宅建设速度,先为采掘一线的工人解决1000多户住房;第二,坚持标准,强化对重点生活福利网点的管理;第三,抓好职工生活,在不能保证按月足额开工资的情况下,每年都购进200多万斤米、面、油等生活物资,采取免费、补贴、赊销、平价等方式,优先发给采掘工人,缓解职工生活的暂时困难。

2001年开始,国家对煤炭企业实行扶持政策。矿务局经济形势逐年好转,2003年年初,矿务局制定了《TH矿务局职工生活设施发展规划》。各单位对一些重点生活福利项目加大投入,改造和新建了一些矿厂的生产浴池,改善了基础设施。因为2001年后,六个矿(厂)级单位相继关闭破产,全局生活福利网点由1986年的157个减少到2005年的35个。管理服务人员由1986年的3656人减少到2005年的532人。

1986—2005年,职工生活福利设施随着矿区经济形势和国家政策的调整发生了巨大的变化。总体而言,这个阶段职工的生活福利设施经历了逐渐萎缩的过程。在矿区经济发展的各个阶段,职工的生活福利都被作为矿务局的一项重点工作来安排,但企业逐渐向专业性生产组织回归的历史潮流不可逆转,企业虽然高度重视职工福利工作,但随着企业的"瘦身",附属于企业的生活福利设施必然难逃被裁减的命运。

表5-4 TH矿务局部分年份职工生活福利设施的情况[①]　　单位:人

年份	生产浴池		福利浴池		食堂		职工宿舍	
	个数	人数	个数	人数	个数	人数	个数	人数
1986	18	316	21	138	11	167	11	124
2005	4	71	4	22	0	0	2	9

3. 职工住房建设

从1986年开始,矿务局采取"两条腿"(企业拿一部分,职工拿

[①] 根据《通化矿务局志》第292—297页内容整理。

一部分）走路的办法，广筹资金，加快职工住宅建设步伐。一方面，每年都从大修专项基金中安排一部分资金用于住房建设；另一方面，积极推进住房制度改革。1987年，矿务局率先出台了《关于新建职工住宅商品房出售办法》，按当年房屋工程造价的50%出售给职工，并对采掘一线工人、离退休人员给予10%—15%的优惠，采取了有偿分配住房的改革政策。除了购买新房付费之外，1988年矿务局还出台了《关于非规划区内住宅出售办法》，把矿区规划区外的旧住宅向职工优惠出售。对于出售新、旧住房回收的资金，作为专项资金用于当年或来年的住宅建设。1991年矿务局根据国家提出的"坚定不移、坚持不懈、积极稳妥、因地制宜"的房改方针和原则，依据DM公司提出的"优惠售房、逐步提租、不发补贴"的基本要求，出台了《关于新建职工住宅有偿分配办法》《关于职工自建公助住宅办法》《关于统一公有房屋租金标准实施办法》《关于非规划区内旧住宅出售办法》四项改革措施。对职工个人建房的，每平方米给予60元的补助。为了深化住房制度改革，推进住房建设，根据国务院和煤炭部的相关文件，矿务局于1996年制定了《TH矿务局关于实施住房制度改革方案》，并上报JL省煤炭工业管理局，1997年5月得到批准，1999年开始全面实施。至2000年，共出售新、旧住宅32000多户，110多万平方米，售房率达到90%以上，还为1.8万名职工建立了住房公积金制度。从此结束了职工福利分房的历史，逐步实现了职工住宅商品化。

  1986—1990年，全局共投入建房资金4200多万元，新建职工住宅18万平方米，改造危房7万多平方米，解决了5500名职工的住房问题，为7200多户职工维修了住房。1991—1995年5年间共投入资金1.05亿元，建设职工住宅240000平方米，改造危房75097平方米，出售新旧住宅835912平方米，回收资金1亿多元。为4900多户职工解决了住房困难，为职工维修住房6700多户，提高了职工的人均住房面积，使职工的公有住房面积从1990年的人均4.3平方米提高到1995年的5.33平方米，到2000年已经达到人均居住面积5.6平方米的标准，提前达到煤炭部要求的人均居住面积5平方米以上的标准。

表 5-5　　　　　TH 矿务局部分年份公建职工住宅情况①

年份	居住户数	人均居住面积（平方米）	职工缺房情况		
			无房户	拥挤户	不方便户
1986	29251	3.3	3049	900	3208
1990	31535	4.3	2790	1533	3133
2000	34178	5.6	602	1498	893
2005	9220	5.8	162	178	174

注：2005 年职工住宅状况统计数据中，不包含 2001—2005 年关闭破产单位的数据。

4. 托幼园所

托幼园所在 1986—2005 年期间的发展可以划分为两个阶段：1987—1996 年的扩张发展阶段和 1996 年以后的逐步萎缩阶段。1986 年，矿务局共有 16 处托幼园所，分布在矿区 16 个直属单位。1987 年，为了全面落实煤炭部生活福利达标新标准，矿务局下发了《关于加强托幼园（所）工作的通知》，并在行政处增设托幼办公室，具体负责矿区托幼园所的业务管理和指导工作。在改善园所条件方面，1987—1996 年，矿务局累计投入资金 860 多万元，先后新建了 8 处幼儿园，对原有的两处幼儿园进行了大规模翻修。1996 年，全局幼儿园建筑面积 13057 平方米，人均面积达到 6 平方米以上，满足了广大职工子女入托的需要，儿童入托率达到 95% 以上；各园所普遍新增电子琴、电视机、投影仪等教学设备和器材，室外配备六件以上大型玩具，改善了办园条件，全部达到煤炭部规定的设施标准。1996 年，由于矿区入托儿童逐年减少和 TH 煤炭师范学校搬迁，全局幼儿园所已由 1986 年的 15 个调整为 11 个，2001—2003 年 7 个煤矿相继关闭破产，其所属的幼儿园也转为地方管理。到 2005 年年末，矿区仅保留了 4 处幼儿园，并且都采取了个人或集体承包的经营方式。

在管理上，实现了幼儿教育的规范化和科学化。1990 年 2 月国家教委颁布了《幼儿园工作规程（试行）》和《幼儿园管理条例》，矿

---

① 根据《通化矿务局志》第 298—300 页内容整理而成。

务局按照"谁主管,谁负责"的原则开始落实下列各项管理制度:卫生、幼儿保健、营养配餐、晨检、身体锻炼、安全检查以及家长联系制度。这些制度的实施和完善使全矿务局幼儿园所的管理工作实现了标准化和规范化,全局幼儿园也因此获得了大量荣誉,如1990年局机关幼儿园被JL省妇联授予"文明单位"称号、1991年被省政府命名为"省级示范幼儿园"、1993年全局5家幼儿园被DM公司命名为"公司示范园"等。

表5-6　　　　　　　　TH矿务局托幼园所情况[①]

年份	园所数	入托人数	教职工人数
1986	16	2013	331
2005	4	304	37

5. 医疗卫生

1986年,全矿务局一共有医疗卫生机构21个,2001—2005年因煤炭资源枯竭,部分矿厂相继关闭破产,先后有8所职工医院移交当地政府,两个卫生所撤销。到2005年,医疗机构由1986年的21个减少到6个,医疗卫生人员由1777人减少到1253人。1986—2005年期间,在医疗机构因企业关闭破产和改制而在数量上不断减少的同时,矿务局总医院共投资2670万元,增加设备70台,并在市中心建立了新的门诊部。

"七五"时期(1986—1990年),矿务局总医院已经具备相当于地市级综合性医院的规模与水平,矿厂的职工医院也达到县级综合性医院的规模与水平,全局已经形成完整的医疗网,有比较完备的医疗设施和稳定的医疗卫生队伍。1994年5月,JL省卫生厅批准矿务局总医院为"二级甲等综合医院"。1994年年底,矿务局11所综合医院全部通过省、市达标验收,分别达到国家等级医院标准。

1986—1992年,矿务局实行职工公费医疗,职工直系亲属实行半

---

① 根据《通化矿务局志》第301—303页整理。

价医疗，医疗费列入福利费开支。1986年医疗费用535万元，以后每年以200万元的速度递增，到1992年，医疗费用上升到1750万元。1986—1992年年均医疗费用1250万元。1993年，矿务局实行医疗改革。按照国家、企业、个人合理承担医疗费的原则，考虑到职工的经济承受能力，下发了《TH矿务局关于劳保医疗制度改革办法》，规定在岗职工门诊医药费个人负担10%，住院医药费个人负担5%。一次性住院费自付超过150元，医疗费总额超过3000元时，以后发生的费用全免。退休职工门诊、住院费用比照在岗职工减半。职工直系亲属门诊医药费自费60%，住院医药费55%。1994年，进一步完善了劳保医疗制度改革办法，提高了自费的比例，具体方案如下：在岗职工门诊医药费自费10%，住院医药费在3000元以内的自费8%，在3001—10000元的自费7%。医疗费在10001—20000元的自费5%；转外地治疗10000元以内的自费5%，10000元以上的自费10%。1995—2004年，从福利费中提取7%用于医疗费，年均医疗费用支出1900余万元。

6. 劳动保险支出膨胀

从1986年到2000年，劳动保险支出一直处于快速增长状态。1991年和2000年劳动保险支出的总额分别是1986年的180.8%和999.92%（具体支出情况见表5-7）。2001—2005年，矿务局由于体制改革和局部关闭破产，职工人数大幅减少，财务结算口径发生了较大的变化，离退休人员养老金、离退休人员丧葬补助费、抚恤费、救济费、护理费由社会保险部门支付。企业只按工资总额的一定比例提取上缴社会保险部门。2001—2005年共支付劳动保险费用19562.9万元，平均每年支付3912.6万元。可以说，劳动保险社会化改革在很大程度上降低了企业的负担。

1986年以来在煤炭行业展开的企业经营机制改革和产权改革是围绕着提高企业经济效率展开的，改革的目标是使企业向专业型的生产组织回归，使企业成为能够适应市场经济要求的独立自主的经营主体。这个思路里蕴含的假设是：对经济利益的追求自然会挤压来自企业内部的福利扩张冲动，通过来自市场的竞争压力倒逼企业进行降低

表 5-7　　　　　　　TH 矿务局劳动保险支出情况[1]　　　　单位：万元

年份	劳动保险费用总支出	离退休费用	病休人员工资	职工死亡丧葬费	直系亲属抚恤费	离退休人员医疗卫生费用	福利费、疗养补助费及其他
1986	1251	917	60	16	9	42	123
1991	3513	2195	101	36	216	205	304
2000	13760[2]	11233	874	26	460	780	347

成本的改革，鼓励企业将更多的资源投入生产领域，进一步提高企业的市场竞争力，从企业内部撼动福利共同体。然而，TH 矿务局自 1986 年以来的发展过程向我们展示了转型过程的复杂性。李培林和张翼在《国有企业的社会成本》一书中论及的人员过密化和功能内卷化过程已经在企业转换经营机制改革之前基本完成了。对于 TH 矿务局而言，过密化和内卷化的发展进程与企业的发展和生命周期紧密相关，对于一个在中华人民共和国成立之前就已经建立的大型资源型国有企业来说，企业的扩张导致的福利需求和就业需求在 20 世纪 80 年代初期就已经达到顶峰，所以在 1986 年以前过密化和内卷化突出表现在企业内部职工的数量和生活福利的规模上。1986 年以后，企业自主权扩大，福利扩张的冲动表现在福利的内容和结构的调整上，在福利机构的数量出现下降的同时，福利支出却不降反升，企业内部福利已经从量的扩张转向质的提升。在企业经济效益不佳的情况下，仍然顾及职工的生活福利，并将其作为与生产并重的追求目标，这本身既是企业在不完全市场竞争环境约束下表现出来的效率悖论，也是软预算约束下企业与政府讨价还价关系的体现。1993 年之后，在经济形势十分恶劣的情况下，企业对生活福利事业的改革采取了内部承包经营，与生产主业相分离的改革措施，改革的收效甚微。对企业而言，在职工的基本工资收入都无法保证的情况下，甚至连职工及其家属的基本生活需求都无法满足，这是企业和职工都不能接受的后果，企业致力于内

---

[1] 《通化矿务局志》，吉林文史出版社 2009 年版，第 210 页。
[2] 财务口径为 6115 万元，只包含少部分离退休金。

部福利扩张的动机在于对合法性的追求。2005年以后，随着企业改制的完成，彻底将企业办社会的职能剥离出去，是不是就可以彻底地改变企业的行为取向？要找出问题的答案，首先需要找出导致企业福利扩张的内部机制和外部因素到底是什么。

二 企业福利的扩张机制：利益分化与单位组织形态

单位社会的停止扩张起源于1978年前后的财政危机。当农村地区不能向城市单向输出财富时，部分单位就面临着财政短缺的困境。国家被迫采取"放权让利"的方法，试图通过放弃束缚的部分权力也放弃部分保护的义务来实现单位组织与国家政权之间新的平衡（杨晓民、周翼虎，1999）。

政府分权的后果是单位自主权的增加。国家保留了部分干预和管制单位的权力，各个单位拥有相对固定的财权、人事权和资产处置权。李路路指出，与单位自主权增加相联系的是社会资源和利益的单位化趋势。在对单位所占有的资源"权力"主体中，即在国家、单位组织与职工之间，单位组织具有越来越重要的意义。国家已无法像过去那样直接支配已沉淀在单位中的资源，这些资源在单位组织中沉淀下来，被单位牢牢控制，单位不仅成为实际的资源占有者，而且开始成为相对独立的利益主体（李路路，1997）。[①] 分权后的单位体制被形象地称为"集团所有制"，它具有资源弱流动性和条块分割特征，加大了单位成员对单位的依赖性。

虽然体制内向体制外资源发生流动的空间增加了，但是对于大多数留在单位体制的成员来说，单位仍然是他们赖以获取一切资源的对象：从医疗、养老保险等基本生活保障到住房、培训机会及多种福利的发放等，单位仍然保持了分配绝对大户的地位。单位成员虽然不再是被强制依附在单位中，但留在单位的好处要明显大于体制外的收益（杨晓民、周翼虎，1999）。

企业福利的扩张源自企业与国家间发生的利益分化。国有企业改

---

① 郑杭生、李强、李路路：《当代中国社会结构和社会关系研究》，首都师范大学出版社1997年版。

革在经历了利润留成、利改税、承包制等几个阶段后，在20世纪90年代，又进一步提出建立现代企业制度，完善企业法人治理结构。在国有企业改革的过程中，政府不断放松对企业的行政管制，企业与国家发生利益分化，企业的自主权不断扩大。国务院在1984年5月颁布了《关于进一步扩大国营工业企业自主权的暂行规定》，扩大了企业十个方面的自主权，其中一个自主权就是厂长有权任免厂内各层行政干部，有权对职工进行奖惩，企业有权从外单位、外地区招聘技术人员、管理人员，并自行制定报酬。企业有权自行公开招工，择优录用。1992年，国务院颁布贯彻《企业法》的有关规定，政府不得干扰企业的生产经营，并给予企业14项生产经营权力；1993年，国有企业改革进入建立现代企业制度阶段，将国有企业公司化，国有企业拥有了法人财产权，实现了政府作为所有者和管理者职能的分离。

国有企业的福利行为偏离政府目标，所以在新中国历史上，国有企业曾经被多次进行"放权让利"改革，试图通过"权利"转让来激励企业福利行为与政府目标趋向一致，但"一放就乱，一收就死"的改革效果，说明"放权让利"并没有解决国有企业谋求福利的行为倾向，反而加剧了所有者（国家）与经营者之间的信息不对称、激励不相容和权责不对等等问题（林毅夫、蔡昉、李周，1997a；1997b）。[①]

在企业具有一定独立的经济利益后，其利益取向是把企业和职工的利益优先于国家利益。在国家和企业之间，两者的信息处于不对称状态。能够全面了解企业各种经济状况和指标的只有企业管理者，因而企业管理者可以通过少提折旧、提高职工各种非货币化福利等方式扩大企业留利比例和职工的各种收入。从统计数据看，1978年起企业职工的收入不断增加，特别是奖金、津贴、补贴增长速度远远高于工资，并且福利性收入增长高于货币收入增长。[②]

[①] 李培林、张翼：《国有企业社会成本分析》，社会科学文献出版社2000年版，第16页。

[②] 何平等：《国营企业收入分配状况及对策研究》，《经济研究》1992年第3期。

国有企业的单位存在形态决定了通过放权让利和产权制度的改革并不能使其变成市场经济体制下的理性行动主体，无法抑制内部福利扩张的冲动。即便是在不盈利的情况下，也会寻求政府的政策支持，或者是侵蚀国有资产存量，达到内部福利最大化的目的。经济单位对市场力量的反应性行为在很大程度上是由它们已经存在的制度构造决定的。甚至在企业已经被"私有化"之后，制约着企业内部社会关系结构和运行的根深蒂固的制度安排仍然抵抗着任何组织变革（Burawoy and Krotov，1992；Clarke et al.，1994；Sutela，1994；Ash and Hare，1994）。国有企业的组织和管理形式的变化涉及比产权更多、更广泛、更复杂的制度结构的变化，在从计划到市场的过渡中，改造传统企业需要一个独立的组织转变过程。①

在"单位化"的影响下，中国国有企业对内部职工的福利开支，自改革开放以来，处于不断增加的态势之中。1978年时，国有单位的福利保险费用总计才69.1亿元，仅隔两年——到1980年这一费用就增加到119.3亿元。自此之后，增长就有了加速度的态势，因为从1984年开始，几乎每年都增加大约100亿元的福利保险费用。这终于使1992年的福利保险费用增加到1095.8亿元，到1995年接近2000亿元。从1978年的69.1亿元，上升到1992年的1095.8亿元，差不多用了15年时间，而从1992年的1095.8亿元上升到1996年的2296.6亿元，则仅用了4年时间。

国有企业福利的扩张除了利益分化和单位组织形态之外，各相关管理部门也起到了推动作用。例如，TH矿务局职工生活福利设施的发展建设很多都是围绕着"标准化"工作和迎接各种检查以及评比活动展开的，各种"标准化"运动客观上起到了福利扩张的催化剂作用。

三 福利平均主义的没落

在计划经济体制下，随着单位制的建立，大多数城市社会成员都被吸纳到单位组织中，国家通过单位管理和分配资源，单位成员生活

---

① 路风：《国有企业转变的三个命题》，《中国社会科学》2000年第5期。

所需的基本物资都要通过单位来满足，在单位之外，没有满足基本生活需求的替代选择，单位成员高度依赖单位组织，并进而形成了资源配置中的平均主义现象。国家通过单位制实现的平均主义的利益分配机制既有利于维护整个社会的基本制度结构，也能够体现社会主义制度的优越性。

在资源分配方面，单位之间不存在显著差异。国家采取了一系列措施保证资源相对平均地在城市社会成员间进行分配。各个单位按照国家统一制定的工资和福利标准完成收入分配，同时严格控制体制外的额外收入。国家向个人分配资源时，主要以年龄、工龄、行政级别、政治面貌等指标作为依据。在这种管理模式下，整个城市的经济收入水平基本上处于一种低水平的整齐划一状态，导致城市居民贫富差距的主要原因是政治因素而非经济因素，影响单位成员收入差距的主要因素是诸如工龄、文化程度、行政级别等个体性因素，不同单位组织中具有相同资历的工作人员的收入基本持平。[①]

改革以前，单位组织只存在权力的差异而不存在利益的不同，单位按照统一的标准完成分配，因此单位之间的差异尚没有衍生为社会成员之间的差异。改革以后，由于各个单位组织逐渐从"管理型单位"向"利益型单位"转化，单位之间开始形成对外相互独立、内部紧密相依的社会共同体，单位实际上已成为决定社会地位高低的重要工具。社会成员个人之间的差异相当程度上取决于所在单位组织掌握资源的多少，单位制因而也成为影响社会分层的主要制度性因素。

单位组织的自主意识开始增强。由于集体合法"寻租"行为的出现，单位与单位之间的收入和地位开始拉大。在单位与单位之间，收入和机会存在严重的不均等；但在单位内部，尤其是在集体消费物品方面，仍然维持着平均主义的分配方式。对中国社会成员社会地位的认定，除了原有的身份制度外，还增添了单位归属制度。

社会化程度较低的单位福利制度，不仅造成了城乡居民之间、不

[①] 武中哲：《"单位制"变革与城市社会成员的贫富分化》，《河南社会科学》2004年第5期。

同企业单位职工之间待遇的差异和不均，而且更重要的是，随着单位自主权的增加，单位进一步演变为"分化利益集团"，对政府的财政控制表现出顽强的反抗取向。单位采取各种合法的变通手段反抗政府对单位福利的限制，"工资控制奖金补，奖金控制福利补"的现象自然而然产生了。福利制度给单位人带来了普遍的特殊利益观念。①

第三节　国有企业的"去单位化"改革

在追求效率的改革中，国有企业沦为追求内部福利最大化的利益共同体，显然偏离了改革的初衷。这在一定程度上说明从企业所处的外部制度环境入手，无论是放权让利、转换经营机制，还是产权改革，都无法实现改革的目标。让企业回归经济理性，成为市场经济下的独立利益主体，还需要改变企业本身的组织方式，让企业从多功能的社会组织向单一功能的生产组织回归，改变企业所具有的单位组织的特点。弱化单位的行政能力和再分配性质，通过配套制度改革使国有企业实现"去单位化"。

一　企业责任社会化

"企业办社会"是国有企业作为单位组织的内在要求。所谓"企业办社会"是指国企建立和兴办了一些与企业生产、再生产没有直接关系的组织机构和设施，背负了产前产后服务和职工生活、福利、社会保障等社会职能，如办中小学校、公检法、医疗卫生以及一些社区服务机构等，这些存在于企业之内的非经营性职能就是企业办社会。

企业办社会是特定历史时期的制度选择。新中国成立初期兴建的许多三线企业和工矿企业都地处边远，远离城市，企业在完成生产任务后，必须要解决职工及其家属的生活问题，对企业内部职工及其亲属负起"衣食住行"甚至"生老病死"的义务，国家对企业承担的福利职能做出了详细的规定和要求。计划经济体制下的国有企业是国

---

① 杨晓民、周翼虎：《中国单位制度》，中国经济出版社1999年版，第54—59页。

家对社会成员实现行政管理的基层组织，具有行政化特征。在重工业优先的发展战略下，政府没有足够的资源投入社会事业，所以很多企业从建立之初就同时承担着"生产"和"生活"的功能。企业承担社会职能实际上是企业与政府职能的一种错位。以社会职能为主的非经营性资本占用企业大量资金，造成企业机构庞杂、人浮于事、生产效率低下、缺乏竞争力。[1] 根据研究人员的粗略统计，在20世纪90年代非生产性资产占到国有企业总资产的35%—40%。[2]

20世纪90年代中期以后，国有企业开始分离为职工创办的各种福利设施，建立社会化的养老保障、医疗保障、失业保障和最低生活保障制度，上述制度建设基本上剥离了国有企业对职工承担的政策性负担。1995年国家经贸委、原国家教委、财政部、卫生部、原劳动部发布实施《关于若干城市分离企业办社会职能分流富余人员的意见》，2000年国家经贸委、教育部、劳动和社会保障部、财政部、卫生部联合发布《关于进一步推进国有企业分离办社会职能工作的意见》，企业分离办社会职能的改革工作一直持续。2005年1月13日，国资委主任李荣融宣布，中央决定在中央企业全面推进分离企业办社会职能。他认为："做好企业分离办社会工作，是深化国有企业改革，解决国有企业人员多、负担重的历史遗留问题，是增强国有企业竞争力的重要措施，厂办大集体是推进国有企业改革和发展需要解决的一个问题，中央决定2005年先在东北地区试点。希望东北地区的国资委抓紧工作，为解决这一问题积累经验。"[3] 包括东北老工业基地在内的"企业办社会"的分离工作已经进入一个关键的历史时期，"国企办社会正在走向最后一战"。[4] 即便如此，到2005年全国国有企业自办的中小学还有1.1万多所，自办的医院还有6100多所。国有企业每年缴纳的城市建设费和教育附加费约500亿元，每年用于办社会的资

---

[1] 王漫天、任荣明、胡贵毅：《有中国特色的企业办社会与企业社会责任》，《生产力研究》2009年第1期。
[2] 刘世锦：《中国国有企业的性质与改革逻辑》，《经济研究》1995年第4期。
[3] 费伟伟：《央企不再办社会》，《人民日报》2005年1月14日。
[4] 《国企办社会正在走向最后一战》，《新京报》2005年2月12日。

金支出高达456亿元。①

2012年《国务院关于国有企业改革与发展工作情况的报告》中指出，国有企业办社会职能还没有完全分离，以中央企业为例，对附属社会职能机构的费用补贴每年多达几百亿元。这种剥离困境部分原因是因为社会体制改革相对滞后，尤其是公共服务改革尚未破题，企业剥离社会职能往往造成了一些企业员工福利待遇下降的问题，一些条件好的企业并没有完全剥离社会职能。

改变"企业办社会"的状况就是实现企业与社会职能的分离，使企业向专业化的生产组织回归，从计划经济体制下的行政附属单位转变为市场竞争主体和经营主体。要实现这一转变，就需要在企业之外，通过政府和市场两个渠道满足职工对公共物品的基本需求，使个人对公共物品的需求能够在单位外部得到满足，突破单位的限制。分离企业办社会职能需要单位分配要素改革配套，原来由单位提供的医疗、教育、住房等关系到职工基本生活保障的问题能够通过其他渠道得到满足。

TH矿务局2005年改制结束时，剥离了大部分企业原来承担的社会责任。企业所属的38所中小学随着部分矿厂的破产倒闭和企业改制的完成，整体移交地方政府；企业所属的托幼儿园也归属地方政府，或者实行承包经营；职工食堂相继停办；职工宿舍由1986年的11个减少到2005年的2个；职工住房完成商品化改革，并为职工建立了住房公积金制度；企业所属医疗机构由1986年的21个减少到6个，大部分医疗机构移交地方政府。企业的一位老职工对企业办社会的现象进行了如下的总结：

> 2001年时国家对资源枯竭矿山下达了文件，进行关闭。咱们这个城市就属于资源枯竭型并且十分闭塞的城市，没有其他工业。由于地域狭窄，企业办社会的现象也就越发严重，地区四周都以矿山为主，即使在最小的煤矿，连工人带

---

① 赵晓：《天下没有不散的宴席》，《产权导刊》2005年第5期。

家属也都有几万人,这样的话地方办社会就会有困难,这在当时是计划经济下的产物。医院、学校、幼儿园、公安、消防、供水、供暖、供电全都依附在矿山里面。资源枯竭之后,就没有那么大的能力和资金了。所以,根据国家下达的一个关于破产的特殊政策开始运作破产。对破产矿山的所有服务部门都整体移交当地政府管理,包括医院、学校、供水、供电、浴池、公安、消防。然后,其他人员也按照国家的政策进行安置,年轻人员可以转到没有破产的矿区工作;有的可以按照国家规定的法定退休年龄提前五年或者十年办理退休,让他们老有所养;再移交当地一部分;剩下那一部分都不包括的人员发放一次性安置费,俗称"买断"。

至于为什么企业转制的时候不剥离医院,企业的一位相关管理人员是这样说的:

咱们企业的医院是医保定点医院,工伤定点医院。本身企业也不想剥离医院,因为煤矿有其特殊的情况,如果突发矿难,市里医院未必会抢救及时,这其中有特殊的技术要求,例如骨科,企业医院中的大夫都是这方面的专家。尽管省里从来没有将地方企业的医院归到市里的文件,但医院的人员也面临着这一问题,职工是希望被剥离的,因为变成事业单位后退休金更高。像目前养老保险实行的都是双轨制。而相关文件已经让企业把内部的学校教师和公安都交出去了。

在"企业办社会"的问题上,剥离什么和保留什么,如果没有相关文件的明确规定,企业会选择性地留下最优质的资产,保证企业的需求能够得到满足。从职工利益出发,出于对双轨制下养老金差别的考虑,职工的利益取向是实现自身的利益最大化,划归地方管理,职工利益与企业利益在医院是否划归地方管理方面出现了分化。

二　劳动关系契约化

计划经济时期，国家通过一系列制度安排对城市人口的就业采取"包下来"的办法，企业职工既是生产者，也是生产资料的所有者，形成了以"终身就业"为特点的"铁饭碗"就业体制。所有城市人口的就业都由政府的劳动部门根据国家计划分配调拨，企业没有用工自主权，无法决定职工的去留。

劳动就业关系的市场化是从破除统包统配的就业制度开始的。20世纪80年代初，面临严峻的就业压力，单位就业体系已经开始向非单位体系寻求发展空间。1980年8月，全国劳动工作会议制订的"三结合"方针，将劳动部门介绍就业、志愿组织起来，就业和自谋职业结合起来，使传统的单位就业机制开始按双轨制运行：国家对大部分单位保留行政控制权，而对小部分就业机构实行市场调节的政策（劳动力自由流动、自主谋职）。以市场调节为主的城市就业场所包括个体、私营和三资企业。1978年，城镇就业岗位基本上由国有企业提供，非公有经济就业人口占城镇劳动人口总量不足0.2%，然而到1997年，在私营经济中就业人口已经达到了2亿。

解除"铁饭碗"的劳动关系。1986年国务院颁布《国营企业实行劳动合同制暂行规定》，规定国营企业新招收的职工必须实行劳动合同制，原有的职工终身就业体制开始瓦解。这种新的契约式用工制度虽然暗藏着经济不平等的支配力，但是它在形式上使企业和劳动者都增加了自己的选择空间，企业可以根据自己的需要聘用和解雇职工，而职工也可以自由择业和失业。同年，第六届全国人大常委会通过了《中华人民共和国企业破产法（试行）》，改变了国营企业的运行机制，同时规定了国家对破产企业职工的一些基本义务。国营企业用工体制和运行机制的变化，使失业在制度上成为可能。

1992年开始，国家加快了就业制度改革的步伐。劳动部在1993年印发了《关于建立社会主义市场经济体制时期劳动体制改革的总体设想》，希望通过劳动力市场来实现劳动力的合理流动。1994年颁布的《劳动法》强调了企业和劳动者双向选择的权利，并规定全面推行劳动合同制。1995年《劳动法》贯彻实施后，几乎所有的职工都与企业签订了劳动合同。在双向选择的基础上，国有企业对劳动者实行了优化组合，对劳动者进行考核择优上岗成为国有企业内部经常性的劳动管理工作。在1995年9月28日中国共产党第十四届中央委员会第五次全体会议上通过的《中共中央关于制定国民经济和社会发展"九五"计划和2010年远景目标的建议》中，减员增效作为一种搞好国有经济的机制被提出来。到1997年，"下岗分流、减员增效"已成为社会的主流话语。据统计，1998—2003年，国有企业累计下岗职工2818万人。官方衡量失业水平的指标"全国城镇登记失业人数"到2003年年底达到800万人，登记失业率达到4.3%，上升到当年的最高点。[1]

下岗职工就是那些在原企业已没有工作岗位，没有与原企业解除劳动关系，有就业要求，尚未就业的人员。失业人员与下岗职工的主要区别是：失业人员已与企业解除劳动关系，档案已转入户口所在地街道、镇劳动和社会保障部门。而下岗职工虽然无业，但未与原企业解除劳动关系，档案关系仍在原企业。随着下岗职工的持续增加，"下岗"和"失业"并轨势在必行。并轨必须具备三个前提，以理顺下岗人员和原企业的利益关系：首先是实现对下岗人员过去劳动贡献的补偿；其次是企业拖欠的工资、医疗和集资款等项目的发还；最后是下岗工人已获得养老、医疗和新体制的顺利接轨。[2] 到2005年，大部分国有企业根据国家的相关政策完成了企业职工的身份置换，破除了国有企业终身就业的最后一个堡垒，国有企业职工的身份置换解除了国家、企业对职工就业和福利的承诺，中国彻底实现了劳动力的市场化改革。

TH矿务局根据国务院国发〔1986〕第77号文《国务院关于分布改革劳动制度四个规定的通知》中《国营企业招用工人暂行规定》《国营企业实行劳动合同制暂行规定》和取消子女接班，企业招工必

---

[1] 国家统计局：《中国统计摘要》（2004），中国统计出版社2004年版，第43页。在城镇登记失业率的计算方式中，不在岗职工属于就业人口。

[2] 国务院发展研究中心社会保障制度改革研究课题组：《中国城镇失业保障制度改革的回顾与前瞻》，《管理世界》2001年第1期。

须实行劳动合同的规定，1986年由临时工转换和招用合同制工人5390人。1992年5月，相关文件中规定了临时工的录用和待遇，同时规定用工单位每月按临时工工资总额的16%缴纳养老统筹保险金，临时工个人按每月1.4元缴纳个人养老保险金，由用工单位按月在工资中扣缴，一并参加省级社会保险统筹。1995年9月，矿务局对在册的全部职工（固定职工中的干部、工人、合同制工人、临时工、计划外用工）全面实行全员劳动合同制管理。

1997年，矿务局成立再就业服务中心，托管分流下来的富余人员（下岗待业、停薪留职、终止合同、保留关系及长病长休等人员）。1998—2001年累计有16217名下岗失业人员进入再就业服务中心。

2001—2005年矿务局在局部关闭破产的工作中，共妥善安置职工32026人。其中移交地方2795人，办理退休10871人，办理退养3823人。全民所有制职工领取安置费的6557人，合同制职工领取经济补偿金的2577人，混岗大集体安置5300人。

2005年，矿务局改制时，与所有职工解除劳动合同，重新上岗职工身份转换，与新公司重新签订劳动合同，并保留原企业工龄，共计5841人。至此，矿务局的职工从1986年的49465人减少到2005年的5481人。

三　单位保障社会化

（一）单位保险制度的问题

20世纪50年代初建立起来的劳动保险制度是建立在计划经济体制基础上的，是国家制度体系的组成部分之一。当时的劳动保险制度虽然由于"文化大革命"的原因逐步转变为单位保障，但基本上是符合国家重工业优先发展战略，也符合低工资、低消费和高积累政策的。然而，单位保障还是有一系列的弊端随着时间的流逝逐步显露出来。

首先，单位劳动保险制度对企业生产效率存在不利影响。在计划经济时期，企业不是自主经营、自负盈亏的主体，虽然对职工养老等方面的全面保障是以国家财政为后盾的，但企业要直接承担职工的各项福利开支和劳动保险费用，它的角色就超越了单一经济组织的功能定位，而是要服从于国家的整体目标和价值选择。

其次，劳动保险制度不利于劳动力资源的流动。在计划经济时期，为了优先发展重工业，国家实行了高积累、低工资、高福利的政策。企业作为政府行政的基层组织，自然承担起为职工提供高福利的功能。单位对职工的人身控制是通过占有他们必需的资源实现的，这种控制又通过国家的统分统配的劳动力配置政策得以强化。而且，按照相关劳动保险法规的规定，劳动力自主流动将直接影响到工龄的计算，工龄是影响工资收入的重要因素。这样造成了个人对单位、对国家的人身依附，限制了企业间劳动力的合理流动，降低了劳动力资源的合理配置。

单位保险制度是建立在计划经济体制基础上的，一旦开始由计划经济体制向市场经济体制过渡，企业就要变成自主经营、独立核算的市场主体，名义上的单位保险就转变为实质上的单位保险。单位保险制度与市场经济体制存在结构性的矛盾，随着经济主体的多元化，国有企业承担经济功能以外的社会功能，阻碍其成为自主经营、自负盈亏的市场经济主体，不利于现代企业制度的建立；职工对企业的依附限制了劳动力资源的合理流动，不利于劳动力市场的建立。[1]

计划经济体制下的单位保险制度，在市场经济的逻辑规则里，是行不通的。在计划经济向市场经济转型的过程中，国有企业无法自我完成保障模式的转换。分离企业的诸多社会职能的过程，会触及原有国有企业的利益格局，对在转变中利益受到影响的职工来说，会感到非常痛苦。可是，分离企业的"社会功能"的思路已经转变为政策选择，成为不可逆转的改革趋势。[2]

（二）单位保险到社会保障的过渡

1978年以来在城乡展开的一系列改革触动了国家—单位保障制的经济基础，也动摇了赖以支撑国家—单位保障制的行政体系和单位组

---

[1] 叶响裙：《中国社会养老保障：困境与抉择》，社会科学文献出版社2004年版，第73—89页。

[2] 李培林、张翼：《国有企业社会成本分析》，社会科学文献出版社2000年版，第146—149页。

织结构。在经济体制改革的大背景下,与计划经济体制相适应的社会保障制度必须做出新的调整,国家—社会保障制是国家—单位保障制的调整方向。

计划经济时期形成的"铁饭碗"就业制度在国家与职工之间缔结了"政治契约",职工通过就业获得终身的"福利与保障"。在"文化大革命"期间,原来的劳动保险制度进一步蜕变为单位保险,职工所有需求和保障都通过单位得到满足。养老、医疗、工伤和生育保险都不需要缴费,作为对"低工资"的补偿,企业代表国家提供全面的福利,在这样的制度安排下,职工的福利与保障与所在单位的资产历史性地联系在一起,强化了单位之间资源和人员流动的壁垒。社会保障制度改革作为国有企业改革的配套措施,经过长期的探索和实验,最终实现了由单位保障向社会保障的过渡。

由单位保障到社会保障制度的过渡是从养老保险制度的改革开始的。1984年10月召开的中共十二届三中全会发布了《中共中央关于经济体制改革的决定》,开始了国有企业的全面改革,"独立核算、自负盈亏"的新体制使传统体制中的新老国有企业养老负担不均衡问题迅速暴露,原有体制亟待革新。

1986年国务院颁布了《国营企业实行劳动合同制暂行规定》,决定国有企业新招工人一律实行劳动合同制,并首先在劳动合同制工人中实行个人缴费制度。在地区试点和劳动合同制工人缴费制度运行的基础上,国务院在1991年6月发布了《关于企业职工养老保险制度改革的决定》,直接实行养老保险的社会统筹,建立养老保险基金制度,确立了个人缴费原则,要求在全国范围内逐步推行,并明确提出要"随着经济的发展,逐步建立起基本养老保险与企业补充养老保险和职工个人储蓄性养老保险相结合的制度"。从此改变了以前单一的企业职工养老保险制度,开始建立多层次的养老保险体系,养老保险制度改革也进入了有组织的改革设计阶段,在制度设计上解决了新老企业间养老负担不均衡的问题。但这一制度设计还存在很多问题,所谓的社会统筹实际上是一种企业间的直接转移支付,这样退休职工较少的新企业就不愿意缴纳保险费,非公有制企业基本没有参加社会统筹，这种做法不仅威胁到非公有制职工的合法权益，而且影响到不同所有制经济之间的公平竞争，恶化了国有经济的竞争力，进而损害了其为职工提供养老保障的能力。

为了有效解决以上制度运行产生的问题，政府有关部门和理论界对我国社会保障制度的改革进行了广泛的讨论，进一步厘清了改革的原则和基本思路。1993年中共十四届三中全会通过《关于建立社会主义市场经济体制若干问题的决定》，指出建立多层次的社会保障体系，城镇职工由单位和个人共同承担，实行社会统筹和个人账户相结合，并规定建立统一的社会保障管理机构，社会保障的行政管理和社会保险基金经营要分开，为社会保障体制改革确立了基本原则。1995年3月发布的《国务院关于深化企业职工养老保险制度改革的通知》将这些原则付诸实施，在全国范围内实行社会统筹和个人账户相结合的基本养老保险制度，并鼓励建立企业补充养老保险和个人储蓄性养老保险，此后的改革重点就一直放在基本养老保险制的改革上。

1998年，国务院发布《关于实行企业职工基本养老保险省级统筹和行业统筹移交地方管理有关问题的通知》，提出加快实行企业职工基本养老保险省级统筹，并要求实现基本养老保险行业统筹的企业按期将养老保险工作移交地方管理。1999年1月，《社会保险费征缴暂行条例》发布实施，基本养老保险费的征缴工作走上了规范化、法制化的道路，基本养老保险的覆盖面也得到进一步拓宽，同时养老保险金实现了社会化发放，企业不再直接负责退休职工的养老金发放工作。

养老保险制度的社会化改革有利于减轻企业负担，重新参与市场竞争。原来由企业承担的其他社会性负担，如职工医疗、住房和职工子女上学等，也经历了循序渐进的社会化改革。由单位保障向社会保障的过渡是一个不可逆转的过程。

医疗保险的社会化改革。在两江试点的基础上，1998年出台了《国务院关于建立城镇职工基本医疗保险制度的决定》，这是一个打通体制内和体制外壁垒的重要文献，标志着具有46年历史的劳保医疗制度退出历史舞台，取而代之的是覆盖城镇劳动者的、统账结合的这种新型的医疗保障制度。

失业保险制度的建立。1999年，中国政府颁布《失业保险条例》，失业保险覆盖了城镇所有企事业单位的职工，结束了自新中国成立以来中国没有失业保险制度的历史，国家和社会脱离了意识形态的偏见，能够正视失业现象。

1992年开始，TH矿务局参加了JL省退休费用统筹。统筹基金按企业在册固定职工和离退休费用两项之和的16%提取；职工个人缴纳的基本养老保险费按照个人标准工资收入划分为四个档次，不同档次缴纳不同的费用；合同制个人和临时工按工资总额的16%缴纳，个人每人每月缴纳1.4元。职工个人缴纳的养老保险由各单位工资部门在职工当月工资中代缴，财务部门计入养老金账户。离、退休人员单位关系不变。这样的改革是在省内不同的国有企业之间实现了统筹，是将原来由单个企业承担的养老保险转化成由统筹地区所有国有企业共同承担，社会保险仍然局限在国有企业内部。企业仍然要直接管理离退休人员。

1995年1月1日起，矿务局开始参加煤炭行业的职工养老保险行业统筹。养老保险金的筹集，根据劳动部、财政部核定的提取比例分别提取。职工基本养老保险实行社会统筹和个人账户相结合的办法，职工个人缴费全部计入个人账户，企业缴费也按一定比例计入个人账户。参加煤炭行业统筹的单位，按规定的比例缴费，养老保险基金实行行业统筹。

1998年根据相关文件规定，养老保险行业统筹开始移交地方管理。由省级社保机构负责收缴行业统筹企业基本养老保险费和发放离退休人员的基本养老金。对企业和职工个人全额征收基本养老保险费，对企业离退休人员全额支付基本养老金。基本养老金由基础养老金、个人账户养老金、过渡性养老金、固定调节金四部分构成。

从2001年开始，职工个人缴费比例开始不断提高。个人缴费比例从2001年的5%调整到2004年的8%，企业缴费比例由原来缴费工资基数的25%调整为24%。此时的养老保险已不局限于国有企业，也打破了原来的行业统筹，变成了包含各种所有制类型的社会统筹，实现了企业保障的社会化，为企业进一步改制扫清了制度障碍。

2005年9月，矿务局改制之前，一直实行劳保医疗制度。2005年9月1日起，矿务局参加BS市的基本医疗保险，建立个人账户，实行统账结合的医疗保险制度。企业缴纳工资总额的6%，职工个人缴纳工资的2%，退休人员不缴费。个人账户用于定点医疗机构、定点药店的门诊医药费用。住院费用个人按比例承担一部分，其余部分由统筹基金报销。矿务局加入医疗保险11854人，其中在职职工8047人，退休职工3807人，企业改制推动了医疗保险的社会化进程。

单位保险的社会化改革使保险不再是"单位"现象，突破了单位樊篱的社会保险的社会化改革为国有企业进一步向专业性的生产组织回归扫清了制度障碍，国有企业与非国有企业都成为社会保障制度的主体，国有企业和非国有企业的职工都有权享受社会保险待遇。

四 住房保障货币化

计划经济时期，在城市地区我国实行的是以实物分配和低租金为主要内容的住房保障政策。这个阶段的住房政策主要受到两大宏观因素的影响。首先是基于计划调配和社会公平的社会主义意识形态（Zhou and Logan，1996）。传统社会主义理论认为，由国家对生产和分配过程进行统一调配是实现资源最佳配置的主要方式。受此影响，住房更多地成为一种平均分配的福利品，被视为"城市公共事业"的一部分，住房由国家统一生产和分配。其次是基于优先发展重工业的国家发展战略。在重工业优先的发展战略下，住房被视为消费品，住房保障政策被视为服务于工业政策的附属品。

城镇住房建设一般由政府部门、事业机关、国有企业等单位负责实施，然后由单位根据工龄、职务、工作表现、政治觉悟、婚姻状况等指标（而非实际需求）以实物形式分配给城镇居民。福利住房成为单位制下的重大福利，住房分配和工作联系紧密。在国有企业经历轰轰烈烈的体制改革过程中，福利住房分配制度始终是维系着单位人和单位强烈依附关系的最重要纽带。

1998年，传统福利分房政策终止，住房开始全面市场化。1998年7月，国务院颁布《关于进一步深化城镇住房体制改革加快住房建设的通知》，宣布从1998年7月停止福利分房，实行货币补贴，并提出建立和完善以经济适用房为主的多层次城镇住房供应体系。住房分配货币化，就是把原来单位以实物形式提供给职工的那部分住房收入转化为货币工资形式的住宅消费因素，纳入职工工资，成为居民的住房消费基金，变实物分配为货币工资分配。

福利分房的彻底取消意味着旧有单位模式的动摇。通过改革福利时代的低工资制度，将隐含在工资中的住房消费显现出来。福利分房的取消，短期内会使职工更依赖于从单位获得价格较低的房子，单位购房并以低价卖给职工个人，这种变相的福利分房使过去的"集团所有制"变得更加合理。单位人对国家的认同感彻底削弱后变成了彻底的单位人。此后进行的住房政策改革，逐步形成了一系列完整的住房供给和需求政策用来满足不同人群的住房需求，这一系列的措施都具有消解性的意味，开始真正瓦解单位制度和单位社会的基础。

为了深化住房制度改革，推进住房建设，根据国务院和煤炭部的相关文件，矿务局于1996年制定了《TH矿务局关于实施住房制度改革方案》，并上报JL省煤炭工业管理局，1997年5月得到批准，1999年开始全面实施。至2000年，共出售新、旧住宅32000多户，110多万平方米，售房率达到90%以上，还为1.8万名职工建立了住房公积金制度。住房制度的改革从此结束了职工福利分房的历史，企业不再组织建设和分配住房，职工对住房的需求是在公积金制度支持下通过市场渠道得到满足的。

第四节　市场经济体制下的国家、企业与职工关系

匈牙利经济学家科尔奈把前社会主义国家和企业组织的关系比作父子关系。一方面，国家对企业的自主权进行种种限制；另一方面，国家也以照顾、爱护作为对企业交出各种自主权的父爱表达。同时，由于国有企业作为国家对城市社会成员进行社会控制和分配社会资源

的工具，企业主体地位缺失，企业职工与国家之间也表现出一种父爱主义的关系。在道义经济学者看来，国家与工人之间通过父爱主义建立了一种"社会契约"：国家向工人提供终身就业、社会保障、健康照顾与几乎平均主义的工资交换工人的服从（Linda J. Cook，1992；Janine Ludlam，1992；Hauslohner P.，1987；Stephen White，1986）。计划经济体制下国家—企业—职工之间温情脉脉的父子关系无法适应改革的需要，市场经济需要企业复归经济理性。

一　市场经济条件下公有制神话的破除

改革开放后，国有企业的战略地位发生转变。在经历了对经济发展道路与模式的一系列探索后，"三个有利于"成为政府的重要社会政治原则，1992年后"社会主义市场经济"成为经济体制改革的目标模式。国有经济居于国民经济的主导地位，可以从竞争性领域退出，"工业化"的战略任务由多种经济成分共同完成。

在社会经济转型过程中，国家或全民所有的社会组织在整个中国社会中所占的比重迅速下降，在某些经济领域和行业中，全民所有的经济组织已经变成了很小的一部分，私营、合资和股份制成为主要的经济组织形式。非国有经济经历了"从无到有"的发展壮大过程，已经成为社会主义市场经济的重要组成部分。1978年中共十一届三中全会明确提出个体经济可以在一定范围内存在和发展，1987年党的十三大提出"对于城乡合作经济、个体经济、私营经济，都继续鼓励它们发展"。党的十四大提出多种经济成分长期共同发展，把个体、私营经济看成国民经济不可缺少的组成部分。据国家统计局统计，1994年，我国个体、私营经济从业人员占全社会从业人员的比重为7.2%，工业总产值占全国工业总产值的比重为11.51%。截至1995年年底，全国共有乡镇企业651.8万个，职工7300.5万人，工业总产值占全部工业总产值的45.51%，实现利润占全部工业实现利润总额的44.3%。三资企业迅速发展，通过引进技术、资本和现金的管理经验带动地区经济的发展。可见，非国有经济已经成为国民经济发展的重要力量，为政府提供了新的财政收入来源，为社会提供更多的就业机会，政府在推动国有企业改革时面临的社会政治约束与经济约束趋于减少。①

二 政企关系调整：从"政企合一"到"政企分开"

传统国有企业采取政企合一与政资合一的体制。政府是国有资产所有者的合法代表，通过国有企业实施社会政治功能。20世纪70年代末以来，国有企业社会政治功能的减弱和国有企业战略功能的弱化，使国有企业为工人提供"福利与保障"以及"铁饭碗"的重要性趋于下降。

国有企业改革是一个政企关系调整的过程，这个过程既涉及经济性分权，也包括行政性分权。20世纪80年代初期，中央政府既实行了经济性分权，也实行了行政性分权。经济性分权在政府与企业之间展开，而行政性分权是在不同级别的政府之间展开的。所谓行政性分权，就是在不改变行政运行机制的条件下，将中央政府掌握的一部分管理权下放到下级行政机关手里（M. Bornstein, 1977）。

行政性分权的结果使政企关系从"集权型政企合一体制"转变为"分权型政企合一体制"。从1949年新中国成立到20世纪70年代末，中国在经济上采取了计划经济体制，在政治上采取了政企合一的制度，通过政府的集中管理，大力发展全民所有制和集体所有制经济，由此保障了计划经济的运行。改革开放前，集权型政企合一制度的政治基础是工人阶级，通过国有企业为工人阶级提供终身就业及其附属的福利和保障，使其成为政权"合法性"的阶级基础，这种模式一直延续到改革开放前。20世纪80年代初，在开始对国有企业进行"放权让利"改革的同时，中央政府也通过向地方政府"放权让利"和"财政包干"等一系列做法，实现了从大多数国有企业的退出，大多数国有企业已归属于地方政府，集权型政企合一体制演变为分权型政企合一体制。分权型政企合一体制的基础是地方政府的"合法地位"，地方政府的"合法地位"取决于地方与中央的关系，而不是与工人阶级的"政治关系"。因此，在分权型政企合一体制下，地方政府不需

---

① 古汉文、聂正安：《国有企业的"非常福利"与国有企业的退出》，《经济评论》2003年第1期。

要通过国有企业向工人提供额外的"福利与保障"。

"分权"的实质是国有企业被"分享"。在短缺经济时代，分权体制使国有企业能够通过地方政府的力量得到各种生产资源，用来扩大生产和提高经济业绩。到20世纪90年代，社会主义市场经济体制基本建立起来时，分权体制的固有缺陷暴露无遗。"分权"的实质是"分享"，"分享"的基本动力机制是"非常福利"，即谋求不承担风险责任的额外利益，从这个意义上说，国有企业并没有因为"放权让利"和"承包制"的实施而成为市场经济的理性行为主体。国有企业的"婆婆"由中央变成了地方，效率优先的市场化体制改革并没有赋予国有企业作为独立市场经济主体的行动意愿和行动能力。在经济过剩时代，许多国有企业都出现了不同程度的亏损、产品积压、开工不足、职工下岗等多种问题。地方政府采取各种措施，如增加财政补贴、说服金融部门增加贷款、降低土地使用费等，帮助企业渡过难关。通过财政补贴对企业长期"输血"导致地方政府面临越来越多的财政约束；银行和金融秩序规范化及垂直管理强化使地方政府面临日益严格的金融约束；盈利由企业享有，风险由政府承担的非对称安排使地方政府面临日益严峻的风险约束。地方政府感受到了"所有权不能承受之重"，希望从所"分享"的国有企业退出。企业及其职工因为政府无力帮助解决困难，对政府的"分享"抱有怨言。地方政府、企业与职工博弈的结果是政府着手退出国有企业，实现"政企分开"。

"政企分开"的前提是解除国有企业的社会政治功能。20世纪90年代中期以后，国有企业开始分离为职工创办的各种福利设施，建立社会化的养老保障、医疗保障、失业保障和最低生活保障制度，上述制度建设基本上剥离了国有企业的政策性负担。政府致力于从产权层次退出国有企业，如"抓大放小"和"放开搞活"，国有企业社会政治功能的解除，表明"政企合一"体制的基础已经瓦解。政府不再对国有企业承担无限责任，国有企业也不再能得到政府的财政补贴，国有企业的"福利"源泉已经发生变化。

国有企业的"福利"源泉日益受到市场的约束。国有企业既然不能再通过财政补贴或者政策优惠获得福利，就必须开拓新的福利来源，或者是市场寻利，或者是攫取国有资产存量，国有资产"福利化"在我国是非法的，只有通过市场寻利来获得新的福利来源。①

三　政府、企业、职工间政治契约的瓦解

新中国成立初期，党和政府为了维护与巩固合法地位，争取社会公众的广泛支持与合作，把"福利和保障"融入"终身雇佣"的劳动就业关系中，赢得了工人阶级的支持与合作。随后，户籍制度限制农村劳动力流入城市，"终身雇佣"的劳动就业关系在中央计划经济体制下走向僵化，演化成"铁饭碗"或"固定工"的就业制度。工人被严格限定在工作场所，个人社会生活与工作混淆，"铁饭碗"体制及其"福利和保障"不但使国有企业打上深刻的政治化烙印，而且使国有企业与国有资本内含浓厚的福利化倾向。国有企业的"福利"生成机制表明，只要政府与工人阶级之间需要维持特别的政治关系，国有企业的"社会政治功能"就将存在，"铁饭碗"体制就无法破除，权利和责任就不可能作出对称安排，"福利和保障"就将演化为企业的群体意识和行为倾向，并利用"铁饭碗"和拥有的资源"吃大锅饭""攀比"以寻求"非常福利"的来源。更典型的情况是，只要政府关注与工人阶级的政治关系，国有企业及其职工就可以与政府"讨价还价"，要求更多的政策优惠或财政补贴来满足其福利需要。除非社会政治约束放松，政府与工人阶级的"政治关系"不再特殊或无须特殊化，国有企业与国有资本不再承担"福利与保障"的责任，"社会政治功能"解除，"铁饭碗"就业制度瓦解，国有企业的"福利"行为及其"平均主义"福利原则，才可能趋于消亡。否则国有企业就是类似"家庭"和"村庄"的"自我服务"性多功能组织，福利最大化和福利"平均主义"成为基本行为准则。②

国有企业社会政治功能的解除。国有企业自20世纪80年代以来实施的一系列改革，既是政府对于部分权力的退出和让渡，也是国有

---

① 古汉文、聂正安：《国有企业的"非常福利"与国有企业退出》，《经济评论》2003年第1期。

② 同上。

企业解除"社会政治功能"的过程。20世纪90年代以后，分离国有企业社会职能，原来企业举办的学校、医院、托儿所等机构社会化；改革住房制度，住房从单位福利转变成市场上交易的商品，住房公积金制度建立；实现国有企业职工身份的置换；建立社会统筹与个人账户相结合的养老保险、医疗保险；完善了失业保险，建立了最低生活保障制度，一系列制度的建立既是减轻国有企业的负担，也是分离国有企业的"社会政治功能"。

在市场力量越来越决定企业命运的条件下，管理权威的合法性基础越来越从党—国家的授权转向管理胜任，因为，是企业的经济绩效而不是国家与工人的政治关系越来越决定职工的"饭碗"和收入水平（路风，2000）。经过了近30年的改革后，国有企业建立之初所承载的社会政治功能已经随着其所具有的单位组织特征的削减而日渐式微，国家、企业和职工之间的利益关系从"整合"走向"分化"，企业的经济理性复归，职工作为劳动力的商品化地位确立，在个人与组织的福利关系重构中，企业拥有更多的自主权和选择权。

第六章 国有企业改革与企业策略行为

国有企业的改革要解决两个核心问题，一个是国有企业的产权关系的改变，另一个是国企职工身份置换的完成。东北地区作为国家的老工业基地，是国有企业最集中的地区，改制的成本和障碍要大于沿海发达地区和国企密度小的地区。从体制因素来看，东北是计划经济体制实行得最早、结束得最晚的地区。国有企业承担的历史包袱高于国家平均水平20%，40%的国有企业肩负着办社会的职能。

要恢复东北地区的经济活力，国有企业改革势在必行。2005年是JL省国有企业改革的攻坚年。JL省国有企业改革的总体目标是，2005年年底完成816家国有企业的改制工作，其中涉及职工60万人，国有资产960亿元。为了配合改制工作的进行，JL省出台了很多优惠政策。企业改制的最大难题就是职工身份的置换，要割断企业与职工的联系，就要给予职工一定的经济补偿金，同时实现职工社会保险关系的并轨。然而，在落实国家社会福利制度时，国有企业并不是一个"地道"的守法者和执行者，而是采取各种策略行为达到自身利益最大化。

第一节 国有企业的委托—代理关系

一 国有企业的委托—代理关系

"委托—代理"理论发源于20世纪30年代一些西方经济学家对新古典企业理论的批判，70年代后逐渐成为一大主流理论学派。在西方，委托—代理关系是随着企业制度向现代股份公司转变而形成的，其产生的直接原因在于所有权与经营权的分离。

1932年美国学者伯利和米恩斯在《现代公司和私有财产》一书中，通过对200多家美国最大的非金融机构公司的考察，认为在股权极其分散的条件下，经理实际上已经掌握企业的控制权。他们在实证研究中提出"所有权和控制权相分离"的命题。"两权分离"使不拥有企业资产的经理掌握了企业的经营决策权，而作为企业资本所有者的股东则必须为经理人的经营行为承担风险。股东面临着如何激励经理来更好地为自己服务的问题，因为股东和经理之间存在某种程度的利益冲突和信息不对称。

在现代经济学中，委托—代理关系被视为一种契约。在这种契约下，一个或一些人（委托人）授权另一个人（代理人）为他们的利益从事某些活动，其中包括授予代理人某些决策权力。[①] 因为所有权与经营权分离，委托—代理关系产生了一系列问题，主要可以概括为三个方面：一是委托人和代理人的目标取向不一致。所有者作为企业的出资人和委托人，对利润的追求是其经济行为的主要动机。代理人的目标既包括货币收益最大化（如津贴、奖金、薪金等）和更多的非货币收益，即不能用货币衡量，却能达到给代理人增加效益的目的。目标不一致可能导致代理人利用手中的控制管理权侵害委托人的利益。二是信息不对称。信息不对称为代理人滥用权力实现自身利益最大化提供了方便。三是委托人面临来自代理人的道德风险，即代理人最大限度地增进自身效用时做出的不利于委托人的行动。

改革开放以来，为适应市场经济体制的需要，我国的国有企业经历了一系列渐进的改革，从放权让利、利改税、承包经营到建立现代企业制度的尝试，每一次改革都是相关利益主体利益的触动，只是不同利益主体收益或受损的程度不同而已。

在计划经济体制下，国有企业的经营与管理是生产管理权的委托与代理，即将企业的日常生产管理权委托给企业的厂长或经理。国家下达生产计划由企业组织生产，其产品销售、原材料、资金、人员的

---

① 陆建新：《现代委托代理理论的考察与启示》，《当代经济研究》1995年第2期。

调配和企业厂长经理的任免、调整都由国家控制。企业厂长、经理执行上级决策、按指令性指标组织生产、管理企业。计划经济下的企业低效率导致了放权让利的改革。改革所形成的经营权的委托—代理关系是，国家将自己控制的经营决策权委托给承包人，承包人根据承包合同独立自主地经营。这种形式的委托—代理关系淡化了国有资产所有者对经营权的直接控制，为代理人的经营活动开辟了更为广阔的空间。

现代企业制度建立之前，国有企业的组织形式不管是一长制、党委领导下的厂长负责制还是厂长负责制，其本质都是一元化领导。政府及其主管部门为委托人，厂长职工作为代理人是同一利益主体。作为委托人，政府及主管部门要求企业完成计划任务保产量、保产值、保利润并控制工资总额；作为代理人的企业则希望在完成任务的情况下，多拿工资、奖金，从上缴的利润中多分一些。国有企业的代理人厂长一方面是企业的管理者，另一方面由政府行政任命，由此导致代理人行为动机多元化，除了追求国家、社会责任目标外，个人追求的目标包括经济收入、社会地位、权势名誉等，代理人完全有可能以损害所者有或企业利益的方式来达到个人目标。

另外，由于国有企业产权不清晰，所有者代表缺乏，造成委托人监督约束机制削弱。何清涟曾指出：国有企业是"所有者虚位"。国有企业的全民所有成了一个悖论：在产权关系上，名义上的"产权所有人"即人民连自己到底拥有多少财产都说不清，更无从支配及全权转让。"所有者虚位"的结果是使国有资产的财产权利私人化和财产责任公有化。所谓"财产权利私人化"是指国有企业的经理层对国有资产享有等同于支配私人财产的事实；财产责任公有化是指不管是出于什么原因产生的亏损，企业经理层均可以不负责任。由于厂长、经理负责制，监督者往往是其下属或有密切利益关系者，还带来了"监督者虚位"问题，即虽然国有企业的监管者众多，但下级往往无法监督制约其上司，企业内部党委的监督制约又常常带来内部纠纷，外部的监督又常常因为相互之间的利益关系而大事化小、小事化了。①

国有企业在建立现代公司制的过程中，其委托—代理关系的博弈对局中存在三个不同的利益主体。对所有者而言，其动机在于获得较大的资产效益，追求利润最大化并使风险最小化；对经营代理人而言，其行为动机是多元的，除了获取个人经济收入最大化之外，还包括实现人力资本的增值和提高社会地位的动机。劳动者的行为目标是企业的发展，个人收入的提高，工作稳定，不失业。劳动者的目标与经营者的目标并不完全一致。②

二　合谋问题和内部人控制问题

合谋一般是指不同利益主体为达到各自利益最大化而相互勾结，损害第三方利益的行为。国有企业的委托—代理关系是由两大等级体系构成的。第一等级体系是由初始委托人（公民）到中央委员会的授权链组成的，它的委托—代理方向是向上的。第二等级体系是通过中央委员会到企业内部成员的授权链而形成，它的委托—代理方向是向下的。③ 第一级委托—代理是在公民与国有企业的监管机构之间进行的，公民事实上处于虚拟委托人的位置上，公民虽然在名义上拥有剩余索取权，但每个公民的剩余索取权并没有明确界定，更不可以相互转让，企业的剩余控制权完全掌握在企业的经营者和监管者手中，公民对监管者的选择和监督是间接的，既缺乏监督的积极性，也缺乏监督能力，监管者所受到的约束主要来自组织系统的控制和监督。第二级委托—代理关系在监管者与国有企业经营者之间进行。监管者是以事实上的委托人身份出现，并以事实委托人的身份同经营者签订代理合同，监督经营者的行为。但是监督者没有合法的剩余索取权，其个人利益与公民利益也可能不完全一致，又由于监管者所受到的制度约

---

① 何清涟：《现代化的陷阱——当代中国的社会经济问题》，今日中国出版社1998年版，第84—88页。
② 李自如、李卫勇：《国有企业中委托—代理问题的博弈分析》，《有色金属工业》1998年第4期。
③ 张维迎：《公有制经济中的委托人—代理人关系：理论分析和政策含义》，《经济研究》1994年第4期。

束是不完全的，监管者在设计代理合同和监督经营者行为时，有可能偏离公民利益。如果经营者愿意与监管者共享租金，监管者就有积极性为经营者创造"寻租"机会。经营者与监管者默契合作，共同侵蚀企业剩余收益的行为称为合谋。①

合谋问题的产生当然涉及法律和道德层面的范畴，但合谋现象产生的深层原因则是特定的组织模式和制度安排。中国的国有企业本质上虽然归全民所有，但"全民"事实上无法作为一个所有权主体出现，无法行使所有权关系的各种职能，政府作为全民的代理人，所代表的利益并不经常和全民的利益一致，由于政府不能直接经营，政府必须派出有关人员直接代表政府进行企业的生产经营活动。在国有企业运行的过程中，至少有三个与国有企业利益关系密切的行为人：国有资产管理部门（政府职能机构），国资机构委派的国有资产代表，国企的实际经营者。其中，政府是资产所有者，其目的是实现资产的最大增值；政府代表是准政府官员，其收益是工资和持续任职的机会；经营者的收益是对企业的实际经营和管理工作的报酬。由于信息的不对称，国有企业委托—代理关系中各方都是有限理性的，都具有机会主义行为倾向，因而谁对企业拥有较多的信息，谁便会在博弈过程中处于优势地位。显然国有企业的实际经营者掌握更完备的企业信息，企业的领导者对企业的私有化往往有更强烈的期待，如果企业进入民营化改革阶段，他们最有条件从政府手里获得企业的所有权。国资机构委派的国有资产代表，即企业的董事长和总经理，有着企业家和准政府官员的双重身份，在多数情况下，他们的目标不是企业的利润最大化，而是追求"政绩"，以获得重新被任命的机会。②

在国有企业产权改革的过程中，合谋问题十分普遍。就国有企业改革而言，许多地方和企业已经通过企业家年薪制、承包制乃至经理层收购等方式较多地强调并实现了经营者利益，有些企业的改制过程

---

① 曹正汉：《国有企业多重委托—代理关系中的合谋问题：一个博弈论模型》，《佛山科学技术学院学报》（社会科学版）1999 年第 4 期。

② 徐林清、孟令国：《国有企业多重委托—代理结构中的合谋现象研究》，《广东社会科学》2006 年第 1 期。

甚至被少数人控制，缺乏必要的监督和制衡，造成国有资产的大量流失和企业职工的利益受损。

在国有企业的委托—代理关系中，由于委托人与代理人目标取向不一致、信息不对称以及代理人的道德风险因素，还广泛存在"内部人控制"问题。内部人控制是企业经理人员事实上或在法律上掌握了企业的控制权，他们的利益在企业战略决策中得到了充分的体现，经理人员经常与工人共谋而为的一种现象。所有权与经营权的分离也导致大量内部人控制现象。由于内部人掌握着企业的实际控制权，使用的又不是自己的资产，当他们感到自己对企业的贡献和承担的风险不相匹配时，就会损害所有者的利益而谋求自身利益。

李培林在《国有企业社会成本分析》一书中详细分析和论述了人员过密化和福利功能内卷化产生的特殊历史环境背景及其社会后果。根据国家统计局统计，1978—1997年，中国国有经济单位在职职工人数（包括机关和事业单位）从7451万人增加到10766万人，国有经济单位离退休、退职人员的总数从284万人增加到2638万人，其余国有单位在职职工人数的比例，从1∶26.2发展到1∶4.1。同期，1978—1997年，国有经济单位工资总额从468.7亿元增加到2578.7亿元，保险福利费用总额从69.1亿元增加到2578.8亿元，保险福利费用总额相对于工资总额的比例从13.7%上升到30.4%。国有企业改革的根本动机是降低企业的社会成本，使其成为独立经营、自主盈亏的市场经济主体，但统计数据表明，国有企业在改革的过程中朝着人员过密化和福利功能内卷化的方向发展。从1980—1990年，国有企业职工工资在企业新增价值中的比重，由17.5%上升到35.7%。

政府不断放松对企业的行政管制，企业与国家发生利益分化，企业的自主权不断扩大。在企业具有一定独立的经济利益后，其利益取向是把企业和职工的利益优先于国家利益。在国家和企业之间，两者的信息处于不对称状态。能够全面了解企业各种经济状况和指标的只有企业管理者，因而企业管理者可以通过少提折旧、提高职工各种非货币化福利等方式扩大企业留利比例和职工的各种收入。国有企业的内部人控制问题以福利功能内卷化和人员过密化两种方式得以体现，

1981—1990年，我国财政通过各种让利方式让国有企业获得了超过3000亿元的补偿收益，国内财政收入占国民收入的比重从31.5%下降至21.6%。

在国有企业改革的不同阶段，委托—代理关系中各利益主体的整合与分化程度呈现出不同的特征，内部人控制和合谋问题存在于国企改革的过程中。企业经济理性的复归，导致企业福利行为的变化，甚至在落实具有强制性约束力的社会保障政策时，优先考虑的仍然是企业的经济利益。委托—代理关系的变化对企业行为的影响，在国有企业产权改革阶段，偿还对职工的社会保险欠账和确定职工身份转换补偿金方面有着深刻的表现。

第二节 社会保障制度变革过程中的企业策略行为

目前，中国的社会保障制度体系主要包括社会保险、社会福利、社会救助、优抚安置和住房保障等，社会保险是社会保障体系的核心部分。社会保险是指国家通过立法，多渠道筹集资金，对劳动者在因年老、失业、患病、工伤、生育而减少劳动收入时给予经济补偿，使他们能够享有基本生活保障的一项社会保障制度。社会保险的资金来源主要是用人单位和劳动者本人，政府给予资助并承担最终责任。

计划经济时代，国有企业承担了职工生、老、病、死的一切社会性事务。企业作为社会化大生产的一个"车间"，其存在的目的不在于对经济效益的追求，而是以一种合适的方式实现对稀缺资源的配置，协助国家完成社会控制，国有企业具有福利扩张的内在动力。20世纪80年代以来开始的国有企业的市场化改革，促进了企业经济理性的复归，与之配套的社会保障制度改革的目标在于协助剥离和降低企业承担的社会性负担。在国家、企业和职工利益出现分化的情况下，国家出台的旨在保障职工利益的各种社会政策，在以国有企业作为执行代理人的情况下，出现了大量的修改执行现象。

任何社会政策的实施都是相关利益主体在制度允许的空间内，通过各自的策略行为进行互动的结果。国家对资源的配置虽然具有强制性，具有国家机器所保证的不可讨价还价性，但企业作为独立的法人组织，也有自己的政策选择偏好。如果国家的政策配置与企业的选择偏好一致，或者能够最大限度地为企业界所接受，制度就会比较顺利地推广和贯彻；如果国家的政策配置与企业的选择偏好不一致，或者国家的这一制度威胁到企业的生存，企业就会以自己的"执行不力"来削弱国家制度的贯彻力度，使这一制度形同虚设。这就是企业组织对国家政策的修改执行。[①] 在社会保障制度改革的过程中，由于在制度变迁的不同阶段，对不同类型、不同所有制企业的利益结构影响不同，从而导致了大量的"修改执行"现象。

中国社会保障制度改革是从改革养老保险制度开始的，下文将围绕养老保险改革的过程中企业出于自身利益需求实施的各种策略行为进行探讨。

一 国有企业的不同偏好与策略行为

作为社会保障政策实施组织基础的国有企业经历的渐进式组织变迁导致了国家、企业与职工的利益分化。在国家制度约束不足的情况下，企业的政策参与程度是以企业自身利益最大化为依据的。

20世纪60—70年代以来，中国形成了单位保险制度。为退休职工提供保障成为中国每一个国有企业的责任，由国有企业的现有收入支付。正式部门的工人在劳动期间内待在同一个企业，企业向他们提供住房、医疗服务和老年保障。领取养老金的人也可以享受企业提供的各种福利。当时，中国的人口年龄结构相对年轻，再加上没有执行退休制度，所以，领取养老金的人很少。而且，由于经济不发达，养老金和工资都很低，大多数福利以实物形式存在。由企业负担的养老金，在计划经济体制下，还没有对企业构成威胁。

在向市场经济转型的过程中，靠企业负担的养老保险计划难以为

[①] 李培林、张翼：《国有企业社会成本分析》，社会科学文献出版社2000年版，第165页。

续，中国的养老保险经历了由企业保险到社会保险，从社会统筹到统账结合模式的变迁。在2000年，超过1亿人得到了保障，3200万人领取了养老金，大约每3个职工负担1个退休职工。养老保险的参保人数不到总人口的10%，大约为城市就业人口的50%，大约为60岁以上人口的1/4，而且绝大多数是国有企事业单位成员。与1990年相比，1999年养老保险支出占GDP的比例翻了3倍，养老金支出增加一方面是因为退休人口增加，另一方面是因为养老金水平的不断攀升。

表6-1　　　　中国的养老保险支出（1990—1999年）　　　　单位:%

年份	养老保险支出/GDP	收入/GDP	平均养老金/人均GDP	平均养老金/国企平均工资	平均缴费/国企平均工资
1990	0.8	1	96	68	15
1992	1.2	1.4	85	67	16
1995	1.5	1.6	78	67	19
1997	1.7	1.8	82	73	23
1999	2.4	2.4	99	76	24

资料来源：《中国社会保险年鉴》（2000）和《中国统计年鉴》（2000）。

养老保险制度的改革从20世纪80年代初就开始进行了一系列的试点改革。1982年对养老保险进行市级统筹，后过渡到省级统筹。原则上，统筹将缓解企业退休费用负担不均问题，将责任从单个企业转移到更大的范围内负担，每个企业根据工资水平缴费，养老金在整个统筹区域内支付。这样可以使养老金负担在同一区域内的新老企业间重新分担，所有退休者都得到养老金，区域内的企业会面对同样的社会保障成本。然而，在政策的实施过程中，因为各个企业的具体情况不同，出于自身利益最大化的考虑，导致了不同的行为选择。

建厂时间较晚的国有企业，具有现收现付式"单位化"养老的制度偏好。因为在单位保险制度下，新国企退休职工较少，其所需支付的养老保险金少，企业的负担较轻。对于老国企来说，由于在职职工与退休职工比例的缩小，退休职工的退休金支付对企业造成巨大的压力，所以企业对社会统筹式的养老保险制度具有明显偏好。

在全社会范围内实施社会统筹和个人账户相结合的制度，就是使全社会的劳动者，不分企业性质，都要参加养老保险，这样才可能在全社会范围内分担养老保险的成本，同时保障所有劳动者的权益。但是由于以前的养老保险是在全民所有制企业内部实施的，要求所有类型的企业都参与社会保险，就必然产生所谓的"受益者"和"贡献者"。新企业或退休职工较少的企业，在现收现付的养老保险制度安排下，养老金计提率低，退休金占工资总额的比重也微乎其微。但在统筹制度安排下，以内部所有的职工为养老金计提对象，这样企业养老保险的费用必将超过改革之前。将多出来的费用参加社会统筹，就是将这些资金分配给其他退休职工负担较重的企业。而在原有制度配置中退休职工较多的企业，就可以相对减轻退休费用的负担。这样就形成了以老国企为代表的"受益者"和以新国企为代表的"贡献者"群体。受益者对参加养老保险制度有积极性，而贡献者对参加该制度就缺少积极性。在缺少制度强制约束的情况下，就产生了企业的投机性制度选择行为。

对于老国有企业而言，由于退休职工较多，通过社会统筹可以保证退休职工养老保险金的发放。在养老金社会化发放之前，有些老国有企业根据在职职工工资总额提取养老保险，上缴统筹部门后，由于企业的退休人员较多，按规定返给企业的养老保险费甚至超过上缴部分。以此为依据，老国有企业参加养老金社会统筹政策的积极性和落实政策的积极性应该很高。然而，制度的运行过程要复杂得多。

许多老国有企业在无法保证在职职工工资的情况下，是无法缴纳养老保险费用的。因此，拖欠、借款缴纳养老保险费成了一些企业的选择。在养老保险社会化发放制度实行后，退休人员的养老保险费由社会统筹部分支付，老国有企业对养老保险费的拖欠会减少社会统筹部分的养老保险收入，给执行机构带来资金不足的麻烦，这种情况下，执行机构只能通过提高缴费率解决资金不足的问题，从而导致恶性循环。但是对企业而言，退休职工能不能领到养老保险费是社会保险公司的事。换言之，如果退休金不到位，退休人员只会找社保公司，而不会找企业。

根据相关制度规定，养老保险费的缴纳是以在职职工工资总额为基数进行提取的。国有企业，尤其是老国有企业在职职工工资普遍较低，大大降低了企业社会统筹部分的缴费额度。但是，老国有企业普遍存在人员过密化问题，在一个庞大的人口基数下，老国有企业与新国有企业和非公有制企业比，还是有较重的负担和较高的人工成本。1997年以来，在全国范围内，实施了大规模的"下岗分流、减员增效"政策。通过减少在职职工人数，可以降低国有企业的养老保险负担。但是"分流"职工需要"分流费用"，在"增效"之前得先支付减人的成本。越是经济效益好的企业，就越容易分流职工和支付减员成本；越是经济效益差的企业，就越难以减人。

在老国有企业由于经济困难而拖欠养老保险费时，新国有企业和非公有制企业却在采取各种手段逃避养老保险的缴费责任。两类企业共同采取的手段都是少报职工人数，瞒报职工工资基数。为降低成本，早在几年前，一些国有企业就开始雇用农民工，以此降低企业负担。20世纪90年代，我国的社会养老保险覆盖的主要是城镇国有企事业单位和部分集体单位，对于其他所有制类型的单位，并没有法律明确规定其必须参加养老保险的义务，因此，部分非公有制企业在没有制度约束的情况下，出于利润最大化的考虑，缺少加入养老保险制度的动机。

在养老保险制度执行的过程中，企业是策略性地执行政策，企业行动选择的空间，取决于正式规则约束力的大小，企业作为一个利益主体，养老保险费用的缴纳，取决于诸多企业内外力量的相互作用，国家的政策在执行过程中会产生意外后果。

二 资源约束下的企业策略行为

在中国最初实施省级统筹的养老保险制度时，存在严重的区域负担不均衡问题。在中国沿海地区，支付养老保险开支只需要较低的缴费率，而且还在积累起剩余。但在大多数区域，尤其是东北和内陆地区，由于传统产业的衰落和经营不善，退休人员较多，不得不努力应付养老金支付的问题。在传统产业高度集中地区，由于参保企业大都是国有企业，而且都面临着经济困难的局面，普遍存在拖欠缴纳养老保险费的现象，因此，这些地区不得不提高缴费率，其结果是导致逃费现象泛滥。

相比之下，绝大多数处于增长地区的新兴非国有企业不存在正式的养老保险体系，它们不需要承担养老保险债务，工人也比较年轻。根据世界银行的调查，在20世纪90年代中期，全国的赡养率是25%。但对13个省和12个市的调查表明，这一比率从深圳的3%变化到上海的40%，缴费率从重庆的30%变化到广东的19%，在一些特殊产业如航空和电力等拥有自己统筹养老保险的行业，缴费率仅为10%—15%。由于社会保障体系主要是服务于国有企业，而大多数新企业没有包括在内，所以，国有企业在经济中份额的下降，加速了赡养率的上升。到1998年，国有企业要负担77%的退休者，而工人数只占正式部门职工的32%。条块分割的社会保障体系加大了区域间的不平等，也加速了老国有企业的衰落。这同时也使不同区域的国有企业面对不同的社会保障结构性制约。[①]

在养老保险政策的实施过程中，企业普遍感到社会养老保险费缴费率过高，难以承受，部分企业由于资源短缺而无力支付社会养老保险费。企业缴纳养老保险费的行为受制于企业可支配资源的多少。

对于单位制企业资源短缺的原因，很多学者进行过专门探讨。有学者从"软预算约束"、政府与企业之间的"父子关系"、国有企业的产权问题以及国有企业的多重委托—代理关系等方面进行过深入的分析，一个被普遍接受的观点是，国家政府应该对企业目前的资源短缺负主要责任。企业对短缺问题的归因会影响企业解决问题的途径。

在2006年暑期对JL省一些改制企业进行调研过程中，G厂厂长在介绍该厂的情况时指出，政府对该厂目前的困难局面负有不可推卸的责任，因此政府必须协助企业完成改制。

[①] 埃斯特勒·詹姆斯：《国有企业、金融市场改革与养老保险制度改革的互动效应》，载丁开杰主编《社会保障体制改革》，社会科学文献出版社2004年版，第60页。

G厂是1965年建立的军工企业，在1965年到1985年为国家提供军工产品，并像其他的三线厂一样，地处边远山区。1985年以后，在向市场经济转型的过程中，面临军转民的问题，G厂由山区搬迁到C市。在搬迁的过程中，向银行贷款2亿多元，另外作为搬迁的条件，政府要求G厂和另外一个军工厂合并，搬迁后，还要G厂再吞并另外两个小型国有企业，致使G厂的员工一下增加到4000多人。而且搬迁后，国家在"八五"和"九五"计划期间，曾经为厂里投入几千万元资金用于军转民的技术改造费用。但由于种种原因，这部分钱被用来给职工发工资，解决企业办社会的问题。现在，企业的主要产品是汽车制动器，在2005年国企改造时，由于沉重的债务负担，人员负担和历年对职工的社会保险欠账等原因，企业没有能力改制。目前，G厂已经申请到政策性破产。厂长认为，该厂的情况是政府决策失误造成的，因此要解决问题，必须要找政府。政策性破产意味着企业对银行的欠账可以核销，对职工的工资欠账和社会保险欠账，以及解除身份的经济补偿金，可以通过企业资产变现来解决。解决这些问题后，企业可以用剩余资产进行重组，重新参与市场竞争。企业将于2006年年底前完成政策性破产和新企业的重组。

事实上，国有企业之所以在社会养老保险问题上有各种各样的策略行为，将养老保险的责任最后推给政府，是由政府和国有企业间的特殊关系决定的。政府既是公共事务的管理者，又是国有企业的产权所有者，在典型单位制时期，国有企业承担着生产责任和社会责任，虽然历经变迁，政府和企业之间仍然属于一种"父子之间的谈判关系"。

与非单位制企业相比，国有企业的经济效益不好，企业拥有的可支配资源在企业间的分布不平衡。因此，在养老保险政策的执行过程中，虽然两种类型的企业都存在不合作倾向，但总体而言，国有企业基本上都参加了社会养老保险统筹；而非单位制企业尽管有合作的情况，但整体上倾向于逃避责任。

　　企业在参加养老保险制度后，要面临社会养老保险正式规则的结构性制约。我国现行的养老保险制度是为了适应人口老龄化和市场经济转型而确立的，是在现收现付的单位制养老保险制度的基础上建立的。个人账户和社会统筹相结合，是现行养老保险制度的基本特征。但制度转型之后，国家并没有明确承担制度转型带来的成本，而是采取了"老人老办法、新人新办法、中人中办法"的策略。

　　制度变迁之后参加工作的职工被视为"新人"，适用新的养老金给付办法，即在其退休后按月发放基本养老金。基本养老金由个人账户和基础养老金两部分组成。基础养老金采取现收现付模式，由社会统筹部分支付，缴费率视当地负担水平不等。另一部分是个人账户养老金，个人账户养老金标准为本人账户储存额除以120。新制度实施前，已经退休的职工，按照老办法发放养老金，从社会统筹部分支付。新制度实施前参加工作的在职职工，除基础养老金和个人账户养老金外，另按工龄系数追加过渡性养老金。

　　新养老保险制度的问题在于国家没有明确由制度变迁造成的转制成本如何承担。对于新制度实施前已经退休和参加工作的人来说，他们没有为自己的个人账户积累资金，而是一方面以现收现付的形式支付了上一代退休职工的退休金，另一方面通过低工资和预先扣除转化为国有资产的一部分。这样，"老人"的养老金和"新人"的过渡性养老金就形成制度转轨的隐性债务的主体部分。在现行制度下，正在工作的一代不仅要为已经退休的上一代缴费，还要为自己未来的养老金进行积累，这样，在职一代承担了养老保险的双重负担。这样的制度安排，必然至少使一代人的利益受损，这样的经济负担对在职一代也是难以负担的。

　　从社会养老保险制度的正式规定看，国家并没有切实解决制度的转制成本问题，国家并没有明确承担"老人""中人"的历史债务。这是企业当前实施社会养老保险政策过程中不得不面对的结构性制约。[①] 这

---

　　① 叶响裙：《中国社会养老保障：困境与抉择》，社会科学文献出版社2004年版，第164页。

样的制度安排下，企业的负担必然加重，对于困难企业来说，可支配资源将更加短缺。

改革开放以来，国有企业制度变迁和社会保障制度的变革有意沿着"去单位化"的方向发展。然而，国有企业的许多行为仍然表现出单位特征的结构性制约。在资源紧缺的限制下，有些企业逃避缴纳保险费，把有限的资源用在"刀刃"上。在调查中，发现有些非常困难的企业，在无法保证正常开支的情况下，为达到退休年龄的职工办理退休保险，补交拖欠的费用，退一个办一个。

买断部分职工工龄，给予一次性养老补偿金，也是困难企业经常采取的一种策略。通过这种方式，割断企业与部分职工的劳动关系，企业也就不必再为这些职工承担养老责任。对于社会养老保险执行机构而言，可以暂时转移养老负担，因为，买断工龄后，就意味着职工与企业、与国家的劳动关系被割断了，国家不必再为其补偿养老金的隐性债务，养老负担转移给个人。

> K厂是一家中央直属企业，始建于1954年，是国家"一五"期间的156个重点建设项目之一。于2002年3月进行了股份制改造，现在属于国资委与省双重管理。股份制改造时，将企业的优良资产拿到股份公司，不良资产主要是企业办社会部分，留在老厂，采取"死一块，活一块"的方法完成了股份制改造。对于留在老厂的职工采取了一次性买断的方法，与企业解除了关系。

为职工办理提前退休，也是在资源短缺情况下，企业普遍采取的一种策略行为。一般情况下，提前退休对于企业和职工都是有益的，特别是那些非技术的熟练工种和劳动强度较大的工种。让年龄大的职工提前5年或更长的时间退休，将其推向领取养老金的行列，企业可以用更低廉的价格招收工作效率更高的年轻职工，同时减少工资和养老保险费的支出。在就业形式多样化、非正规就业普遍的情况下，大部分提前退休的职工都可以再找一份工作，这样一边领取养老金，一边再获得一份收入，收入会超过原来的工资。提前退休对企业是件好事，职工也不反对，所以，为职工办理提前退休手续，是企业常采取的一种策略。

三 执行机构的控制与企业策略行为

在社会养老保险政策的执行过程中，企业的行为既受到具体情境的限制，也受到各种制度规则的制约。社会养老保险政策为企业的养老保险行为提供了一个制度框架，也为政策执行机构提供了合法性的权力。从全社会养老保险政策的落实情况来看，正式规则对企业养老保险行为具有的约束力呈现出弱化状态。

社会养老保险政策约束力弱化的原因主要在于：首先，社会养老保险没有通过国家正式立法，政策的实施以国务院及地方政府的政策性文件为依据；其次，社会养老保险政策在实施过程中，其他职能部门如工商、税务等配合不力，使社会养老保险政策的实施缺少强制力；再次，地方政府对企业的优惠政策，关注改善投资环境，使执行机构难以执行政策；最后，在社会养老保险管理分散化、地方化的情况下，地方利益的存在，使道德风险难以避免，中央政府会负责支付财政赤字部分。如通过提前退休，企业可以转嫁劳动力成本，地方政府产生的养老金缺口可以由中央财政补足，企业甩包袱能够增强竞争力，同时又能减轻地方政府的就业压力。

执行机构对企业具有的强制力主要有两个来源：第一，来源于执行机构作为社会养老保险政策的正式执行部门的行政性权力：执行机构有权按照政策的规定，敦促企业采取配合行动，以实现政策条文中包含的意图，促成特定的政策目标的实现。然而，实践证明在没有立法保证的前提下，行政权力对企业的约束力较弱。第二，执行机构的权力来源于政策规定所凭借的官方文件，以及政府重要领导人对社会养老保险工作的重视。这是一种计划经济时代保留下来的政治色彩浓厚的权力运作机制。其得以发挥作用的基础是计划经济时期形成与发展起来的单位制。虽然，随着改革的推进，国有企业的利益主体产生分化，但政府还是国有企业的产权所有者，对企业的重大问题还保留着决策的权力；政府在计划经济时期对企业的政治影响力仍基本保留，政府主管部门仍有权决定企业领导人的升迁任免；国企职工还具有单位体制遗留下来的惯性。

从政府与企业关系的演变来看，执行机构对企业的行政控制力总体上呈现为弱化趋势。中国原有的体制特征是，经济嵌入政治之中，其中嵌入最深的是国有企业。以市场为导向的制度变迁无论采取渐进的还是激进的方式，都意味着政治权力对企业控制力的减弱，由政府对企业的全面控制转变为对核心问题的控制，即对企业产权的控制。政府对企业控制范围逐渐缩小，这体现在政府与国有企业关系的调整过程中。

从国有企业改革的历史进程看，政府与企业关系的调整是朝着不断放松对国有企业行政管制的方向发展的，企业与国家的利益发生分化，管理层与职工的利益发生分化，企业的自主权日趋扩大。[①]

企业实施社会养老保险政策的行为决策，受到执行机构实施政策强制力的外部制约。执行机构的强制力主要源于其分享的政府核心部门对企业的控制力。政府对国有企业行政控制范围的缩小，以谈判、契约方式规范企业行为，拓宽了企业的决策空间。

政府对国有企业工资的管制放开后，企业有了自行对职工工资进行调整的权力，企业可以根据效益的好坏，随时调整职工的工资。这样，企业也就有了一部分信息传递的自主权，企业可以采取瞒报缴费工资基数的方法逃避养老保险的缴费责任。

第三节　改制中的利益互动：
政府、企业与个人

一　企业能力与企业策略

在调查的过程中，有两个军工企业。这两个军工企业都是典型的三线企业，在深挖洞、广积粮、全民备战的历史背景下，承担着为国家提供军工产品的历史重任。他们的厂址都选择在偏远山区，企业本身就是一个小型的社会，承担着广泛的社会职能。在改革开放以来，都经历了

[①] 叶响裙：《中国社会养老保障：困境与抉择》，社会科学文献出版社2004年版，第118—129页。

"军转民"的过程,并在政策的统一安排下,相继于20世纪90年代左右完成了搬迁任务,整体搬迁到了C市。但是80年代以来,随着企业自主权的不断扩大,企业适应市场的能力不同,因而呈现出不同的发展轨迹。在改制过程中,受制于企业经营状况,他们在制度允许的范围内,采取不同的策略落实职工的社会保障政策。

G厂建立于1965年,地处偏远山区,为响应靠山隐蔽和小三线建设的号召,企业在1965—1985年完成了基本建设验收和产品验收。在计划经济时期,企业的一切生产活动,从生产计划、原材料供应到产品销路都由政府计划统一执行,企业生产的产品只要得到驻厂军代表的认可,就可以开工资。计划经济时代,企业经济效益很好。1985年以后,国家的经济转轨也影响到企业,企业开始了军品转民品的探索时期。1985—1995年是企业实行军转民的投入时期,汽车制动器是该企业的新项目,国家在"八五"期间对这个技术改造项目进行了几千万元的投资。与此同时,企业也完成了从山区到城市的搬迁。这期间,企业同时进行技术改造和搬迁工作。为了完成搬迁,企业向银行贷款2亿多元。搬迁到市区后,企业面临很大困境。根据政府规定,作为搬迁的条件,该企业和另外一个军工厂进行了合并,同时又兼并了C市另外两家小企业,按照厂长的话说,就是弱弱联合。为了解决职工的生活困境,工厂动用了当时用于技术改造的一小部分资金,主管财务工作的厂领导说,这部分资金不超过整个技改资金的5%。厂长和其他厂领导都认为,企业的技术改造工作是不成功的,其原因一部分在于企业没有完全把技改资金用于技术改造,但更重要的原因还是技改资金投入得不到位。这样,该企业都在不断走下坡路,企业领导认为这主要是政府行为造成的。

为了维持工人的基本生活,企业还在1995年之后搞了分厂承包制,通过这种方式解决了一部分职工吃饭的问题,同时使工厂的设备得以维护。按照约定,分厂没有人事自主权,对于厂内的职工，各分厂可以随时调用，但各分厂没有进人、调动的资格。

G厂有职工4100多人，资产2亿多元，处于资不抵债的状态。在20世纪90年代房改的时候，按照当时的政策，要完成房改，企业必须向房产管理部门缴纳一部分现金，但当时厂里没有现金流，工人只需将工厂拖欠工人工资和房改总额的差价交给工厂。所以，厂里的房改并不彻底，职工住宅的水、电、采暖，包括房屋的维修都由企业负责。企业的债务共计3亿4千万元，主要包括银行债务、职工工资和职工社会保险欠账。按照厂长的说法，企业办社会部分、人员、债务和陈旧的设备是压在企业身上的"三座大山"。

所以，在国有企业改制的问题上，企业本身没有能力自己完成转轨。厂长的策略是必须盯住政府，为此，厂长做了很多工作。G厂申请到政策性破产，计划于2005年年底前完成改制，等财政拨款一到位就操作。企业完全隶属于国资委，企业的改制方案也是最后和国资委敲定的。厂领导说，企业如何改制，也是经过计算的，能够得上就做，够不上就不做。申请政策性破产，必须经国务院审批。政策性破产可以由政府出面核销银行债务，并首先由财政兜底完成职工的身份置换和社会保障关系的并轨，同时，保留企业的厂房、设备和土地等。厂长认为，破产的目的是要使企业抓住这个机会，进行重组。企业最大的资本就是土地，通过政策性破产卸掉债务和冗员，再另外选地建厂，重组企业，重新参加市场经济的竞争。

1995年以来的困难期间，企业也根据政策于2000年建立了下岗再就业中心。根据国家政策规定，进下岗再就业中心，按照"三三制"原则筹集资金，为下岗职工发放基本生活费，三年期满后，与企业解除劳动关系。在操作的过程中，工厂领导进行了大量的动员和说服工作，为了打消职工的顾虑，还承诺出中心后企业再把职工接回来。有些在外地打工的职工，工厂还得拍电报，动员进站，有些人是由爱人代签的字，本人回来后，还到工厂闹。本来是一项为下岗职工谋福利的政策，在落实过程中却受到抵制，部分原因还在于解除劳动关系的顾虑。根据 G 厂的情况，进中心的职工拿的生活费比在工厂上班的职工还要多。一个厂领导说，他们进站的是便宜了。

从 G 厂的情况来看，自 20 世纪 80 年代以来开始的国有企业改革，并没有从根本上触动单位体制的遗留。G 厂自改革开放以来，虽然已经被拖入市场，生产完全自主，但在产权上没有发生任何变化。政府与企业之间还是一种控制与依附的关系。虽然企业有了很大的自主权，但在遇到问题时，企业还是习惯于和政府讨价还价，政府与企业之间保持了一种谈判关系。G 厂保留了单位制企业的特征，并继续承担部分企业办社会的职能。在改制问题上，企业是一个有着独立经济利益的主体，企业改制方案的确定，是建立在企业利益最大化的基础上的。企业通过政策性破产，将转制成本转嫁给政府，由政府承担企业的债务和职工身份置换以及职工社会保险关系转轨的成本。在改制问题上，企业的策略是如果政府不管，企业无法依靠自身的能力完成改制，还将继续保留国有身份。由此产生的后果是改制越晚，改制的成本就越高。

在下岗再就业中心的问题上，企业发挥了充分的动员作用。企业的目的在于维持一种稳定的"政治"，在有财政补贴的情况下，企业可以维持一部分职工的基本生活，企业甚至可以违背正式政策的规定，对职工做出出站后仍回到企业的承诺。G 厂在转制过程中，并不是结构性制约下的被动行动者，而是在制度允许的空间范围内，实现了企业的利益最大化。在企业自身经济困难，不能独自完成转制的情况下，政府是"救命稻草"。企业的利益和目标是改制成本最小化，资产剩余最大化，为企业未来的发展争取有利的条件。

X 厂是我们调查的另一家军工企业，与 G 厂不同的是，在市场化的过程中，X 厂有一条完全不同的发展轨迹，在企业改制的过程中，根据省里提供的政策，独立完成了改制任务，很好地解决了职工的社会保险问题。

X 厂建立于 1965 年，原厂址也是位于山区，初始产品是半自动步枪。在计划经济时代，企业的产品价格是成本价加 5%，5% 就是企业的利润。企业产品生产不计成本，成本越高，企业可以获得的现金就越多，企业具有科尔内所说的预算软约束性质，具有规模扩张的内部动力。建厂初期，企业有职工 1500 人，实际上，按 X 厂的规模，企业的定员应该是 1200 人。到了 20 世纪 70 年代，由于要安置知青和职工子女就业，企业的规模扩张到 2400 人。企业拥有固定资产 1000 多万元。企业有典型的单位社会特征。由于地处山区，企业专门配置了邮局、粮店、商店、学校、托儿所和派出所等社会职能部门，企业要负责职工的生老病死一切相关事务。

1980 年以后，企业开始进入军转民阶段。和其他的军工企业一样，为了维持，企业到处找活干，尝试过生产各种产品。1985 年以后，国家政策调整，X 厂在 1985—1989 年没有贷款，通过政府的财政拨款 1000 多万元，完成了搬迁，但没有解决产品问题。搬迁到城市，最大的好处就是信息灵通，当时的厂长抓了一个汽车配件的项目。厂长介绍说，当时的领导班子认为，中国的民用轿车在 90 年代初期正处于起步阶段，汽车工业很有发展前途，中国刚刚开始研发生产自己的民用轿车，给一汽生产配件很有发展前景，但资金来源很成问题。1991 年，企业贷款 2700 万元建设了第一条生产线，生产初期，企业的工资水平很低，而且只能维持 7—8 个月的开支。在这种情况下，企业逐步开始寻找合作伙伴，在分别与日、英、奥地利企业接触后，决定与德国企业合作，并于 1996 年开始启动合作计划。一年后，德方股份被法国一家大公司收购。企业之所以寻找合作伙伴，最重要的原因在于缺乏资金。参与合资的只是该厂的一条生产线，中方以设备、厂房、土地、产品和已有的市场作价 1735 万元，外方投入同等额度的现金。后来，中方卖掉 1% 的股份，新厂的性质变为国有参股。合资后，企业的效益连年递增，到 2002 年，产值达到 2 亿元，由于原来的厂址已经开始束缚企业的发展，于是重新选择了厂址，于 2004 年完成了搬迁。预计 2006 年企业产值将达到 6 亿—7 亿元。

2004 年年底，得到省里有关企业改制的政策后，企业就去南方寻找民营企业进行合作，最后选定了一家中国民企 16 强之一的企业收购了企业80%的股份，总共5959万元。另外，原企业的领导班子在过去的10年中为国有资产创造了8000万—9000万元的净资产增值，根据有关政策，领导班子将得到1500万元的奖励，这样原国企领导班子占股20%。企业用民企投入的现金，以及财政拨款完成了国企职工的身份置换，X厂职工经济补偿金的标准是1200元/年，涉及企业在册职工686人。企业对所有职工都支付了经济补偿金，包括在岗和不在岗的。对于在岗职工，企业先发50%的补偿金。相比而言，企业的经济补偿金标准不算低，但仍然有职工不满意，到省里、市里找，但厂里的改制操作是符合省里政策规定的，职工的行动并没有产生任何实质性的效果。

实际上，企业改制过程中也有遗留问题。X厂参加了市级医疗保险统筹，虽然企业经济状况不错，但由于受企业财力限制，企业只参加了住院统筹，而没有参加门诊保险。还有1000多人没有交这部分费用。另外一个问题是，根据C市的政策，企业改制时应为退休职工留10000—16000元的医疗保险金，而省里没有明确的政策规定。企业原计划为每个退休职工留16000元，总计1600万—1700万元。但在省里开会时，其他企业都没有能力留这么多，最后建议每人留10000元。但实际情况是，10000元也没有人收，因为根据保险公司核算，每个退休人员应该交25300元，在企业能力和执行机构的要求存在较大差距的情况下，只能等待财政部门、保障部门和卫生部门进行协商的结果，等待最后的解决方案。

在谈及退休职工的养老保险待遇时，厂长感慨很多。他认为，在企业实行低工资的政策下，企业退休人员每个月才拿400—500元退休金，这与他们作出的贡献是很不相符的。

对于一个效益不错的企业来说，在改制过程中，工人们是很不愿意与企业解除劳动关系的。厂长认为，作为军工企业，有企业办社会的传统，职工对企业有深厚的依赖感、归属感。这种感情是根深蒂固的，这是由当时企业所处的社会环境决定的，企业承担一切社会职能，负责职工的生老病死一切事务。包括退休人员，现在有事都找企业。这种依赖感肯定要比那些原来就在城市里的国企职工强。

X厂在改制过程中，充分利用了省里的政策，使企业承担的改制成本最大限度地降低。企业也是积极主动地参与改制,从调查掌握的信息看,在同类企业中,X厂发给职工的经济补偿金,属于标准较高的。职工的社会保险问题也解决得比较好,充分考虑了职工的利益。

医疗保险政策的落实过程中,还存在部门利益协调的问题。从对职工的预留医疗保险金看,这个标准是在省里同类企业中进行协调的结果,也是企业降低改制成本的策略。但是省属企业和市属企业在这个问题上,没有统一的文件和一致的标准,也缺乏和社会保险公司的沟通,企业的预留保险金远远低于社会保险公司的标准,以至于这个问题悬而未决。目前的制度安排下,如果省级统筹的社会保障资金出现缺口,将由全国社会保障基金加以弥补。社会保障政策的落实过程,也就是职工、企业、地方各级政府、社会保险公司和中央政府利益互动的过程。社会保障标准的确定是一个商谈的过程。

两个前军工企业,在改制过程中,由于企业能力的不同,采取了不同的改制方式。G厂利用了政策性破产的方式,要在改制后,组建新企业,重新参与市场竞争。通过政策性破产,可以解决职工身份置换和社会保险关系转换需要的资金。但是,按照相关的政策规定,省直国有企业下岗职工的经济补偿金或生活补助费,应按本人解除劳动关系或终止劳动合同前12个月实际领取的月平均工资计算。本人月平均工资低于本企业月平均工资的,按本企业月人均工资计算;本人月平均工资高于本企业月平均工资的,按实发工资计算,但最高不能超过本企业月人均工资的3倍;本人月平均工资无法确定的,按本企业月人均工资计算;本企业月人均工资无法计算的,按企业所在市县实行最低工资标准的130%计算。照这个标准计算,G厂发给职工的经济补偿金标准将远低于X厂。

两个企业从建厂到改制,虽然历经改革的冲击洗礼,有不同的发展轨迹,但两个企业都保持着浓厚的单位制特征。单位与职工之间的依附关系没有因为企业的经营困境而打破。在以市场化导向为目标的组织治理结构的变迁中,社会经济地位获得机制发生了改变。这种改变使普通工人在收入分配和企业资产权力的分配方面处于弱势地位。管理人员的权力在厂长/经理负责制下得到增强,经济收益和保障程度远远高于工人。改革的过程使工人在企业内获得的资源总量降低，在企业外，同样缺少获得资源的途径和机会。在改制过程中，工人可以获得的只有经济补偿金和社会保险关系。然而，与企业脱离关系后，这种社会保险关系的接续，要靠职工个人的力量。

二 企业的政策性依赖

T厂是一家大企业，截至2005年，资产负债率达到400%。自1997年以来，企业经济效益连年下滑。在政府政策的支持下，企业尝试了民营兼并、资产债务重组、股份制等方式，都没有解决根本问题。2006年1月，企业的改制方案被通过。

T厂曾经是一家有16000名职工的大企业。于1958年建厂，主要产品是供给北方市场的旱田拖拉机，其产品曾经出口援外。农村实行家庭联产承包责任制的改革后，企业开发了适合家庭使用的小四轮，每台单价3000—4000元，虽然技术含量低，但符合了农民的实际需要，该产品当时主要被用来跑运输。正是依靠这种产品，一直到1993年以前，企业的生产红红火火，产品供不应求。在与同类企业的竞争中，较早地占领了市场，并享受到国家政策的扶持，产品销售遍布华北、西北和东北，企业甚至在新疆还建立了分厂。

1993年以后，国家取消了生产许可证制度，企业效益逐渐下滑。T厂当时有很强的研发能力，技术人员有1000多人。在开发市场的过程中，一些产品先后出现了质量问题和技术问题，当时的领导人就取消了这些产品，实际上，这在新产品的开发过程中都是很正常的现象。后来，企业主要开发大马力的产品，但这种产品不符合当时农民的需要，这种产品适合农场耕作方式，而且价钱较高，在当时有点超前了。后来企业就放弃了大马力产品的研发。市场对T厂的产品需求具有季节性特征，4—11月是旺季，12月至来年3月是淡季。对于大企业来讲，企业办社会的包袱大大增加了产品的成本，根本没法跟当时的小企业竞争。当时，很多头脑灵活的人，在产品销售旺季的时候，到各个生产企业买零件，再雇人组装。淡季的时候，就停工，成本很低。但他们的产品质量不好，服务不好，所以 T 厂产品的市场占有率还可以，但成本比较高。在市场竞争中逐渐处于不利位置。1993—1997 年还可以维持，但产品的市场占有率不断下降，从西北撤到华北，再从华北撤到东北，企业逐渐处于停产、半停产状态。现任厂长认为，企业在最红火的时期，因为有银行不断贷款支持，基本不进行成本核算，可能在生产的同时，就不断负债。

企业最大的问题是三大包袱：人员、社会性负担和银行债务。企业有 16000 多员工，不管淡季还是旺季，企业要负责职工的工资；企业办社会问题严重，除了各职能机构健全外，企业还负责整个家属区的水、电、取暖和燃气，家属区的水、电、暖和企业是联系在一起的；企业欠银行的债务到 1997 年时有 7 亿元。企业由中央直属企业先被下放到省，最后变成市属企业。

在没有任何政策依据的情况下，市政府寻找了一家民营企业，想对企业实施民营兼并，但职代会没通过，就被迫放弃了。但职工的承受能力是有限度的，连续开不出工资的情况下，1998 年 5 月，企业又实施了民营兼并。操作过程中出现了一些问题，兼并方认为 400 人的中层干部太多，要削减 2/3；砍掉了车间里不赚钱的工种；对资产进行清查的时候，甚至连厂长汽车的后备箱也要翻。这些事情在职工队伍中引起了很大波动，实际上兼并方是被组织起来的职工打出去的。后来，职工上街封堵公路，抗议兼并，还引发了民营兼并国企是否正确的大讨论，兼并之事不了了之。

1998—1999 年，在某次人代会之前，T 厂成了全国的三个试点企业之一，进行重组后，想作为典型在全国推广，但又以失败告终。其间，市政府出资，成立一个新企业，贷款 2 亿多元，买断老企业，还给银行部分贷款，从老企业抽来 4000 多人到新的有限公司。银行预计投入技术改造资金 7000 万元，但投了 2500 万元后，就不敢投了。实际上，新老企业根本没办法分开，还都在一个"锅"里。

1999 年年末，企业与上海一家民企合作。通过合资，成立新公司，从有限公司抽 1500 人。民企注入现金 7000 多万元，一年半的时间，吃进去 4000 多万元，后来对方撤了。企业办社会部分还是无法分开，企业一开工，就要负担整个家属区的水、电。企业办社会部分的成本太高。

时任厂长是 2002 年 8 月上任的。上任后，核查资产，发现资产负债率已达 400%。企业只能选择政策性破产。因为面临严重的资不抵债问题，根本没法进行正常的法律破产程序。企业于 2004 年 2 月被列入国家国资委政策性破产建议名单，但在与银监会讨论时，银行要求企业必须马上支付现金 2500 万元。市里要求企业先按破产程序剥离包袱，2003—2004 年，有 2700 名合同工与企业解除了关系，财政拨款 4000 多万元；厂办大集体的 3000 多人进行了剥离，条件是将现在占有的国有资产无偿给负责公司。企业通过主辅分离，将学校、医院和幼儿园分离出去，剥离 2000 多人。

企业的水、电、暖逐渐和家属区分开。企业为家属区供暖，每年需要 4 万多吨煤，电费 500 多万元，工资 100 多万元，维修费用 100 多万元，包袱很大。2003 年 1 月，供暖不再由企业负责；2002 年 9 月，用电分离；下一个目标就是剥离供水。

原则上，进入破产程序后，可以提前 5 年退休，通过政策优惠，企业现有 5000 多人退休，进入市退休人员管理中心。市财政出资为每个退休人员缴纳 26000 元，退休人员的退休金和档案关系进行社会化管理。但是，退休人员的采暖补贴和统筹外补贴还得由企业承担。厂长认为，保险的社会化程度不够。企业在效益好的时候，为每个职工提供各种补贴，变相提供各种福利和现金收入，因为 1995 年之前，企业没有完全的工资自主权，需要上级下指标。企业在效益好的时候，职工的收入是厂内工资，只在厂内承认。企业效益下滑后，在岗职工和下岗职工都享受不到企业提供的福利补贴，但退休人员还可以每月拿到70—80元的厂内补贴。社会化管理后，工厂不提供厂内补贴，退休人员很有意见，就去上访，闹了2个多月。

企业的收入主要是靠租赁厂房和设备。改之前，企业在职职工4000多人，其中在岗1200多人。企业利用下岗职工基本生活费安置富余人员，政府还帮助提供公益性岗位，很多公益性岗位上都是T厂的职工。政府给提供公益性岗位的企业提供优惠待遇。在政府有关部门的帮助下，2000多人实现了再就业。下一步重组，T厂计划从在岗的1200人中，挑选一部分，按厂长的话说，现在留在企业的人员都是大浪淘沙过后剩下的精英。企业破产需要资金5亿3千万元，现有资产2亿8千万元，缺口2亿5千万元，其中，对退休人员欠账1亿多元。

企业已经确定了下一步的合作伙伴，正在建设新的厂房，对未来的发展，厂长认为，甩掉包袱后，企业还有一些优势。

从T厂的经历来看，在效益开始下滑后，企业利用政府的政策和资金投入，进行了几次"挣扎"，但都以失败告终。沉重的人员和债务是拖垮企业的重要原因之一，也限制了企业的几次改革，企业和企业的职工都处于困境之中。

由于规模大，虽然企业的级别一降再降，但地方政府还是想了各种办法，进行了大量的财政投入和政策倾斜，维持社会稳定，重新搞活企业始终是政府的目标。在改革过程中，企业也发挥了积极性，利用政策和资金解决债务和安置职工，积极寻找合作伙伴，在资产严重负债的情况下，企业仍然在进行政策性破产的同时，筹划建立新企业。退休职工与企业解除关系，参加社会统筹，企业依靠财政拨款解除了企业本身对老职工的欠账。在全省改制的大环境下，企业的职工已经处于一种无选择的状态，只能接受经济补偿金与企业解除关系。

三年前，在对该企业所在社区进行调查的时候，正是该企业进行集中供热改造的时期，社区居民对此表示了不满，很多人表示没有钱交采暖费，要找企业解决困难。当时进行供暖改造的不止 T 厂一家，还有其他原来由企业负责供暖的单位社区也进行了改造。企业职工的生活普遍比较困难，全家下岗的也很多，很多家庭靠老年人的退休金生活。其中一个访谈对象要用退休金应付一家八口的基本生活，还有两个孙子女的学费，由于下岗，其儿子和女儿两家与他共同生活。职工的承受能力是有限的，当工厂无法维持正常运转，无法提供基本生活费时，与企业解除劳动关系，获得一点补偿金，企业结清对其社会保险欠账，也是一种无奈的选择，职工的行动原则是生存至上。

在整个企业制度变迁的过程中，企业拥有较多的主动权，相对于政府和职工，企业具有信息优势，也有足够的动机和行动的能力，利用一切可以利用的政策、资源满足企业内部的需求，解决历史遗留的债务和人员包袱。上述3个企业，不论经营状况如何，企业的目标都是发展，通过这个途径，管理层的利益得以保证。

T 厂的情况有点特殊，从一家中直企业到市属企业，在改制成本的承担问题上，也涉及不同层级政府之间的利益博弈。在企业效益好的时候，是中直企业，利税全部上缴国家，由中央进行管理。企业效益下滑后，又先后沦为省属企业和市属企业。最后，企业改制的成本要由地方政府承担，在中央和地方财政分权的制度下，地方政府很容易产生"有利可图时是中直企业，严重亏损时下放地方，关闭破产要由地方负责"的想法。因此，地方政府也会想办法向上级政府争取更优惠的政策支持。

在改制的过程中，地方政府对困难企业提供了优惠的政策支持。对于困难企业进入再就业中心和已经出中心的下岗职工，与企业解除或终止劳动合同，政府会对其所需经济补偿金和生活补助费提供50%的补贴，特别困难企业，最高补贴额可达到80%。对于其他离岗人员和企业新裁减人员，政府将补助所需经济补偿金和生活补助费总额的1/3，特别困难企业最高补助2/3。

在社会保险费的清理上，也有相关的政策。原则上，企业应该一次性足额补缴所欠养老保险费。一次性补缴有困难的，可先将涉及解除劳动关系或终止合同人员的欠费补齐。特殊困难企业，试点期间，经地方政府认定和社会保险经办机构审核批准,个人欠费(含利息)一次性足额补缴,企业欠费部分一次性至少补缴实际拖欠额度的50%以上,可以正常接续养老保险关系。

企业改制的过程,是各行动主体策略性地互动的过程,行动的焦点主要是围绕职工的经济补偿金和养老保险欠账展开的。企业对职工的养老保险欠账是一个普遍的问题,这与养老保险政策的制度安排有关系,体现了企业与政府之间的不同利益。

在养老保险制度的变迁过程中,由现收现付制转入部分积累制,政府没有明确承担转轨需要的成本。转轨的成本主要来自对"老人"和"中人"的欠账,他们在现收现付制度下,为上一辈退休人员提供了养老金,而没有个人账户积累资金,国家如果不承担转制成本,就需要目前正在工作的一代承担更多的责任。这种责任即使在职人员的收入降低,也导致企业成本增加。这样,就摆脱了政府对单位制企业老职工的最终养老责任。但实际上,在制度实施的过程中,尤其是在国有企业比较集中的地方,政府事实上以财政出资作为养老金社会化发放的最后担保。但政府在制度的正式规定中,将这一部分债务转交给了企业和职工,正是制度本身所具有的结构性矛盾,使企业利用各种办法,在享受政策优惠的同时,尽量将转制成本转嫁给政府。

在制度变迁过程中,企业经济理性的复归,加剧了企业、政府与职工之间的利益分化。企业作为社会保障制度的代理人,在落实国家社会保障政策方面,并不是地道的"守法者",而是追求自身利益最大化的积极行动者。企业执行社会保障制度的结果,在一定程度上制约着制度的发展方向。虽然历经改革导致政府对企业控制力弱化,但作为国有企业产权的所有者,政府与企业间的谈判关系仍然存在,政府还是承担了很高的转制成本。

第七章　国有企业改革中职工的生活困境与制度参与

中国国有企业改革的过程实际上也是中国社会主义福利制度改革的过程。在计划经济的全民固定用工制度下，固定工享受"铁饭碗""大锅饭"的待遇。市场化改革改变了工人和政府之间的社会契约。随着社会上自由流动资源的增加和自由流动空间的扩大，一方面工人与国有企业之间的终身雇佣关系不复存在，另一方面国有企业为工人提供福利的动力和能力弱化。在强制性制度变迁的过程中，国企工人面临着就业困难和保障缺失的双重困境。

第一节　国企改革中职工保障的制度安排

一　制度变迁与利益分化

匈牙利经济学家科尔奈（Kornal J.）把改革前社会主义国家和企业组织的关系描述为父子关系。父子关系之间体现的是一种父爱主义。[1] 改革前，中国的国有企业与国家之间也存在父爱主义。一方面国家对企业的自主权进行了种种限制，如企业的主要经济活动，包括生产、建设、物资供应、产品销售以及收入分配，都受到国家指令性计划的严格约束，企业的各种人事安排受到行政主管的控制，它不是主流经济学预设的那种具有自主权的主体。另一方面，国家也以照

---

[1] 科尔奈：《短缺经济学》，张晓光等译，经济科学出版社1986年版，第272—273页。

顾、爱护作为对企业交出各种自主权的父爱表达。

改革以前的企业与国家之间是一种父爱主义关系，工人与企业之间由于企业主体的缺位，实际上表现为其与国家之间的一种父爱主义关系。工人的自主选择权虽然在各种制度的安排下受到限制，但国家通过单位几乎承担起了工人生活的所有需求，包括基本生活保障（医疗和养老）、福利保障、生活服务、住房、食堂、浴室、社会活动参与方式和机会等。在道义经济学者看来，国家与工人之间通过父爱主义建立了一种"社会契约"：国家向工人提供终身就业、社会保障、健康照顾与几乎平均主义的工资交换工人的服从。

这种父爱主义关系及其制度安排在20世纪70年代后期开始的一系列制度变革过程中被逐渐改变。国家与企业间的父爱主义关系因制度变革而改变。通过对国有企业放权让利的改革，及与之相配套的劳动就业制度、工资和保障制度、企业领导制度的改革，国有企业获得了自主权。但与这种自主权获得相对应的是企业所获得的来自国家的父爱主义照顾、关爱的减少，甚至消失。国有企业与其他所有制类型的企业一样，越来越明显地受到硬的预算约束，国有企业也可能破产。

工人与国家之间的关系因为企业与国家之间关系的变化而变化。伴随着国有企业的改革，工人们虽然在很多方面获得了自主权，但国家对其的全面照顾和关爱也随之减少。工人获得一份稳定工作的不确定性增加，失业的风险加大，国家通过企业向工人提供的几乎从摇篮到坟墓的福利也没有了。从20世纪90年代初的打破"铁饭碗"、社会保障制度改革到"减员增效、下岗分流"，劳动与福利制度方面的改革使以往工人们凭借身份就可以获得的特权几近消失。改革以前国家与工人之间的直接关系转变为国家—企业—工人之间的关系。国家退出了对劳动的直接控制，也卸下了对工人的无限责任，只是承担起有限的责任，国家力图确立的是一种"工人自立—国家提供有限帮助"的关系。①

二 再就业中心、失业保险与最低生活保障

20世纪90年代以来，企业在产权制度上的变革以及在就业、工资、养老等社会保险制度方面进行的改革，深刻地触动了各个社会集团的利益关系并加快了各个社会利益集团的分化。工人阶级内部各个主要群体在经济、社会、政治地位等方面的分化也进一步扩大，随着市场化改革的深入和企业自主性的增加，企业经营管理人员的地位和权利逐渐得到强化，技术人员在经济地位、社会地位与政治地位方面获得了极大的提升，而普通工人的地位和权力逐渐变弱。

国内学者在探讨社会转型过程中各个阶层分化的特征及趋势时指出，工人阶级内部发生了分化，内部各个群体的相对地位发生了变化，工人阶层的社会地位明显下降，他们中的大多数人属于利益相对受损群体和社会底层群体，在社会经济等级中处于中下层和底层。作为国有企业工人，他们在市场化改革之前都有较高的社会地位和社会身份，国企工人则是人人羡慕的职业。而在市场化改革后，以往的地位逐渐失落，特别是20世纪90年代中期以后，基本上是获益增加缓慢，而所负担的改革成本却大大提高。工人在城镇就业独占鳌头、在社会生活中担任重要角色的时代已经一去不复返。②

1992年开始，国家加快了就业制度改革的步伐。劳动部在1993年印发了《关于建立社会主义市场经济体制时期劳动体制改革的总体设想》，希望通过劳动力市场来实现劳动力的合理流动。1994年颁布的《劳动法》强调了企业和劳动者双向选择的权利，并规定全面推行劳动合同制。1995年《劳动法》贯彻实施后，几乎所有的职工都与企业签订了劳动合同。在双向选择的基础上，国有企业对劳动者实行了优化组合，对劳动者进行考核择优上岗成为国有企业内部经常性的劳动管理工作。在1995年9月28日中国共产党第十四届中央委员会

---

① 刘爱玉：《选择：国企变革与工人生存行动》，社会科学文献出版社2005年版，第142—148页。

② 陆学艺主编：《当代中国社会阶层研究报告》，社会科学文献出版社2002年版，第132页。

第五次全体会议上通过的《中共中央关于制定国民经济和社会发展"九五"计划和2010年远景目标的建议》中，减员增效被提出来作为一种搞好国有经济的机制。到1997年，"下岗分流、减员增效"已成为社会的主流话语。

据统计，1998—2003年，国有企业累计下岗职工2818万人。官方衡量失业水平的指标"全国城镇登记失业人数"到2003年年底达到800万人，登记失业率达到4.3%。[①] 为避免因工人无工作保障与生活无着而采取极端的行动，国家制定和出台了一系列旨在保障职工基本生活的政策与规定。在保障下岗职工的基本生活的制度建构方面，中央和地方政府扮演了重要的角色，其实施主要是通过地方代理人（地方政府）和企业、普通工人，特别是那些在制度变革过程中以下岗、失业、内退等方式失去工作的国有企业工人来实现的。

再就业服务中心的始发地是上海市。上海市针对国有企业制度变革产生的大量工人下岗问题，于1996年7月率先建立再就业服务中心。这一制度安排试图做到不让下岗待业人员滞留于企业内部，又不简单地把他们推向社会，在下岗待业人员离开企业进入社会之前，由再就业服务中心托管，再就业服务中心的经费由政府、社会和企业三方面共同筹集。经过实践，再就业服务中心取得了显著的社会成效。

1998年5月，中共中央、国务院召开的关于国有企业下岗职工基本生活保障和再就业工作会议上，以文件形式，要求各地、各企业普遍建立再就业服务中心或类似机构，负责为本企业下岗职工发放基本生活费和代下岗职工缴纳养老、医疗、失业等社会保险费用，组织下岗职工参加职业指导和再就业培训，引导和帮助他们实现再就业。下岗职工在再就业服务中心的期限一般不超过3年，3年期满仍然没有再就业的，应与企业解除劳动关系，按规定享受失业救济金或社会救济。有关费用，原则上国家预算承担1/3，企业承担1/3，社会承担1/3（主要是从已有的失业保险金提取）。到1998年9月，全国下岗

[①] 国家统计局：《中国统计摘要》(2004)，中国统计出版社2004年版，第43页。在城镇登记失业率的计算方式中，不在岗职工属于就业人口。

职工进入再就业服务中心的比例高达98.1%，国有企业组建再就业服务中心率达98%。根据劳动和社会保障部发布的2001年上半年统计报告，到6月底，国有企业下岗职工总数为632万人，其中进再就业服务中心579万人，占下岗职工总数的91.6%。在进中心的下岗职工中，99.9%领到了基本生活费，99.6%代缴了社会保险费。

从YT厂的调查来看，1998年9月该厂组建了再就业服务中心，该厂一位进再就业中心的人说：

> 不下岗也没有办法，工资也发不下来，进再就业中心，起码每月还有点基本生活费，有点靠头。当时也有人不能接受进中心三年后就要与企业解除关系，没进中心，后来，他们一算计，给点就算点，到时候再说，也陆续进了中心。后来，国家有文件，2001年起不再建立再就业中心，实行了并轨政策，你看，在中心这三年不是偏得吗？赶上哪班车就搭哪班车。

下岗职工基本社会保障资金制度运行也存在有损职工利益的情况。调查中发现，有的企业为了能从财政部门得到拨款，采取空转的办法，先将自筹资金转入服务中心账户，等财政资金拨付后，再转回企业财务。这种情况下，往往导致下岗职工实际领取的基本生活费要低于正常的标准。更有甚者，企业在职工不知情的情况下，成为领取下岗职工基本生活费名单上的一员。一位职工反映：

> 有一次去企业办事，无意中看到了领取下岗职工基本生活费的人员名单，上面竟然有我的名字，我就问了一下，办事的人说，既然你看到了，那你就领生活费吧！我一看，上面还有很多人和我一样，根本不知情，他跟我说，这事你知道就行了，就不要告诉别人了。

下岗职工基本生活费制度在保证下岗职工生活、保持社会稳定、促进经济发展等方面起到了重要的作用。但在实践中，出于企业的利益，也有很多违规操作，直接导致下岗职工利益的受损。

2001年7月劳动部批准在辽宁省试行"下岗职工基本生活保障向失业保险并轨"。并轨对象为四类人：一是仍在企业再就业中心的下岗职工；二是进中心协议期满但没与企业解除劳动关系的下岗职工；三是需解除关系的其他离岗职工；四是企业新裁减人员。参加并轨人员在与企业解除劳动关系时，按其在岗工作年限，给予每满1年发给相当于本人1个月工资（最多不超过12个月）的经济补偿金或生活补助费，解除合同后，职工所在单位依法参加了失业保险并足额缴费的，可按照规定享受失业保险待遇，领取失业救济金，期满后仍未找到工作的，可以领取最低生活保障待遇。从并轨政策实施起，再就业服务中心就被关闭。

经过试点的改革后，2005年3月，劳动与社会保障部提出到2005年年底原则上停止执行国企下岗职工基本生活保障制度，企业按规定关闭再就业服务中心，没有实现再就业的，按规定享受失业保险或城市居民最低生活保障待遇。"下岗职工基本生活保障向失业保险并轨"的政策使原来的"三条保障线"变成了"两条保障线"。

从政府的财政压力角度来看，并轨具有紧迫性。下岗职工基本生活保障制度建立的出发点是政治稳定。根据保障资金的"三三制"原则，社会、企业和政府要分别承担1/3。由于下岗问题主要集中在经济效益很差的企业和经济结构调整任务沉重的老工业基地，应由企业承担的部分往往难以按时、足额到位，社会筹集部分也有很大困难，这个责任就落到地方政府头上，然而这些地方政府也存在财政紧张的问题，需要的资金往往难以落实，中央政府只能通过转移支付的方式将资金压力转移到自己头上。

从"三条生活保障线"政策的实施来看，政策在一定程度上保证了下岗失业职工这一新生城市贫困群体的基本生活，起到了缓解下岗职工生活压力的作用。国有企业的职工可以在一个相对长的缓冲期内有一个相对固定的收入来保障基本生活，并可以有一个跟企业保持一个获取信息、接受培训的渠道。

1986年，国务院颁布了《国营企业实行劳动合同制暂行规定》，规定国营企业新招收的职工必须实行劳动合同制，原有的职工终身就业体制开始瓦解。同年，第六届全国人大常委会通过了《中华人民共和国企业破产法（试行）》，改变了国营企业的运行机制，同时规定了国家对破产企业职工的一些基本义务。国营企业用工体制和运行机制的变化，使失业在制度上成为可能。1986年7月，国务院颁布了《国营企业职工待业保险暂行规定》，标志着我国失业保险制度开始建立。

1993年4月，国务院颁布《国有企业职工待业保险规定》，对原来的《暂行规定》作了发展与完善。新规定把保险覆盖范围扩大到全体国有企业职工，并在资金筹集、救济标准、统筹层次方面做了些完善工作，对原有规定有了重大突破。

1999年1月22日，中国政府颁布《失业保险条例》，把失业保险制度建设推进到一个新的发展阶段。失业保险覆盖了城镇所有企事业单位的职工。单位的缴费比例为工资总额的2%，个人缴费比例为本人工资的1%。享受失业保险待遇需要满足三个方面的条件：缴纳失业保险费满1年；非因本人意愿中断工作；已经办理失业登记并有求职要求。按照此条例，我国失业保险制度的覆盖范围大大扩大，有资格参加失业保险的人数由过去的8千万人上升到1.4亿人。[①] 从1998年到2001年，失业保险参保人数由7928万人扩大到10355万人。2001年年末，领取失业保险金的人数为312万人。随着失业保险制度的完善，国有企业下岗职工基本生活保障制度逐步纳入失业保险。

"下岗"和"失业"并轨势在必行。并轨必须具备三个前提，以理顺下岗人员和原企业的利益关系：首先，实现对下岗人员过去劳动贡献的补偿；其次，企业拖欠的工资、医疗和集资款等项目的发还；

---

① 宋晓梧：《中国社会保障制度改革》，清华大学出版社2001年版，第50页。

最后，下岗工人已获得养老、医疗和新体制的顺利接轨。①

最低生活保障制度的构想最早出现在上海市。1997年9月，国务院发出《关于在全国建立城市居民最低生活保障制度的通知》，要求在1997—1999年年底以前，在全国建立城市居民最低生活保障制度。1999年9月28日，国务院颁布了《城市居民最低生活保障条例》。按照条例规定，持有非农业户口的城市居民，凡共同生活的家庭成员人均收入低于当地城市居民最低生活标准的，均有从当地人民政府获得基本生活保障的权利。最低社会保障费用由地方政府承担。

最低保障对象主要有三类：一是无固定职业、无固定生活来源、无劳动能力、无赡养或抚养的城市居民；二是家中虽有在职人员，但因赡养、抚养系数高或所在单位经济效益差，致使家庭收入低于当地最低生活标准的城市居民；三是城市受灾居民或原来的特困户。

2003年，在TLJ工厂社区调查时，发现了低保制度运行的问题。该厂是一个有悠久历史的大型国有企业，曾经一度辉煌，能在该厂就业曾经是令人羡慕的好工作。随着国有企业改革的深化，该厂制度几经变迁，到1997年实行"下岗分流、减员增效"，政策实施后，该厂大部分职工下岗，在职工居住区，一家两代同时下岗的现象非常普遍。在调查低保制度在该社区的实施时，听到这样的抱怨：

> 能得到低保的都是那些与负责人关系好的人，家庭一点也不困难。那家特别困难，夫妻两个都下岗，没有收入，秋储菜都要去那边的大菜地去捡菜叶，孩子又有慢性病。呃！没办法。

在工厂社区中，有低保资格的人领不到低保是普遍的现象。单位制社区中，私人关系是能否获得低保的一个重要条件，对于具体负责人来说，拿别人的东西送礼，既不会损害自己的利益，又可以送顺水

---

① 国务院发展研究中心社会保障制度改革研究课题组：《收入分配与社会保障》，第391页。

人情。

在对 YT 厂的调查过程中，发现了低保制度变通实施的另一种方式。该厂在改革过程中，通过主辅分离的改革，剥离了一些大集体产业。在集体产业破产后，由于国家没有针对大集体人员的退休政策，很多到退休年龄的人拿不到退休金。于是，该企业就给那些同意领取低保，先放弃退休金的人按月发放最低生活保障金。一位领取低保金的大集体退休人员说：

> 给钱就领呗，总比什么也没有强，我从 2000 年开始就领低保，到现在已经 5 年了，也有将近 1 万元了。他们那些不同意领低保的，总张罗要争取退休金，这都折腾几年了，经常去找政府、找厂里，还不是没解决，到现在还是什么都没有。

尽管最低生活保障制度在实施过程中，还存在很多问题，但这一制度的存在，毕竟能使很多困难的城市居民从中获益。国有企业改革过程中出现的大批失业下岗人员正在沦为城市中的新贫困群体。下岗职工基本生活保障制度的实施可以缓解这一群体的生活困境，降低市场经济改革对其造成的冲击。

第二节　下岗失业职工生存困境与制度参与

一　资源断裂与生存困境

在社会主义再分配体制下，国家是社会运作的唯一中心。它利用手中的政治权力垄断几乎所有的社会资源，并按照自己的意志和偏好自上而下地进行分配。在此过程中，单位是连接国家和社会的唯一桥梁。整个社会资源的生产、交换和分配都是通过单位这个中介完成的；而个人的生存和发展所需要的资源要么从本单位直接获得，要么通过本单位从外单位间接获取。每个人都必须有单位，并通过单位与国家发生关系。①

东北地区既是计划经济体制贯彻得最彻底,也是计划经济体制结束得最晚的地方。随着经济体制改革的深入,东北地区经济发展逐渐滞后。有关资料表明,凡是国有经济比重大的地方经济发展速度都减缓、滞后。为此,东北地区加速了国有企业改革的速度,在1995年9月28日中国共产党第十四届中央委员会第五次全体会议上通过的《中共中央关于制定国民经济和社会发展"九五"计划和2010年远景目标的建议》中,减员增效被提出来作为一种搞好国有经济的机制。到1997年,"下岗分流,减员增效"已成为社会的主流话语。东北地区也在中央政府的推动下,开始了国有企业的下岗分流,减员增效活动。

2003年暑期,JL大学社会学系在吉林省和辽宁省进行了"东北地区国有工业企业改革中的社会流动研究"大型调查。对离职人员问卷进行数据分析的结果表明,大部分离职人员面临体制内资源丧失与体制外资源难以获得的困境。

从离职人员的经济收入来看,离职前能够从单位获得的人均月收入为440.45元,其中包括工资380.96元、奖金30.44元和津贴29.05元。有些离职人员从单位获得了一次性或长期性的经济补偿,补偿金额差别较大。获得1万元以上补偿金的仅占被调查对象的6%,59.7%的离职人员没有从单位拿到补偿金,24.3%的人象征性地拿到了1000元以下的补偿金。离职人员的月均收入仅为80.89元,不及离职前收入的1/5。离职人员中的大部分属于"40""50"人员,普遍存在就业困难的问题,因此,离开原企业,就意味着失去稳定的经济来源,陷入家庭生活的困境。

从离职人员的保障资源来看,离职前后差距很大。离职前,养老保险的参与率为74%,离职后,这一比率下降到39.2%。工伤保险的参与率从离职前的12.6%下降到3.8%;失业保险的参与率从

---

① Nee, Victor, 1989, "A Theory of Market Transition: From Redistribution to Markets in State Socialism", *American Social Review*, 54.

17.9%下降到 8.3%。此外，医疗费用和医疗保险的情况是离职人员更为关心的问题。离职人员医疗费用承担情况的调查数据显示，小病情况下（如门诊常见病）个人承担 85.98%，大病情况下（如住院）个人承担 75.5%，长期病患情况下（如糖尿病）个人承担 81.55%。所调查的 916 名离职人员中 78.7% 的人目前没有参加医疗保险，而企业给离职人员提供医疗保险的不到 10%。

表 7-1　　　　　　　　　　离职前后收入的比较

离职之前的单位收入（元）	离职之后的单位收入（元）		
	原单位的经济安排	频次	百分比（%）
月均总收入：440.45 其中，工资：380.96 　　　奖金：30.44 　　　津贴：29.05	0	546	59.7
	1—1000	222	24.3
	1001—5000	27	3
	5001—10000	64	7
	10000 元以上	56	6
	每人月均收入：80.89		

表 7-2　　　　　　　　　　离职前后保障资源的比较

离职之前的保险情况（频次）				离职之后的保险情况（频次）			
	有	没有	不清楚		有	没有	不清楚
养老保险	677	170	68	养老保险	356	420	130
工伤保险	115	596	200	工伤保险	34	687	184
失业保险	163	563	186	失业保险	75	654	176

从资源获得的情况来看，离职人员普遍处于生存困境。孙立平教授认为，处于社会底层的那一部分人，或者说弱势群体，他们回到社会主导产业中去已没有可能；回到原来稳定的就业体制中去，也没有可能；而且朝阳产业也不会向他们提供多少就业机会，所以他们是社会中的被淘汰者，他们已经成为被甩到社会主体结构之外的一个群体，已失去了和其他群体之间的有机联系。

这样，我们就不难理解为什么在下岗分流、减员增效的过程中，出现了各种形式的下岗不离厂现象。虽然在完善社会保障体系改革方案的实施过程中，在养老、医疗、失业保险和城市最低生活保障制度方面都有了很大突破，但从调查的情况来看，当时的方案对解决下岗失业人员基本生活以及日后的养老、医疗问题方面还有不尽如人意的地方。

从理论上讲，社会上的每个人至少可以通过家庭、工作单位或市场中的一个或几个途径获得帮助、支持和资源。国有企业的市场化改革使数量有限的职工得以继续留在企业，并获得远小于计划经济时代的资源和福利。对于那些与企业脱离关系的大部分人，他们已经丧失了从原来企业获得资源和保障的"合法身份"，除非他们有机会重新进入正规部门就业，否则单位福利的大门将永远在他们面前关闭。家庭或亲属关系作为非正式社会支持的重要来源，由于下岗失业人员社会资本的高度同质性，所能提供的帮助也十分有限。市场虽然是资源配置的最有效途径，但其资源获得的资格是以货币购买力来衡量的。因此，大部分国有企业的下岗失业人员面临的是资源全面断裂的生存困境。

虽然很多下岗失业职工都通过灵活就业的方式解决了基本的生存问题，但在新的社会保障体系尚不健全的情况下，大规模的下岗正在使许多工人和他们的家庭丧失收入、福利和起码的生活保障。

二 制度依赖与生活困境

改革开放以来的国有企业制度变革，使国有企业在经营环境、就业制度、工资制度、保障制度、产权制度和领导制度等层面发生了一系列的变化，国有企业的单位倾向不断弱化。但单位作为一种制度，在深层结构上具有一种抗拒变迁的能力。单位作为一种制度，定义和规范人们的行为，一旦进入工作单位，人们就会自觉不自觉地被社会化为一个单位人，把单位形态中的行为规范和取向作为自己的行为规范和取向。人们对单位制度的依赖要远远落后于单位制度的变迁。①

  国有企业改革以来，尤其是20世纪90年代中期以来，下岗失业人数大规模增加，直接导致城市新贫困群体规模的扩大。到2000年，这一群体达到1307万人。1995—2001年，中央领导人以讲话、会议等形式表达了对这一社会问题的关注，最高权力机关以各种文件、通知、条例和政策等形式颁布了有关下岗、内退与再就业的政策。可以说，这些制度对于防止下岗职工陷入贫困起到了积极的预防作用，但在许多制度实施的初期，是遭到很多职工抵制的。

  Y企业的一位退休女工介绍了当年内退时的情况和心情。该企业当年的经营状况很不好，于是通过内退的方式减少在岗职工的数量，她是在1995年内退的。

> 当时，我45岁，知道自己被内退时，心里不好受，接受不了，才45岁，就不能再上班了，在家里干什么？虽然工厂效益不好，工资也没保证，但总是有个归属感，也有很多朋友。当时的感觉，就是抬不起头来，跟我情况差不多的都没退，心里不平衡啊。内退后，收入是有保证的，就这点还算是个补偿。但退休后，这个差距就出来了。到退休年龄时，工厂给办了退休手续，现在我的退休金才500多元。那些比我晚一年、两年退休的，退休金都比我高。当年我参加工作时，可以当老师，也可以进工厂，当时当工人是被人羡慕的职业，待遇好，福利好，像我们企业必须"根正苗红"才能进来，知识分子是"臭老九"，再说我也不喜欢整天和孩子在一起，就进了工厂。现在你看，老师是事业单位退的，退休金将近2000元，零头都比我的多，谁能知道是这种情况啊！

---

① 李汉林：《中国单位社会：议论、思考与研究》，上海人民出版社2004年版，第3—9页。

按照收入最大化原则，内退对于一个尚有劳动能力的职工来说，是很经济的。首先，内退的职工，月收入是稳定和有保证的；其次，对于一个不缺乏就业机会的省内中心城市，内退后可以通过再就业，获得额外的收入，收入的总额将超过在职收入。但出于对单位的眷顾和留恋，她最初是不愿意通过这种方式离开企业的。

内退是实施"减员增效，下岗分流"政策之前，国有企业普遍采取的减轻人员负担的一种方法。内退的协议是在工人与企业之间达成的，对工人来讲，获得稳定的收入是对离开企业的一种补偿，而且内退并不影响正常退休，有能力者还可以通过重新就业获得一份额外收入；对于企业来讲，可以节省按人头缴纳的社会保障费用，降低企业的生产成本。按照目前养老保险政策的正式规定，养老保险待遇受工龄长短的影响，因此，从内退职工的长远利益来看，养老保险金将会遭受损失。

在下岗失业成为普遍的社会现象之前，即使以内退的方式离开企业，也是很多国企工人难以接受的。国有企业虽然在市场经济的冲击下逐渐没落，但还是采取了比较"人道"的方法处置与职工的关系。以内退的方式离开企业，一方面可以保证职工与企业之间的联系继续存在，另一方面可以使内退工人在退休之前的生活有所保障。

下岗再就业中心是1998年5月以来，国务院要求各地各企业普遍建立的机构。主要负责为本企业下岗职工发放基本生活费和代缴下岗职工的医疗、养老和失业等保险费用，组织下岗职工参加职业指导和再就业培训，引导和帮助他们实现再就业。这样一个有益于缓解由下岗造成的经济贫困的政策，在实施过程中，也遭到了下岗职工的抵制，问题的根源就在于，按照正式制度的规定，在中心待满三年后，如未实现再就业，就与企业解除关系，按规定享受失业保险或社会救济。

G厂主管人事工作的领导介绍了当时的一些情况：

我们属于困难企业，在岗职工的工资都保证不了，拖欠工资是常事，因为是效益工资嘛。2000年，我们厂办了再就业中心，因为政府给拨钱，可以为下岗职工解决点基本生活费，每月都拿钱，收入比在岗职工还有保证，可就是没人进。他们都怕三年期满出中心，得与企业解除关系。企业没办法，只得承诺，你进吧，实在不行，出中心没工作，企业再把你接回来。就这样，做了很多职工的工作，有的人还回来闹。咋回事呢，进中心得本人签合同，他在外面打工，不在家，媳妇替他签的，他回来后就不承认了，说不是他签的，还把复印件拿来。

G 厂的情况，Y 厂在执行这个政策时也遇到了。一位曾经进中心的 Y 厂职工说：

> 我的年纪也大了，身体不好，也快退休了，就进了中心，还有的人，下岗了也不进中心，还不是有顾虑，反正我年纪也大了，马上就退休了，能拿点儿是点儿。那些年纪小点的，害怕出中心会与企业解除合同，什么保障都没有了。

政策设计的初衷是缓解下岗职工的生活困境，但正式制度规定的结果，是工人们进中心的顾虑。面对制度落实中的问题，企业采取了变通的策略，制度执行的结果是有利于工人和企业的，企业落实再就业中心的政策时体现了浓厚的单位制情怀。在面对这一制度时，工人们的选择是理性的，是经过了成本收益计算的。工人们对这一制度的抵制，在一定程度上也表现了他们对企业的依赖。

工人们不愿意与企业解除关系，从 Y 厂的集资房建设中可以找到其选择的合理性。近几年，Y 厂利用原来家属区的一些空地进行了集资房的建设。企业在岗职工有资格参加，而那些离岗和离退休的普通职工则没有资格。在商品房价格快速上涨，而且还要承担入住费、物业费等额外费用的背景下，普通工人一般没有能力通过市场渠道解决住房困难问题。在工厂买集资房，一方面价格远低于市场价，另一方面省了一大笔入住费、物业费。虽然，作为普通工人在单位买集资房基本上拿不到好房源，但是企业经过几轮的人事变迁，留在企业有资格买房的人仍是少数，这样就增加了购房者选择的空间。

一位退休工人反映了他家的情况：

> 前几年，孩子都没结婚，负担重，工厂建房的时候，都没钱买，现在，孩子们都结婚工作了，一辈子没住上新房，这次集资我们也想买，但房源太紧俏了，就盖两栋楼，基本上都被当官的占了。我们就在厂里找了个人，顶他的名买房。

孙立平教授认为，市场经济转型使社会上的自由流动资源增加，自由流动空间加大。但作为改革过程中的利益受损群体，普通工人在体制外获取资源的能力是有限的。因此，在制度的变革过程中，体现出了对单位的依赖，在行动上表现为不愿意离开单位。通过国有企业落实的，旨在缓解职工生活困境的社会保障政策，虽然会与企业的经济理性产生矛盾，但是在相当程度上，企业采取了"有情操作"的方式。强制性的制度变迁和企业自身能力的约束虽然弱化了企业的福利动机和福利行为，但单位制情怀仍会对企业的福利行为产生结构性制约。

三 制度参与的机会结构

面对国有企业改革以来出现的大规模失业下岗人员，国家做出了一系列的制度安排，以保证这部分人的基本生活。其中与下岗失业人员联系密切的主要有，下岗职工基本生活保障制度、失业保险制度、最低生活保障制度，以及与他们有关的养老保险、医疗保险和工伤保险制度。在单位保障职能弱化的情况下，这样的制度安排应该可以缓解下岗职工的生活困境，保证他们的社会保障权益的实现。然而，制度的文本规定往往会与制度的实践过程产生偏离。产生偏离的原因既有制度本身设计的原因，也有作为"代理人"的企业在制度执行过程中对制度的细化、变通和偏离，还有下岗失业人员在其所面对的制度形塑的机会结构和个体特征之间做出的选择。以上三个方面，构成了下岗失业人员对相关社会保障制度参与的机会结构。

1998年以来，中央政府提出"三条保障线"政策。国有企业下岗职工在再就业服务中心最长可以领取三年的基本生活费。三年期满仍未实现再就业的，符合规定的，可以领取失业保险金，最长期限为两年。享受失业保险金期满，仍未实现再就业的，可以申请城市居民最低生活保障金。从2001年起，实行"两条保障线"政策，国有企业原则上不再建立新的再就业服务中心，下岗失业人员不再进中心，而是与企业依法解除劳动关系，按照规定享受失业保险待遇，实现下岗与失业并轨。到2003年年底，所有下岗职工都要出中心，转换身份直接表现为再就业或失业。企业建立的再就业中心，需要的经费，原则上独立核算的盈利企业和国有参股、控股企业由本企业承担，亏损的国有企业，实行"三三制"的办法，即财政预算1/3，企业负担1/3，社会筹集主要从失业保险基金中调拨1/3。但首先是企业出资，最后是"财政兜底"。中央企业由中央财政解决，地方企业由地方财政解决；失业救济金由中央和地方财政共同负担，城市居民最低生活保障资金来自地方财政，由社区负责执行；失业人员的生活保障由社会保险机构承担。[①]

如果上述的制度能够得到落实，将不会使国企职工在下岗后被直接推向社会。在一个比较长的时期里有固定收入，可以使生活得到基本保障。但在制度的实际运作中，作为执行"代理人"的企业，在企业利益的驱使下，会采取一些变通的行为，改变下岗职工制度参与的机会结构。

W厂是一家困难企业，在实施下岗职工基本生活保障制度的过程中，对政策进行了变通，制度的执行结果偏离了制度设计的初衷。

> 1997年，工厂效益不好的时候，动员我们这帮年纪大点的内退，说每个月给开基本工资的75%，一直到退休，一想

---

① 劳动和社会保障部编：《国有企业下岗职工基本生活保障和再就业会议文件汇编》，中国劳动出版社1998年版。

离退休也就不到 5 年了，要是能保证月收入也行，就签了合同。可谁知道，没开两个月，75% 就变成了 50%，到后来干脆什么都没了。

如果说"内退"职工的收入逐渐减少，是由企业经济下滑的原因造成的，那更为严重的后果是，这些职工实际上被包括下岗职工生活保障制度在内的一系列社会保障制度排斥在外。W 厂一个更过分的做法，被一位"退养"职工无意中发现了。

我到劳动局去反映企业不履行内部合同的事，无意中发现我自己在下岗的名单上。后来才搞清楚，从 1998 年开始，企业一直把我当下岗职工报上去，从来没给我发过下岗证，政府给的那个基本生活费也让工厂拿走了。我到厂里找，科长说，知道就得了，别跟别人说了。

企业的这种欺上瞒下的行为，把职工封闭在社会保障体系之外，侵吞国家财产，职工和政府在此过程中，都处于信息不对称的地位。更为严重的是，企业巧妙地利用了一系列为下岗职工精心安排的保障制度，使自己成为最大的受益者。

W 厂一位比较年轻的男性职工有着完全不同的经历，国家的一系列制度安排他都享受到了，问题在于，他并不是企业的下岗职工。

我是 2000 年下岗的，一下岗就给发了下岗证，也进了再就业中心，待了 3 年，每个月可以拿 170 元。2003 年出中心，企业又给办了再就业优惠证。实际上，单位给我办下岗，是可以从中捞取好处的。名义上下岗了，可我都正常上班，一天给几块钱。单位还规定，不办下岗证不让上班。我看，厂子这么做就是为了套国家的钱。我的工资就是政府的补助，加上每天的几块钱。他是拿着国家的钱给我们开支。为什么得办再就业优惠证呢，我们懒得办，企业都替我们办了,得到好处的是企业呀。就相当于企业雇用了下岗人员,可以享受税收优惠。什么好处都让企业给占了。

企业一方面把"老弱病残"的都送回家,另一方面安排年轻力壮的下岗,最后再以失业人员的名义将他们召回企业。企业一方面享受了政策的优惠,保证生产的进行;另一方面,使真正的下岗职工被拒于正式的社会保障制度之外,因为他们不符合失业下岗人员的身份。企业巧妙地利用国家政策,改变了下岗职工对社会保障制度参与的机会结构。

另外,大多数国有企业因为效益不好拖欠职工的保险费,导致许多国有企业的下岗职工不能顺利并轨。J省于2005年年底完成的国有企业改制工作,改制的完成对保证下岗失业人员的社会保障权利是一个良好的开端。国有企业完成并轨的前提是清理对职工的欠账,包括各类社会保障欠账,这可以保证职工与企业脱离关系后,有一个进入基本社会保障制度的入口。

然而,并轨工作主要是针对国有企业下岗职工的,集体企业的职工要进入新体制还存在一定的困难。这样就在事实上把集体企业的职工排斥在外。由于大部分集体企业并没有给职工缴纳养老和医疗保险,而政策也没有明确规定企业在与员工解除劳动关系时必须给予员工一定的补偿,这样就导致集体企业的职工没有养老和医疗保险的账户积累,需要他们自己补缴这部分费用,从而增加了他们进入制度的成本,对于本来就生活困难的他们来说,这无异于直接将他们封闭在制度之外。

按照制度的规定,下岗失业人员的各种保障由原单位负责,失业后就进入市场,由用人单位与个人共同承担社会保险费用。但在实际的制度运行过程中,要么原单位没有为其缴纳社会保险费用,要么重新就业的单位逃避为职工缴纳社会保险费的责任。因为,在当前的体制下,社会保障制度覆盖的主要是城镇各类企事业单位,对于其他所有制类型的经济部门,缺乏必要的强制力。

2005年,J省社会保障状况的问卷调查显示,作为社会保障制度运行过程中的主体，企业还存在缺位的现象。24.2%的调查者明确表示企业有欠缴社会保险费的行为，有20.2%的人无法肯定企业已经按时足额缴纳了社会保险费。对于企业欠费的原因，10.7%的被调查者认为企业存在故意拖欠的动机，更多的被访者认为企业可能存在财务困难。

制度的实践效果，最终取决于制度与制度的目标群体之间的互动关系，是一个充满策略性的互动关系和过程的产物。虽然相关制度为下岗失业者设定了基本框架，对下岗失业人员的制度参与行为具有决定性的作用，但在这种实践关系中，行动者对制度的参与构成制度赖以运作的必要条件。下岗失业者虽然面临制度设定的种种约束，但他们并不是完全被动的行动者。吉登斯认为，制度作为一种规则的实践或实践的规则，制度的作用对象不是被动的承受者，制度也不是外在的制约结构，而是内在于行动之中的，是制度实践过程中各方参与者行动"结构化"的产物。失业下岗人员的性别、年龄和家庭收入因素等方面会对他们的制度参与行为产生差异性的影响。

作为制度目标群体的下岗失业人员，在与原单位脱离关系后，以对单位的高度依附为特征、涵盖其职业和生活几乎全部方面的再分配体制及相关制度在他们身上发生了抽离，个体不得不独立地面对市场机制，这个制度性变迁重塑了他们置身其中的机会结构。面对不同以往的生活保障制度，在某种意义上，他们具有了"自由"的选择权力，既可以选择参加，也可以选择退出，包括因收入和制度原因客观上无法参与或者所谓"用脚投票"式的不参与。[①]

下岗失业者生存状态的边缘化，伴随着国企改革的整个过程。历经多年的国有企业改制，已经彻底打破了传统再分配体制下工人对国家的组织性依附和庇护主义关系，彻底改变了这个群体的生存保障原则。在与企业解除劳动关系后，他们只有依靠自己缴纳社会保险金，为自己的生存保障负责。

[①] 孙立平等：《动员与参与——第三部门募捐机制个案研究》，浙江人民出版社1999年版，第63页。

收入水平构成下岗失业人员是否缴纳社会保险金的关键因素。他们的选择行为直接受制于家庭收入的多少。问卷分析的结果表明，在对现在是否愿意参加保险问题上，经济收入较低、就业不固定的人群选择没想好的比例要高于经济收入相对较高、就业稳定群体的比例。在没有参加社会保险的原因中，三个最主要的原因分别为：76%的人选择了"经济收入低廉，交不起社会保险费"；64.4%的人选择了"单位没有参保"；还有61.3%的人选择了"个人缴费率过高"。

对于城市的普通就业人口来讲，基本的社会保险是一种生活必需品，而且具有一种国家强制的性质。从理性人的假定出发，缴纳社会保险金，尤其是养老和医疗保险，事关个体和家庭的基本生存安全，从风险意识和成本收益角度衡量，个体不会轻易处之。

调查对象中的一位65岁的老年妇女讲了她家里的事：

> 我50岁退休，现在家里有8口人，老伴与两个儿子、儿媳都在一家工厂上班，还有两个孙子，现在我和老伴的退休金一个月就800多元，大儿子的月工资就300多元，老儿子去年买断工龄就给了1400多元。我不担心自己的生活，我和老伴每个月有800多元，够生活了。就是担心孩子们老了，没收入怎么办？前几天，儿子病了都不去医院看病，就躺在床上掉眼泪，刚刚下岗，心里不舒服。实际上，孩子们年轻的时候吃点苦，不算什么，就怕老了没人管。你看，我就让老儿子自己去社保交保险。

访谈对象中的另一位年轻职工对参加社会保险持一种完全不同的观点：

> 我34岁，两口子加一个孩子，去年8900元买断了10年工龄，现在没固定收入，临时找点儿事做；我父母退休了，能接济点儿我。我对以后没什么信心，这钱现挣现花还不够，顾不了那么多，得先吃饭，孩子还得上学。就是参加了

社保，到时候就发300多元，也不够用，还不如靠自己，每个月往银行存点。要是不下岗，厂里给交大部分，自己只交一点，也无所谓。现在全靠自己交社保，饭都吃不上，还顾得了那么多。

一位买断后继续参加社会保险的调查对象，道出了下岗后生活的窘迫。

> 我今年48岁，再交12年，我就可以拿退休金了，虽然现在生活困难，紧巴巴的，12年后的事情不好说，那也不能肯定我就不能再活20年，保险金还得交。交养老保险一年将近2000元，好在我家只交我的就可以了，要是交两个人的，那可就承受不了了，现在都跟头把式的。

在调查中发现，年龄越大的下岗职工，继续缴纳社会保险的可能性越大，而且女性续保的比例高于男性。要不要缴纳社会保险，虽然是在收入水平制约下做出的决定，但在很大程度上并不是由收入因素决定的。下岗失业人员会尽量压缩其他开支，在收入预算的约束下，为了解除后顾之忧，采取缴纳社会保险费的制度参与行为。

在制度安排和个人因素造成的机会结构中，国企职工的社会保险行为是一种理性选择的结果。这个理性不只是经济理性，更重要的是生存理性。面对生存水平的约束，国企下岗失业职工会对包括社会保险金缴纳在内的不同问题的重要性和迫切性进行权衡和比较。对于处在"水深齐颈"状态下的下岗失业人员来讲，可具选择的空间相当狭窄。他们的算计实际上是"生存水平"下的"理性选择"行为。虽然可以对家庭收支进行计划安排，但强硬的约束并没有给出更多的机会和余地。对大多数下岗失业者来说，如何生存构成了基本的生活主题。在面对不利的机会结构、沉重的生活负担以及低收入造成的强硬约束时，他们的行为模式打上了深深的生存理性特征的烙印。在迫不得已的情况下，他们至少还可以选择退出。[①]

第三节　改制过程中职工保障的形成与演变：以 YT 厂为例

一　改制与职工保障政策的"落实"

YT 厂是一家生产手枪的军工企业，于 1964 年建厂。1985 年开始军转民，通过银行贷款 6700 万元，在 1986—1989 年进行了大规模的搬迁，到 C 市后，与当地一家濒临倒闭的企业合并，共有职工 2200 多人。曾放弃了与一家大规模盈利国有企业合并的机会，同时，由于新开发的产品不符合市场需求，企业陷入经营困难的局面。1994 年连续 10 个月没开工资，厂内 1500 多工人进行上访，冲进了省政府。事后，原厂长被撤换，新任厂长又在银行相继贷款 9000 多万元，用于设备改造和厂房建设。到 2005 年为止，YT 厂仍然是同类企业中技术加工能力最强、设备最好的。由于房改，企业欠职工的工资和房改款进行了充抵，并用政府拨款解决了拖欠工资的问题。1995 年开始，厂内大部分工人开始放假，工厂搞了分厂承包制。1997 年，大规模的下岗开始，下岗工人达到 800—900 人。1999 年，企业建立了再就业服务中心，给下岗职工发放了两年的基本生活费，通过这种方式，工厂只剩下四五百在岗工人。

2005 年，YT 厂进行了改制。与企业解除劳动关系的经济补偿金为 710 元/年，涉及下岗职工 700—800 人，在落实政府关于职工社会保障政策的过程中，出现了一些问题。

虽然在改制的过程中，YT 厂被列为困难企业，可以享受政府 80% 的财政补贴，但工厂的一位老退休工人反映了这样的情况：1999 年后，企业开始为一家大型工厂生产配件，企业的年利润为 700 万—

[①] 毕向阳：《制度与参与：下岗失业人员缴纳基本养老保险行为研究》，《社会学研究》2005 年第 2 期。

800万元。在这种情况下，企业确定的经济补偿金标准太低，而且并没有通过职工代表大会的同意，就通过了方案。对于与企业解除劳动关系的工人，YT厂也没有落实他们的医疗保险，对养老保险的落实情况，工人们也说不清。

> 我们这些下岗买断工龄的没有医疗保险，人家说，厂子在报改制方案的时候，为每个工人报了每年16000元的医保金，但我们并没有医保手册，管工厂要，厂里就说，要就来拿吧，缩水变成10000元了；更缺德的是，这10000元还得分3年领。养老保险，有人去社会保险公司查，也查不准，好像还有欠账。

老年和疾病是失业下岗群体面对的两个最大风险，企业改制对养老保险和医疗保险的落实情况，将直接影响到他们未来的生活。在与企业解除劳动关系的职工中，只有130多个人离退休不到10年，其余都是30—40岁的年轻人。虽然大部分为技术工人，但在劳动力供大于求的情况下，找到一份稳定的工作是很困难的。因此，对很多人来讲，要继续参加养老保险，就要每个月向社保公司缴纳200多元，在家庭收入支出的预算约束下，很多人将被排斥在养老保险制度之外。如果改制过程中，企业不能补缴对职工的社会保险欠账，作为市场经济主体，企业不可避免要面临破产、倒闭的风险，企业对职工社会保险的欠账，将有可能由职工、社会和政府承担。

在改制前，YT厂可以为住院职工报销部分医药费。原则上，报销的比例为80%，但据职工反映，报销比例最多也就50%，而且手续烦琐，需要至少5道手续。如果想要借款，不但程序复杂，而且每次最多借款1000元。

> 你要是得个急病、大病啥的，借钱跑都跑不过来，咱这厂子都穷，这有多少人，都有病治不起，拖死了。

尽管改制前职工医疗问题由于受到各种因素的限制，还不尽如人意；但改制后，在没有任何医疗保险的情况下，当面对疾病风险时，职工只有通过个人能力去解决。

根据 YT 厂的改制文件，工龄满 30 年或离退休时间不满 5 年的职工，可以选择与企业解除劳动关系或内退。如果与企业解除劳动关系，可以按照工龄以 710 元/年的标准拿到经济补偿金，但退休之前的社会保险主要是养老保险，需要个人负责，企业也不负责医疗保险或医疗费用的报销。如果选择内退，就在拿到经济补偿金的 15 日内，把经济补偿金送还企业，企业负责缴纳养老保险和医疗费用的报销，同时企业按当地居民的最低生活保障标准逐月发放生活费。

符合条件的职工，都可以从企业拿到 20000 元左右的经济补偿金，按照每年需要向社会保险部门缴纳 2000 元养老保险计算，5 年需要缴纳 10000 元，按照现在的低保标准，5 年可以领到 10000 元左右生活费。在这种情况下，几乎所有的职工都选择了内退，因为在 50 岁左右的年纪，考虑到要承担较大的疾病风险，他们愿意以部分经济损失把疾病带来的经济风险转嫁给企业。当然也有选择买断的，有一名职工还剩两个月就退休了，通过买断就可以获得经济补偿金，而且退休之后可以享受养老保险和医疗保险。

二 博弈：没有组织起来的集体行动

20 世纪 80 年代以来的国有企业改革，既是国有企业市场化的过程，也是政府、企业和职工利益分化的过程。国家制定的旨在缓解国企职工生活困境的社会保障政策，都需要他的代理人基层政府和企业去执行。在政府对企业控制弱化的情况下，政策落实的过程存在严重的信息不对称问题。既是对职工的社会福利和社会保障权利的落实过程，也是相关主体的利益博弈过程。但是，在这个过程中，国有企业的职工始终处于最不利的位置。

在访谈的过程中，了解到这样一件事：2003 年，YT 厂的家属住宅区进行了供暖系统的改造。在 2003 年之前，家属区的供暖一直由企业直接负责。集中供热本无可非议，但改造的过程和后果却引起了企业职工的不满。

2003年6月，厂里贴出通知，要对家属区的供热进行改造，要求大家交钱，改造就交钱呗，那没啥说的，我们这帮人实在呀！每家都得交个千八百元的。后来，有了解政策的，到有关部门去查文件，文件上写得明明白白，供热改造"谁受益，谁花钱"，明明受益的是热力公司和工厂，我们花什么钱？再说了，收钱时是按照1寸管的成本收的，改造的时候，就变成6分管了。厂里有个退休的老工人，就组织我们到工厂去找，他自己花钱让这帮人一起组织起来，坐公交车去的。我们到那儿一说，你猜怎么着，他们说，用6分管是有原因的，口口声声地说，6分管散热均匀。糊弄小孩吧。我们那个带头的就说，要用你们领导自己用吧，我们都用1寸管。你们商量商量吧。结果这些人在办公室里头，半天也不出来。我们那个带头的一脚就把门给踢开了，他们还说，再等个三五分钟。头儿生气了说，三分钟、五分钟再加两分钟，就给你们十分钟。这一找，我们暖气改造用的都是1寸管。用6分管和1寸管成本要差5万块钱呢。

事情并没有就此结束。暖气改造一完成，厂里又贴出了新的通知，企业将不再负责冬天的供暖，一切费用由个人承担。

找哇，我们就到省里找文件，他们都是一伙儿的，不告诉我们，我们就问，那你们机关给报多少，他们就说全报。我们就去市里找文件，市文件规定应该由单位承担60%，我们属于省属企业，不能报100%，报60%甚至50%，我们都挺满足的。你看，从2003年到现在，我们一分采暖费也没从企业报过。

集中供热是不可避免的趋势，可以减轻企业办社会的负担，剥离企业承担的社会职能。有关政策文件规定，企业应该为职工报销部分供热费用。在国有企业经济普遍困难的情况下，职工的这部分权利缺少基本保障。在建立现代企业制度的过程中，企业利益和职工利益一直处于分化和对立的状态。减轻企业社会职能的本意不应该是企业以经济效益为名摆脱对职工承担的一切福利职能，而是应该以更经济的方式为职工提供工作福利。

以剥离企业社会职能为目标的社会保障制度改革，影响的主体主要是国有企业，尤其是困难企业。而对于机关事业单位和经济效益好的能源和垄断性行业而言，其社会保障和工作福利获得的方式与计划经济时代并没有本质不同，当机关事业单位、垄断性行业和部分盈利企业控制资源增加，职工福利增加的情况下，大部分亏损国有企业职工的保障和福利资源呈现下降甚至消失的状态，这无疑会加剧社会分化程度。

YT厂暖气改造的过程，是一个职工与企业进行利益博弈的过程。企业行为具有"挤牙膏"的特征，在暖气改造的费用问题上，企业利用了职工掌握信息不充分的情况，使这部分本该由企业或热力公司承担的费用转嫁给职工；在改造使用的基本材料方面，如果没有职工的集体行动，就会有"缩水"的情况出现，企业的行为具有一种投机的性质；但在取暖费的报销上，职工的抗争是无结果的。

在这个涉及每个家庭利益的暖气改造中，出现整体利益受损的情况时，大部分人采取了观望、等待和接受的态度。如果没有组织者出现，这个过程就会被企业行为左右，导致职工利益的损害。

当个人利益受损时，举起法律武器，仍然不能维权。

> 我们厂有个女职工，30多岁，上班时，整个右手手掌被绞到机器里了，工伤鉴定后，厂里得给她办退休。可厂里就不给办，每个月就给40多元，够干啥的。后来起诉到法院，法院判决结果，是赔偿、退休好几项。厂里就上诉，别的要求都取消了，就维持了退休的原判。那太明显了，任谁看一眼也是符合退休条件。判了有啥用，到现在还不是每个月就拿那几十元，法院也不强制执行，我们厂，年赢利七八百万元，办个退休有啥难的。

第七章　国有企业改革中职工的生活困境与制度参与 | 213

2005 年的改制，YT 厂的职工对经济补偿金的数额以及养老、医疗、采暖和住房公积金政策的落实情况，也有很多不满。2005 年改制以来，该企业已经组织了很多次家属区会议和上访。从家属区贴出来的通知内容看，工人们采取了"以理抗争"的方式。

> 工厂要改制，不得先报方案做预算，然后再操作吗。我们厂实际上，年赢利不到一千万元，给领导发奖金的时候，就让保密；往上报账的时候，就是亏损企业。按照省里政策规定，困难企业能从政府那里拿到改制费用的 80%，剩下的由厂里筹集。我们厂资产评估就几千万元，实际上，连厂房、设备和土地我们厂的资产至少有一亿元以上。我们的经济补偿金太低，也没有通过职工代表大会。再说，省里的改制文件不是要求几个落实吗，也都没到位。像那个取暖费，尤其是住房公积金都没有。去年，一开始我就组织大伙儿维护自己的权利，可大部分人都宁肯相信工厂，也不愿意去找相关的文件，老百姓都愚昧，我们没去工厂找，找了也没有用，就直接上访，有一次雇了两个大客，大伙上车后，听那个司机说，找什么呀，没用，竟然都下车了。你说气人不？这些人哪，难组织，还有的怕去了被抓起来什么的。我们是有共同利益的，要是政策能落实，每个人尤其是年龄大些的，还不能拿回来几万元？我退休好几年了，孩子们都不在厂里上班，我张罗完了，也不会有太多好处。而且我这人，越是涉及我的事，我越是提一下就得，越是别人的事，我就得越说道说道。我挺有号召力的，大伙都能听我的。让我号召几百人，那是没问题的。后来，我也挺生气的，那些年轻的还不如我们这些年龄大的，根本就不懂政策，不关心。我张罗着也没有意思，去年冬天，我就撤出来了。还有个老头，接着组织。他不行，他就关心自己的事，他三个孩子都在我们厂上班，去年买断，他就到处找，不是有一些政策没落实吗。他和我不一样，他是只管自己的事，和自己没关系

的，他连提都不提，他没有号召力。不过，他对政策特别了解，要是在报纸上看到一个什么有关的政策，他就剪下来，他都贴了好几本了。今天，他又去市里反映情况去了。前一阵，听说那些年轻的还一人集了几块钱。我看，再闹也没用。

从YT厂职工福利和保障政策的落实看，职代会和工会没有发挥作用。在几个涉及职工具体利益的事件中，没有通过职代会或工会组织与企业协商，而是采取了直接找企业、找政府或找法院的方式解决问题。

在企业改革的过程中，当职工的社会保障权利受到侵犯的时候，YT厂的工人们采取了一些行动试图减轻对他们的不利结果。当改制进程无法逆转时，他们行动的目标是落实有关政策规定的应得利益；行动的组织和要求的提出都是在现行制度允许的范围内展开的，即采取了合理合法的方式维权；集体行动的动员以在工厂住宅区张贴海报、宣传政策为主要形式，集体利益受损时，集体行动的组织存在困难；由于权利和信息的不对称，大部分工人对工厂的制度安排采取了顺从接受的态度；改制过程中，缺乏工人表达利益的制度化渠道和组织，改制结束后的维权行动，仍处于自发和分散的状态，组织化程度不高。

事实上无论在何种经济和管理体制下，对工人来说，组织自己来跟管理方争取任何决定权力都是困难的。中国的职代会是从计划经济时代继承下来的，但是以市场化为导向的经济和社会转型，使社会主义的政治和经济环境发生了变化，职代会依存的制度变得更具有资本的性质。

如果职代会能够行使法律赋予的权利，中国的国有和集体企业的工人享有的权利可能比任何资本主义制度下的都要多。但是现实中职代会在实现权利方面，却面临极大的困难。绝大多数职代会仅仅作为一个正式的制度存在而已。由于实行企业改制，管理权利的扩大和私有化趋向,削弱了职代会的功能。[①] 在企业改制的过程中,有关改制决议必须经过职代会的通过或变成一纸空文或流于形式。在改制涉及的各利益主体权利不对称、信息不对称的情况下,企业职工缺乏利益表达的制度化渠道和维权的制度化组织。

国有企业改造过程中,对工人集体行动的解释主要有"分化理论""顺从理论""传统反抗理论""受害者理论"和"压制理论"。持"分化理论"的学者认为,国企改革过程中,之所以没有出现大规模的工人集体行动,是因为减员的过程首先是以单位内部的"择优"形式完成的,使国企工人在年龄、技术层面发生分化,下岗工人们对弱势地位的自我认同,使被分化的工人群体无法团结起来采取行动。[②] 刘爱玉认为,多数工人在具体改革过程中从情境理性出发,采取了服从、消极退出、个人倾诉的方式表达不满,总体来说表现的是一种顺从行为。持"传统反抗理论"的学者认为,工人们是具有强烈抵触情绪的,但是工人在抗议中诉诸的权利观念,仍然是根植于计划经济体制的那种权利观念,他们还没有能够依据已经变化了的所有制关系,重新理解和定义自己的权利,并为争取这种权利而展开行动。工人对企业改制的抗议,并不反映他们已经产生明显的阶级意识,目前的政治体制限制了工人认识和保护自身利益的能力。[③] 持"受害者理论"的学者认为,国企改制对工人利益造成了制度性侵蚀,改制包含着一系列对工人的严厉措施:如集体下岗、丧失福利、恶化的工作条件等。工人在丧失国家有效保护的同时,因为没有自己的组织,逐渐成为市场和专制管理的受害者。[④] "压制理论"认为,国家角色并未呈现出减弱的趋势,而是从直接控制转为外部的宏观调控,各种用来调

[①] 朱晓阳、陈佩华:《职工代表大会:治理时代职工利益集中表达的制度化渠道》,载冯同庆主编《中国经验:转型社会的企业致力于职工民主参与》,社会科学文献出版社 2005 年版,第 30—51 页。

[②] 佟新:《社会变迁与工人社会身份的重构》,《社会学研究》2002 年第 6 期。

[③] 陈峰:《中国的企业改制与工人抗争》,"市场经济下的中国工会与工运研讨会"论文,2003 年。

[④] Lee, Ching Kuan, 1999, From Organized Dependence to Disorganized Depotism: Changing Labour Regimes in Chinese Factories, China Quarter 157.

节社会秩序的社会政策都会对劳工政治产生重要影响。生产组织以"失序专制主义"替代了"新传统主义",在市场社会主义的社会结构下,工人阶级的型构不但受到经济资源分配的影响,也关乎权力、道德、文化观念和社会冲突的根本重整。[①]

TY 厂的事件表明,在利益一致的情况下,集体行动的组织存在困难。第一,"搭便车"的心理普遍存在;第二,要不要参加、怎样参与集体行动的决策是经过成本收益计算的,出于"找了也解决不了问题"的心理和对参与集体行动可能产生不良后果的惧怕,很多人选择了"接受"和"退出";第三,在利益受损的情况下,自发的集体行动没有出现,组织者的出现是集体行动得以实现的前提;第四,不同年龄群体的职工,维权意识不同,对于改制的体验不同,年龄越大的职工,负面体验越深刻,越可能成为集体行动的组织者。

国有企业改革改变了职工获取资源的渠道,降低了职工对企业的依赖程度。在落实国家社会保障政策方面,企业行为直接影响职工社会保障权利的实现程度。在自身利益受损的情况下,国有企业职工缺乏制度化的表达渠道,采取行动维护利益时,组织化程度不高。一切社会保障政策的落实,都是在既定结构性条件的制约下,在各自利益的引导下,在企业与职工之间展开的博弈行为的结果。对普通职工来讲,国有企业的市场化改革,在切断职工国有身份的同时,也切断了他们获得单位福利和保障的途径。无论离开企业的生存状态如何,他们都经历了一个由体制内到体制外的身份转换过程,与此相伴的是他们中的大部分人正在被隔离在正式的社会保障制度体系之外。社会参与方式和资源获得途径的改变,使这一群体处于利益受损和地位降低的处境,通过就业使他们获得生存保障,并将他们重新纳入社会保障体系中,对维持经济发展和社会稳定具有重要意义。

[①] 佟新:《延续的社会主义文化传统——一起国有企业工人集体行动的个案分析》,《社会学研究》2006 年第 1 期。

第八章　后单位制时代的国有企业福利重构

1980年以来，单位社会面临着前所未有的挑战和冲击，随着中国政府陆续出台一系列措施，一种打通体制内与体制外壁垒、全面建构市场环境的新型社会已隐隐浮现出来（杨晓民、周翼虎，1999）。

第一节　后单位制时代国有企业福利重构的必要性

关于单位制日渐式微后，中国社会形态未来的发展方向大致有两种不同的见解。有学者认为，改革以后，单位体制逐步被解体，单位的传统功能日渐弱化，过去的单位组织在分化、瓦解和再组合，中国城市社会的结构格局开始演变为既不同于现代市场经济国家，又不同于传统计划经济时代的过渡型社会状态，学术界将其形象化地描述为"后单位社会"，意指传统"单位制"对城市社会的影响逐渐减弱但未完全消失的阶段（何艳玲，2005）。也有学者认为，单位制在中国并未瓦解，而是在行政和社会职能弱化的同时，"单位"的利益更加独立化和内部化（孙立平、王汉生、王思斌等，1994）。从"管理型单位"走向"利益型单位"的过程中，个人与"单位"之间的关系从传统被动行政式依附向契约型关系转变，形成个人对单位的"利益依赖"。特别是占有自然资源和政策资源优势的国家限制介入性大型国有企业，正在形成"新单位制"的格局，个人从对国家的依赖转变为对企业的依赖，企业成为新的利益共同体（刘平、王汉生、张笑会，2008）。学者们对单位社会的未来发展方向或有不同见解，但不容否认的事实是，虽然单位不再是社会的唯一组织形式，但是"由于中国社会主义制度的延续性，使'单位'的一些根本特征仍未发生明显改变"。[①] 市场化的进程无法彻底斩断单位制的影响，个体行动者和组织行动者的福利行为都会沿袭传统体制的"惯性"，延续单位制度中的行为习惯和决策逻辑。

20世纪90年代全面市场化改革以来，单位功能弱化与单位返祖现象相互交织、单位运作机制与市场运作机制并存的社会发展阶段及其运行状态被称为后单位社会。"后单位社会"表达了两个方面的含义：其一是结构层面，在现有的社会结构成分中，既有传统结构成分的遗存，又有新的结构因素的发育，社会组织结构呈现出多元化的状态；其二是体制和制度层面，传统单位制度在城市社会中并没有随着改革的推进而消失，而是表现为一种制度的惯性。在"后单位社会"，由单位组织所承载的"公共性"开始递减，这种递减的趋势与国家控制权力的下放和社会组织的分化相伴随。同时，改革中遗留下来的单位组织作为一个利益主体和整体的意义日益突出，在社会资源的占有和支配日益单位化的情况下，形成了一种越来越强烈的利益单位化倾向（田毅鹏、吕方，2009）。

"后单位社会"是对社会状态的一种描述，但是，这种社会形态所隐含的意义不仅是一种单纯的结构状态和体制特性，更重要的是，在实际社会生活中的具体制度实践的表现，也就是其动态的实践特性（武中哲，2014）。走向消解过程的单位组织经历的变化是复杂的。其突出的表现是，各单位组织逐渐由"管理型单位"向"利益型单位"转化，单位承载的意识形态因素和政治要素开始退居为背景，单位逐渐成为一个福利共同体（田毅鹏、漆思，2005）。

在不完全市场经济条件下，由于受非严格市场主体性约束的影响，部分国有企业可能出现寻求职工福利最大化的社会保障选择偏好。由于企业经济成本收益分析对企业盈利不起应有的作用，最终评估企业的标准依赖于一些社会政治因素等非价格信号，因而企业在成

[①] 李汉林：《变迁中的中国单位制度：回顾中的思考》，《社会》2008年第3期。

本决策的过程中，会考虑软预算约束的预期，导致企业的工资收入分配和企业福利安排脱离企业可控制资源的约束，而且可以通过各种办法调整最终的利润，例如通过价格和税率等途径消化企业的成本支出，形成企业福利的过度发展，也造成企业之间、行业之间存在过大的福利悬殊，形成新的社会不平等，加剧了社会排斥的深度。这正是目前中国绝大部分国有企业进行企业福利安排时出现的现象（万明国，2005）。最为极端的例子是国家电力、电信等垄断行业仍然进行计划性资源分配以至于被保护的行业或企业获得超额垄断利润，而这些利润又有相当一部分通过企业福利的形式转化为这部分国有企业职工的个人收益权。

英国社会政策先驱学者蒂特马斯把所有为了满足某些个人需求或为了服务广泛社会利益的集体干预划分为三种类型：社会福利、财政福利和职业福利。社会福利包括国家福利和社会服务；财政福利是指具有明确社会目标的特别减税和退税措施；职业福利是指与就业或缴费记录有关的由企业提供的各种内部福利，可以现金或实物形式支付，常常由政府依法强制实施，如企业补充养老和医疗保险、子女教育和住房补助、带薪假期等。蒂特马斯认为，社会福利只是社会政策的"冰山一角"，而财政福利和职业福利则是"社会政策冰山的水下部分"，在社会政策中占主体地位。[1] 职业福利的很多内容实际上是社会福利项目，跟社会服务和财政福利相互重叠。蒂特马斯宣称，不少职业福利无疑表达了维持良好"工业"人际关系的意愿，而它也是"良善"雇主形象的一部分，它所奉行的原则是基于工作表现、职业成就和生产力来满足社会需要。[2]

计划经济时期，以单位为依托的职业福利主要承担着社会福利的职责，国家通过单位实施的"高福利"作为对劳动者"低工资"的回报，劳动者的保障权益沉淀在国有企业的资产中，难以实现自由流动。自市场化的改革启动以来，原来仅覆盖全民和集体所有制企业员

---

[1] 黄晨熹：《社会福利》，上海人民出版社2009年版，第13页。
[2] 蒂特马斯：《社会政策十讲》，江绍康译，商务印书馆1991年版，第127—130页。

工的单位保障制度实现了社会化改革，扩大了覆盖面，并逐渐建立了多层次的社会保障体系。

依据企业福利与国家强制性法令的关系可以把由企业提供的福利划分成两个层次：第一个层次是法定（或强制性）福利层次，作为职业福利的基本层次，主要包括国家通过法律和政策规定的各类社会保险和法定休假等强制性福利内容。第二个层次是非法定（或自愿性）福利层次，是雇佣方根据自身条件和需要有目的、自主地为员工提供的补充福利，是职业福利的较高层次。不同行业、机构之间职业福利的差异性主要体现在非法定福利方面。

城镇职工享受的法定福利可以概括为五险一金，主要包括养老、医疗、失业、工伤、生育五项社会保险以及住房公积金制度。其中，养老和医疗保险采取社会统筹与个人账户相结合的方式，由用人单位和被保险人共同缴纳，既体现了社会保险统筹共济的功能，又强调了个人责任；失业保险采取社会统筹的方式，由用人单位和职工分别按2%和1%的比例共同缴纳；工伤和生育保险由用人单位单独缴纳；住房公积金制度在住房市场化的环境中为解决职工的住房问题发挥了重要的作用，住房公积金由用人单位和职工共同缴纳，实行专户存储，归职工个人所有。上述各项法定福利的缴费都是以职工基本工资为基数按照相关的标准缴费，所以在享受待遇方面，明确规定有个人产权的部分可以体现不同单位之间的福利差别，如缴费工资基数较高的职工在养老和医疗保险的个人账户中就沉淀更多的资金；住房公积金制度是职工按照国家规定的标准缴纳后，企业按照职工缴费基数给予补贴，补贴标准从缴费基数的1倍到2.5倍不等。不同地区的不同企业之间职工的住房公积金差别是非常明显的。2015年1月12日发布的《2014年中国企业员工福利保障指数大中城市报告》中的数据显示，在非保险类福利满意度调查中，表达"不满意""非常不满意"的员工中，对住房公积金问题不满的人最多，占96.2%，其中归因为"企业目前无此项福利"的占57.5%，认为"此项福利提供不够充分"的占 39.5%。①

从中国企业目前提供的非法定职业福利的内容看，包括货币、实物和服务三种类型，并可以被进一步划分为法规补充型和工资替代型。② 法规补充型福利主要指除国家法定社会保险之外的福利，如各类补充保险、照料福利、商业保险、住房财产保险、职业教育和工作培训等。工资替代型职业福利主要包括企业为员工提供的无息或低息贷款、按揭贷款补贴；一次性住院补助、婚丧补助等困难补助；员工住房安置；餐饮补贴（包括内部餐厅设施）、公共交通补贴、降温或取暖费用补贴；健康检查等。非法定职业福利的内容与计划经济时期的单位福利有许多相似之处，尤其是众多工资替代型职业福利几乎就是计划经济体制下由单位向员工提供的福利翻版。但此时的职业福利已经超越了所有制类型的限制，是企业根据自身能力、意愿和发展需要为职工在法定福利之外提供的补充福利。

市场经济体制逐步建立健全的过程中，国有企业转变成"利益型单位"和专门的生产组织，实现了市场经济下福利体制的重构。计划经济时期，单位福利主要承担着社会福利的职责，"大而全"或"小而全"的单位组织秉承平均主义为企业职工提供由"摇篮到坟墓"的福利，各类公有制单位基本都是依照国家的统一规定举办职工福利，单位自主性的福利项目很少。因此，不同行业间的福利水平差别不大。向市场经济转型以后，企业拥有了较大的经营和用人自主权，得以根据企业效益自行设计员工的非法定福利项目，不同行业不同机构间的职业福利逐渐显示出较大的差异性。随着多种所有制形式经济主体的增多，公有、私营、外资等不同性质企业间的职业福利差距更是明显，福利水平出现了分化。③

2015 年 1 月 12 日，由中国保险行业协会、中华全国总工会劳动

---

① 《我国企业职工福利保障处于基础水平》，http://news.hexun.com/2015-01-13/172317688.html。
② 丁学娜：《职业福利补充功能的定位》，博士学位论文，南京大学，2013 年。
③ 杨艳东：《当前我国职业福利失序现象及其社会影响》，《理论与实践》2009 年第 4 期。

关系研究中心、中国社会科学院社保研究中心联合主办，平安养老保险股份有限公司承办的《2014年中国企业员工福利保障指数大中城市报告》（以下简称《报告》）在北京发布。此次发布的报告选取了全国50个具有代表性的大中城市进行调研。调查中的"员工福利"指一段时间内具有企业员工资格的人获得的所有非直接的经济报酬和保险产品，用于改善员工工作和个人生活质量以及防范各种风险的制度安排。《报告》显示，不同类型、行业、规模企业员工福利指数"分化"明显。从所有制类型看，国有企业的员工福利保障最好，保障范围最宽泛，但取得的条件也最为苛刻；外资企业中，公平性①很强，约束最宽松，员工评价也最高；民营企业排名则在最后。从企业规模看，随着企业规模的缩小，员工福利保障指数也相应降低。综合来看，社会保险在企业的覆盖范围较好，超过九成；商业补充保险和非保险福利②的覆盖范围不够理想，其中商业补充保险的覆盖面仅占被调查企业的55%左右。同时，企业已经提供的商业补充保险项目并没有完全涵盖职工可能遇到的所有风险，商业意外保险和重大疾病保险等规避"疾病风险"产品在已提供商业补充保险项目的公司中的普及率为六成左右，而企业年金和商业补充养老保险等规避"长寿风险"产品在已提供商业补充保险项目的公司中的普及率仅为四成左右。调查显示，目前企业每年为员工提供商业补充保险支付的费用占全体员工工资总额（税前）的比例平均为12.1%。未向员工提供商业补充保险的企业中，有八成表示"已提供社会保险，无力承担商业补充保险"。《报告》还显示，我国大中城市企业员工福利指数为66.5，处于基础水平。③ 总体而言，我国员工的社会保障总体水平还处于比较初级的起步阶段，覆盖的企业和职工的人数还不够多，但与此同时也显示出不同企业和职工在福利待遇上存在较大的差距。

---

① 公平性的衡量是以企业是否为职工取得相关福利设定条件限制，如工作年限、工作表现和职级要求等。

② 非保险福利包括住房公积金、过节津贴、旅游、体检、工作时间弹性、礼品等。

③ 《我国企业职工福利保障处于基础水平》，http://news.hexun.com/2015-01-13/172317688.html。

国有企业在法定福利和非法定福利方面都明显高于其他所有制类型的企业。企业是否能够为员工提供优厚的福利待遇可以归结为三个方面的影响因素：首先，作为市场经济主体，利润是企业的首要目标，具备一定的盈利能力是企业提供员工福利的前提条件；其次，法律约束和政府规制是企业为员工提供福利的制度保障，现代市场经济国家都有相关的法律、法规和政府管制保障员工的福利；最后，企业员工作为保险受益人是否有制度化的途径与企业就福利问题进行协商和沟通，发达的西方经济体在这方面积累了丰富的经验，国内还缺乏相关的制度建构。为什么国有企业更愿意提供高水平的员工福利，对国有企业而言，与其他所有制类型的企业在员工福利方面面临的制度约束是相同的，所不同的是国有企业脱胎于单位体制，在单位制的特征逐渐褪去后，国有企业的福利行为仍然表现出单位制度的"惯性"。

第二节　后单位制时代的福利失序

一　国有企业的"福利腐败"

自计划经济时代以来，国有企业一直延续着高福利的传统。在计划经济时代，政府通过单位对城市就业人员的生活大包大揽，单位作为一种再分配体制向内部成员提供或多或少的内部福利，成为社会资源和机会分配的唯一渠道，单位福利既为人们熟知，也被人们接受。在计划经济向市场经济的转型过程中，单位逐渐剥离了众多的社会政治功能，国有企业要在市场经济下获得生存和发展的机会，必须按照市场的规则运行，因此享受行业福利的人越来越少了，但国有企业仍然能够提供比其他所有制企业更为慷慨的福利。

市场经济条件下，企业是否能够和提供什么水平的福利取决于企业在市场上的盈利能力。企业向员工提供的任何福利都构成企业成本，这种成本要么通过侵蚀股东的利润由资产所有者承担，要么通过提高企业产品的定价由消费者为职工福利埋单。提高定价卖出企业产品，需要企业通过提高生产率降低成本，保证企业产品能在激烈的市场竞争中得立足之地。国有企业为员工提供福利可以不受成本收益的约束，利用其公有制的特性，将利润转化为福利，垄断性行业尤其是国有企业和一些公营企业中，员工享受着比普通企业员工高得多的工资和福利。即使有的行业处于巨额亏损中，员工福利也丝毫没有受到影响。

垄断行业之所以不仅为其职工发放普遍高于其他行业的平均工资，而且为本行业职工及其家属提供巨大的垄断福利，并不是因为它们提供了更多的劳动，创造了更多的价值，而是因为它们可以凭借其垄断地位，占有和利用巨大的社会经济资源，获得本应属于全体社会成员的利益。

> 2006年3月，国家发展与改革委员会发布了《电力行业2005年运行分析及2006年趋势预测》，报告指出，2005年电力全行业亏损企业1280户，亏损额127亿元，其中火力发电亏损企业数增长3.4%，亏损额增长10.1%。从总体来看，火力发电企业在销售收入增长19%的情况下，利润只增长2%，亏损有所加大，应收账款增加，负债率上升，经营状况有所恶化。而2006年6月《南方都市报》有这样一则报道：某市倒闭电厂的抄表工每月工资6500元，一年发16个月的工资，外加年终奖和两份商业保险，企业的倒闭并未影响其工资和福利。
>
> 山东2006年度审计报告显示，中国网通山东省分公司职工的月平均工资基数为2.13万元，月人均缴存住房公积金高达6389元，远远高于政策所规定的12%。缴存比例达到15%。
>
> 《关于2005年度中央预算执行的审计工作报告》中，对中央预算管理审计情况作了详细的说明。其中提到2005年，财政部批准中国中信集团公司按上年税后可供分配利润17.54亿元的39%，提取公益金6.84亿元，不符合公司法关于法定公益金按税后利润的5%—10%提取的规定，导致

该公司多提公益金 5.09 亿元。①

2006 年 3 月，政协委员温克刚提出"福利腐败"。垄断性行业长久存在的"垄断福利"也是一种变相的腐败。所谓"福利腐败"，是指一些垄断行业利用自己的垄断地位和优势，将掌握的行业资源无偿或者廉价地向本行业的职工和家属提供，在福利的名义下形成的行业腐败现象。例如，公交职工免费乘公交车、铁路职工免费乘火车、电力职工免费用电、电信职工免费打电话、供热职工免费供热、医院职工免费挂号、银行职工低价低息福利买房、民航免费机票全家通用，等等。这些福利之所以称为"福利腐败"，因为这种福利其实和腐败具有类似的特征，都是少数人利用他们的独特身份取得不正当利益，公营企业中则表现为他们利用国家所给予他们的权力，为自己的小集团谋取利益，然后把成本转嫁到集团外。② 垄断行业的这类福利其实质是一种变质的职业福利，脱离企业绩效的福利违背了按劳分配的原则。职业福利的分配越来越多地表现为与贡献大小无关，甚至与企业盈利多少无关，却与行业地位、资源优势、特殊权力等非贡献因素密切相关。

近年来，随着权利反腐的深入开展，导致许多国企谈"福"色变，因为惧怕"福利腐败"取消了很多应有的职工福利，矫枉过正的后果是职工正常利益的受损。国家对企业的法定福利有明确的规定，是国家法律法规强制企业必须要履行的一种社会责任，是对企业员工权益的保证。法律对社会保险、应付福利及公益金支出福利通常都有最低或最高额度的规定。比如，政策规定，职工和单位公积金缴存比例均不得低于职工上一年度月平均工资的 5%，原则上不高于 12%，且对缴费基数有一定的限制（如北京 2007 年的公积金缴费基数为"不得超过 2006 年北京的人均工资的 3 倍"）。我国的《财务会计准

---

① 李柯勇、陈芳、丛峰：《垄断行业成腐败重灾区反垄断成 2006 关键词》，新华网，2006 年 12 月 17 日。

② 张晓明：《浅析垄断行业的"福利腐败"》，《科教文汇》2006 年 4 月下半月刊。

则》规定，企业从收入中提取的应付福利费不应当超过工资总额的14%。另外，《公司法》规定，企业从税后利润中提取的用于职工集体福利设施的公益金不能超过10%。

国有企业的福利行为是单位逻辑在市场经济条件下的延伸。计划经济体制之下的"单位"是将职工的工作、生活统合在一起，单位与职工并不是完全的市场雇佣关系，因此享受本企业产品的优惠待遇作为一种福利无可厚非。但在市场化改革之后，作为市场主体的企业法人和作为市场主体的企业职工之间是雇佣关系，因此获得工资和其他形式的福利是职工的正当权利，这种福利不应包括本企业产品，因为这些产品来源于垄断性生产，其背后的公权力正当性乃是来自全体国民，因此即便要用该行业的产品来进行福利分配，享受福利的主体也应是全体国民，而不应仅仅是某些行业的员工。随着改革开放的推进，尤其是20世纪90年代实行市场经济改革以来，单位制度开始发生了重大的变化。主要表现在：单位与成员经济关系的变化，单位与其成员的依附关系开始松动；单位制对人们的全方位控制，逐步转变为只是对人们职业活动的控制；单位从涵盖城市中的大部分人口变为仅能涵盖城市中的部分人口，原来被单位所容纳的一批成员被甩出去，这些成员包括国有企业的下岗职工、新增失业人口等。可以说，一方面由于社会的转型，单位制度没有马上解体，单位对成员的控制力开始弱化；另一方面，单位作为独立的经济实体，在向国家争取利益方面得到强化。换言之，在行政主导型的二元社会向市场主导型的二元社会过渡中，垄断公共资源的行业出现的福利腐败是单位制度的自然延伸。[1]

二 非正规就业领域的福利"缺失"

我国非正规就业领域的从业人员主要是农民工、城镇下岗和失业人员、个体从业人员、离退休再就业人员、自由职业者等。由于非正规就业的劳动关系特点，国家对这部分从业群体的社会保障覆盖还不到位，而这类就业领域的职业福利水平也是最为低下的。大多数非正

---

[1] 单向荣、沈翠：《"福利腐败"的社会学阐释》，《理论探讨》2010年第10期。

规从业人员很少享受到雇主提供的职业福利，除了其中自雇人员和部分自由职业者有其自身的原因之外，更多此类劳动者职业福利的缺失源于雇主的自利性和劳动保障法规制定执行的不力，由于缺乏有效的规制，很多非正规就业领域的部门雇主连国家强制性职业福利项目都不能依法为从业人员提供，更谈不上自愿性福利的提供了。实际上，即使是在正规部门里工作的非正式雇佣人员，也大多不能和同岗位的正式工作人员享有同等的福利待遇。[①]

以社会保险中覆盖面较低的失业保险为例，中国社会科学院劳动与社会保障研究中心发布的《中国社会保障发展报告（2013）》指出，不同类型的企业失业保险覆盖率存在巨大差距。其中国有及国有控股企业失业保险覆盖率较高，个体工商户、私营企业失业保险覆盖率较低。2005年，国有及国有控股企业失业保险覆盖率为66.98%，集体企业失业保险覆盖率为22.8%，个体工商户失业保险覆盖率为2.7%，私营企业失业保险覆盖率为11.1%。按照国际劳工组织《社会保障最低标准公约》规定，失业保险覆盖范围在全体雇员中应不低于50%。1994—2012年，中国失业保险参保人数占城镇就业人数的比例由42.7%下降到40.9%。[②]

2014年4月发生在广东东莞的一起为期4天的罢工可以让我们窥探加工制造业的法定职业福利现状。在这起事件中，台湾制鞋企业裕元集团（Yue Yuen）成为由社保缴款问题引发的劳资纠纷的主角。该集团主要为阿迪达斯（adidas）、耐克（Nike）、亚瑟士（Asics）等品牌代工生产运动鞋。4月，拥有4万多名员工的裕元集团发生劳资纠纷，矛盾的焦点是社保缴纳金额问题。过去十多年里裕元集团一直没有帮员工缴纳足额的社保和住房公积金，上万名员工就企业少缴漏缴社保等问题采取了集体怠工的抵抗方式。裕元鞋厂的罢工是第一次工人们为争取社保权益而举行的大规模罢工；过去工人们极力争取更高

[①] 杨艳东：《当前我国职业福利失序现象及其社会影响》，《理论与实践》2009年第4期。

[②] 《2013中国社会保障发展报告：失业保险覆盖面小》，http://www.cnrencai.com/shebao/shiye/59439.html。

的工资和加班补贴，但随着许多劳动者接近退休年龄，他们开始更加重视社会保障。中国国家统计局2013年5月发布的年度调查报告称，2012年全国农民工平均年龄为37.3岁，16—30岁的农民工所占比重从2011年的39%下降至36.8%。①

　　非正规就业领域福利缺失的原因是多方面的。过去30多年来，中国的经济一直以每年超过10%的速度增长，"中国制造"是中国经济增长的优势所在，数量庞大的农民工群体为过去中国经济的增长做出了卓越的贡献。由于中国的加工制造企业处于全球产业链的最底端，整个产业的获利较少能通过职业福利的形式惠及广大农民工。以职业福利中的法定保险项目来讲，基本在2000年以前，各种社会保险仅仅覆盖各种类型的全民和集体所有制企业，将农民工纳入城市社会保险是最近十几年的事情，各种法定社会保险不仅在覆盖面上差强人意，而且在基本缴费水平上也存在多种瞒缴、漏缴和低缴的情况。法定保险如此，更遑论企业志愿提供的各种补充保险了。

　　工人阶级的主体自改革开放以来发生了巨大的变化。在中国成为世界工厂后，工人阶级的队伍，无论在制造业、建筑业、服务业，还是交通运输业，都空前壮大，产业工人及其家属都成为阶级形成过程中的有机组成部分。新工人阶级的主体不再是我国20世纪50年代以来建立的以单位为基础的拥有城市户籍的老工人阶级。新工人群体在市场经济条件下，处于更为弱势的地位，缺乏保障，缺乏利益的制度化表达渠道，更加需要通过就业获得收入和保障。

　　职业福利是应该存在差异的，这种差异不是有和无的差异，在法律、法规和政策规定的范围内为职工提供基本的法定福利是职工福利的底线，以此为基础根据企业能力提供不同水平和类型的职工福利。既要反对国有企业利用垄断地位，通过侵犯公有资产为内部员工提供畸高的福利，也要反对私营企业以利润为由克扣员工福利。职业福利和工资共同构成劳动者的收入，从人力资源管理的角度看职业福利是

---

① "裕元集团提出缴纳社保解决工人罢工问题"，http：//finance.ifeng.com/a/20140418/12149666_0.shtml。

对工资的必要有益补充，弥补工资无法随意调节的缺陷，通过内部福利的设计，使其成为招贤纳才的重要手段，成为劳动力合理科学流动的调节机制。

三 福利分化的社会后果

新中国成立以来，中国的社会福利制度一直具有加剧社会分化的效果。从1949年新中国成立到1978年改革开放前，中国社会被分割为城乡两级社会结构。户籍制度将中国社会成员划分成城镇居民和农村居民两大组成部分，城市社会成员通过就业获得由国家提供的"从摇篮到坟墓"的全面社会保障；农村居民被排除在国家福利体系之外，通过土地满足基本的生活需要，对于无法参与集体劳动，又缺乏家庭互助的弱势群体通过集体经济提供基本保障。可以说，在计划经济时期，农民是被排除在以国家为主体的社会保障体系之外的，社会保障成为城市就业人口的一种特权。在城市社会内部，国家对各单位提供的社会福利待遇都作了详细的规定，基本上按照平均主义的原则进行分配，但由于各单位在行政等级序列中所处的位置不同，所以单位福利也因距离权力中心的远近而存在差别。在计划经济时代，福利的分化主要体现在城乡之间，社会福利制度安排因城乡二元结构而起，也在一定程度上固化了城乡二元结构。

改革开放加速了中国社会结构的转型。20世纪70年代末到80年代中期，改变了由国家垄断一切稀缺资源的状况，一个具有独立性和自主性的"社会"开始发育，与市场一起成为提供资源和机会的新型机制，大多数人从改革中受益。20世纪80年代后期至90年代中期改革不断深化，社会资源配置机制也发生了重要的变化，社会资源分配失衡造成了中国社会结构的断裂：一个垄断了所有政治、经济特权与大多数社会财富的权贵（精英）阶层，和一个主要由贫困的农民、农民工和城市下岗工人构成的底层社会构成了尖锐对立的两极；对立的两极之间，中间阶层只占很小的比例，众多研究表明，20世纪90年代资源重新积聚的一个直接结果，是在我们的社会中开始形成一个具有相当规模的底层社会（孙立平，2002）。中国社会从计划经济时期由行政主导的二元社会转变成市场经济体制下由市场主导的二元社会。

在国有企业市场化改革的过程中，单位福利及单位成员的构成发生了巨大的变化。一方面，原来全部由单位承担的福利实现了社会化改革，社会保险不再是国企职工的特权，在制度设计上覆盖到城镇全体劳动者；企业提供集体物品的社会化职能进一步分离，教育、医疗和住房等原来由单位承担的职能实现了市场化改革。另一方面，在国有企业深化改革的过程中，剥离了不良国有资产，通过关、停、并、转等方式实现了中小国有企业的民营化改革，仅保留了具有战略功能的一些大型国有企业，国有企业的数量大大减少；国有企业从业人员实现了从下岗到失业的并轨，成功实现了身份置换。据统计，1998—2003年，国有企业累计下岗职工2818万人，国企改革的副产品是国有企业从业人员的大幅度降低。

国有企业数量和从业人数减少，但国有企业在国民经济中的战略地位显著提高。自2008年国际金融危机以来，国有企业一直处在舆论的风口浪尖上，"国进民退"还是"国退民进"成为舆论的焦点。后单位制时代的国有企业在卸去包袱之后，随着盈利能力的增长，为职工提供福利的能力和愿望都得到进一步的加强，单位"福利共同体"不再以"人员过密化"和"功能内卷化"的逻辑运作，行政特权赋予的垄断市场地位使国有企业能够为内部成员提供远远超出社会一般水平的福利，国企从业人员的社会优势地位通过福利制度得到进一步的强化。

社会福利制度的实际运作偏离了缩小社会贫富差距的制度目标，固化了由市场造成的人们之间社会地位的分化。以农民工获得法定社会保险情况为例，根据国家统计局2014年公布的数据，2013年年末全国农民工总量达到2.68亿人，参加城镇职工养老保险的仅为4895万人，参加医疗保险的5018万人，参加失业保险的3740万人，参加工伤保险的7263万人。基本上不到1/5的农民工能够按照法律标准享受社会保险，农民工参保的覆盖率是很低的。参保的农民工也会遇到各种问题，如很多企业没有足额缴纳社保，导致退休工人拿到的养老金数量有限，无法维持生计；再有许多农民工发生工伤后，在工伤申报和获取工伤保险的过程中遇到许多企业人为设计的障碍。农民工缴纳的各类社会保险无法发挥应用的保障作用,最后成为控制在地方政府手里的"肥肉"。对于本就在市场上处于弱势地位的群体而言,社会保险进一步固化了其弱势的市场地位,加固了社会阶层的分化。从这个意义上讲,原本作为改善市场分配不公的再分配制度本身成为一个社会分层机制,加剧了社会分化的过程。

第三节 后单位制时代的国有企业福利

一 从企业办社会到企业社会责任

在计划经济时代,"办社会"是国有企业的一项重要功能。所谓"企业办社会",就是国有企业建立和兴办了一些与企业生产、再生产没有直接联系的组织机构和设施,背负了产前产后服务功能和职工生活、福利、社会保障等社会职能,具体表现为企业所拥有的医院、中小学校、幼儿园、职工食堂、文化娱乐场所、公安机关等机构和其他公共设施,如疗养院、图书馆、文化站、俱乐部、报社、电视台、广播电台、公园、房产处、液化气充装站、洗衣房、公交车队、农场、绿化队,甚至街道办事处、法庭和火葬场等。[①] 企业办社会是在特殊时期,国家将企业看成行政单位,国有企业对每一个员工承担了本来应该由政府和社会承担的职责,是企业与政府职能错位、社会保障服务功能不健全的必然结果,实质上是一种社会成本的企业化。[②]

传统的国有企业办社会具有三个显著的特征:非生产性、非市场性和封闭性。国企办社会主要集中在幼儿园、职工学校、职工医院、职工疗养院等生活性机构,服务的对象是企业内部员工及其家属,提供的服务是以满足员工生活需求相关而与企业生产不相关的福利。企业办社会是特定时代的特殊产物,只有计划没有市场,市场不能发挥

---

① 张智卓:《企业不能包办社会化生产》,《中国石油》1999 年第 8 期。
② 王超:《企业社会责任正当性及其限度》,硕士学位论文,天津商业大学,2007 年。

提供服务的作用，国家集中精力搞现代化建设，长期忽视提供基本公共服务的职能，企业自然成了提供公共服务的最佳制度安排。高度集中计划经济体制下政府与企业之间的"父子关系"导致企业在财务上面临"软预算"约束，不追求任何剩余。国企办社会是一种纯粹企业利益的福利性外化行为。[1]

"企业办社会"的负面效果表现为组织运行呈现出"人员过密化"和"功能内卷化"的运行逻辑。对职工福利的重视超过了对经济效率的追求，导致国有企业运行中效率低下，沉重的历史包袱占用了企业的财力和物力，降低了企业的营利能力。然而，国有企业实施的剥离社会职能的改革在经过十来年的努力后，仍然没有达到预计的目标。全国国有企业的1600多万名离退休职工每年的基本养老额外补充需要400亿元，目前中央企业还有8300多家医院、学校等生活机构，企业办社会的现象依然存在。国有企业的市场化改革还没到位，很多应该由政府和社会承担的成本还"沉淀"在国有企业。

当国有企业的办社会现象饱受诟病时，民营企业办社会的现象则喧嚣尘上。20世纪90年代末开始，强势乡镇企业涉足企业所在地的社区建设，如道路桥梁、绿地广场、河道治理、污染处理和其他社会性产品，如学校、图书馆、展览馆等。除此之外，食堂、宿舍等生活设施也是民营企业热衷提供的项目。其内容与国有企业办社会的内容何其相似，但两种办社会的行为得到不同的评价，民营企业提供与生产经营没有直接联系的社区公共产品对企业的生产经营产生重要的影响，企业对利益相关者采取的负责任的行为可以提高企业的社会影响力，进而对企业的市场经营产生正面的影响，企业是否具有合法性关系到其经营的成败。

抛开国有企业的"国"字背景，企业作为市场经济体系中的行动主体，承担社会责任已经成为一种全球共识。在中国经济日益卷入全球经济体系的背景下，在中国运营的跨国企业已经将企业社会责任实践带到中国，并且受到跨国组织、消费者组织、行业组织、劳工组织

---

[1] 刘柏良：《"企业办社会"的另一种解读》，《浙江经济》2003年第2期。

的监督和约束。

企业社会责任是一个内涵丰富的概念，其在不同国家的内涵、所解决的议题和模式各不相同。企业社会责任的核心是：它反映了企业成功的必要社会条件及其对社会造成的影响，企业的社会责任政策和实践反映了企业对更广泛的社会福利的责任。对企业社会责任的学术关注始于20世纪20年代，现代意义上对企业社会责任的学术讨论出现在50年代，此后不断有新的方式界定企业社会责任。在相当长的一段时间里，企业社会责任的概念演化是对公司和社会关系不断重新界定和认识的过程。

二 国有企业社会责任的行为逻辑：合法性视角

渐进式改革推动的制度变迁带有改良的本质特征。在单位体制之外，生长出更多的自由流动资源和自由流动空间。多种所有制经济的发展、独立于单位的社会化保障制度的建立、企业办社会职能的解除以及职企关系的契约化等单位体制依存的初始条件的变化都需要我们重新审视国有企业承担的福利职能。市场经济条件下，企业社会责任恰好可以为企业福利职能的重新定位提供参考标准。

（一）改制后国有企业的"效率主义"叙事

改革开放以来，关于国有企业改革的一切措施都是围绕着让企业回归经济理性主体的目标展开的。1949年以来创建的单位制度既是优势集团（共产党）自身集团利益的体现，又是当时维护国家安全以及社会成员追求平等与公正社会结构的社会理性要求。但是在实践中，单位日益分化成独立的利益集团大大削弱了单位的生产功能。

从单位体制到现代企业制度的变迁是国有企业改革的重要内容。1992年邓小平"南方谈话"提出了"三个有利于"，明确了社会主义市场经济改革的基本方向。为了建立现代企业制度，国有企业改革经历了1997年开始实行的"三年脱困"政策和国有企业政策性负担的剥离，以及以"抓大放小"为内容的国有经济战略性调整，使国有企业的整体状况发生了很大的变化。与此同时，还对国有企业面临的产权、指令性经济和计划经济体系的软预算约束等制度环境进行了变革，使企业的效益诉求逐渐明确。从经营机制看，国有企业已较好地实现了从政府行政机构附属物向市场经济主体的转变；从现代企业制度改造看，大多数国有企业在2002年前后都相继完成了公司制改造，拥有合理的法人治理结构；从经济效益和社会贡献看，进入21世纪以来，国有企业的经营效益明显提高，国有资产和企业利润均实现了较快增长。

TH矿业集团2005年12月完成改制，确立了安全发展、科学发展、和谐发展、绿色发展的思路，提出了"一体两翼"的结构调整新战略。"一体"就是煤炭的开采，"两翼"就是在煤炭生产的基础上，以煤化工和煤电材为两翼的循环经济发展模式，把煤炭产品"吃干榨尽"。围绕着这一战略，企业自从2006年以来着重实施了三个项目建设：一是对储量丰富的矿井进行改建和扩建，投入大量资金建设了一个年入洗240万吨的现代化洗煤厂；二是与其他企业合资，采取股份合作的形式建立产业链；三是采取合资的形式打造煤化工产业链。"一体两翼"的结构调整战略实现了企业经济发展方式的转变，企业的发展在各项经济指标完成情况上得到充分的体现（见表8-1）。截至2011年年底，企业拥有资产总额37.8亿元，比2005年的10.8亿元增加27亿元，增幅为250%；固定资产净值21.8亿元，比改制前的5.4亿元增加了16.4亿元，增幅达到303%。煤炭产量完成526万吨，到2012年年底达到700万吨。工业总产值实现36亿元，比2005年的4.04亿元增加800%。2011年上缴各种税费4.1亿元，比2005年增加3.57亿元，连续3年蝉联所在地级市的第一纳税大户。到2011年实现全员年均收入44950元，比改制前的12045元增加32905元，2012年年底职工收入可突破48198元。改制后，国家免去了企业的债务，在剥离了企业承担的社会责任后，企业把税收剩余资金都投入到生产中，用于企业的发展。企业一位员工在访谈中表达的观点非常具有代表性：

> 没有企业发展，职工你什么都没有，吃饭、穿衣、娶妻、生子都不能干成。就是最困难的时候我们也保证了离退休人员的生活，年轻人扛饿，可以饿着，但是老年人不行。

那个时候产煤量也很少，煤的价格也便宜，产1吨，赔1吨，后来咱们的产量上来了，它不仅仅是技术的原因还有很大部分是人的原因，在董事长的领导下，我们艰苦奋斗。比如说，现在煤的接续我们已经存储到2015年了，也就是说，即便是市场形势不好的情况下，我们就这么干也能折腾个三五年。董事长未雨绸缪，就是在企业有钱的时候把钱投入在安全保障，持续发展，大接续，更换设备。大接续就是本来这个地方有煤，但是你采完了就没有了，我们呢就是不断地发现并存储采煤的地方。这样做呢，即便我们再发生经济危机了，也不会像之前10年困难时期那样丢盔弃甲的，现在我们就是坐着干也能折腾三五年，吃饭开支都没有问题。

表8-1　　　　2005—2009年主要经济指标完成情况

年度	总产值（亿元）	原煤产量（万吨）	利润（万元）	税收（亿元）	职工收入（元）
2005	4.04	240	106	0.53	12045
2006	6.2	280	2802	0.93	17966
2007	10	295	2706	1.15	21210
2008	20.3	350	4286	1.75	29097
2009	24.1	422	4077	2.8	34491
2011	36	526	—	4.1	44950

企业的一位管理人员认为，企业改制后，人、财、物、产、供、销都与改制前有很大的区别，其中与职工利益密切相关的主要是分配制度的改革。

2005年之前，老国有企业在计划经济时代遗留下来的，涨工资按照国家规定，今年涨一级、明年涨一级，如果国家说不涨了，那就不涨了。涨完的在档案工资里面。档案工资是多少就开多少，这跟职务、工种的变化无关。比如，我现在在主要岗位上，工资涨到八级或者九级，过一段时间我身体不好，或有其他原因无法继续在这个主要岗位上工作，被调配到下面部门工作，但是我的工资是不变的。有特殊贡献的人档案工资多，但不管干到什么程度他也依然是档案里面的工资。在改制后期，只是奖金多少的调整，并无大的区别。只有从2005年开始，档案工资完全废止，实行岗位效益工资，俗话说就是当多大的官挣多少钱，干什么活儿挣什么钱，不论年龄大小，以贡献来分配。这样的好处是职工工资收入有了大幅度的提高，收入跟企业效益、效率挂钩，就是说效益与收入是成正比的。这也可以对企业的经济效益做一个统计，如实物劳动生产率，即一个人出多少煤，掘进多少米道路，这是实务生产率；再有是产值生产率，就是生产总值跟人员的比例关系，能算出人居生产总值的多少。然后再把2004年岗位效益工资增长之后的实物劳动生产率、价值劳动生产率做一个比较，你就会有很多发现。这种收入跟随效益的增长而增长是一种规律。

企业生产效率的提高与职工人数的大幅度减少关系密切。根据对企业管理人员的访谈，我们了解到企业规模的最高峰时期是在1985年前后，整个企业包括八矿、三场、两处，此外还有单独的党校、技工学校、培训中心、温泉医院、疗养院等，企业下属的县团级单位21个，包括服务行业人员在内一共有职工53000人，加上家属的话，整个矿区的人口规模达到30万。自从2001年开始启动关闭破产程序以来，职工规模从4万多人减少到目前的16000多人。随着改制重组后企业机械化程度的提高和采煤方法的改进，产量大幅增长，从改制时的300多万吨增加到2012年的500多万吨，职工收入也得到大幅提高。

职工收入分配制度的改革对职工生活质量和社会地位的影响是非常大的，对两位员工的访谈相当具有代表性：

20世纪90年代企业不景气那段时间职工都是固定工资，收入特别少。而改制以后，职工工资实行基本工资加效益工资，有了质的飞跃。就拿我个人来说，我是矿务局的职工，当时每月只能拿到三百多元，我妻子是矿务局学校的老师，那段时间身体不好在家病休，只能开到二百元，我们全家当时只有五百多元的收入，根本不够开销。而现在企业效益上来了，我每月个人收入就能达到六千多元，我妻子也能收入三千多元，这在以前是想都不敢想的。

我从小在这长大的，我体会得比较深刻，我父亲和爷爷是矿工，无论是从哪个角度上都希望企业好。我是干新闻出来的，现在从事企业的宣传工作。作为"80后"，很多人认为我们是倒下去的一代，但我不这么认为，我从小生活在这里，我们认为父母的工作很光荣，后来我们长大了，企业面临困难了，我们也很尴尬，到哪里说自己是矿工的后代，人家就会一惊讶，因为自己本身也吃不饱穿不暖，我们认识到生存很艰难，本来我们这代人可以上大学，可是我们考上高中后没钱上学，我们得赶紧挣钱养家，我们都选择了不同的道路，我们上中专，上煤校。后来我们回来在矿务局上班，我们应该很感谢矿务局，给我们成长的时间。我们都很珍惜现在的岗位，感觉这岗位不是你自己的，是一个家庭的。我感觉这个过程是自己尊严建立的过程，我们现在有钱了，能为企业做点什么我们绝对会的。你看以前宁嫁倒骑驴不嫁矿务局，但是你看现在我媳妇是市政府的单位她照样嫁给我，你说是不是。

董事长上任的时候说，他希望大家都能住上取暖楼，希望我们能开上小汽车，现在你到各个矿会发现矿工买车的已经很多了，而且这部分人大部分都是一线矿工。我们工资主要倾斜于一线矿工，虽然董事长界定是有车，但他没有界定是什么样的车，现在矿工有车也真的很普及了。这是源于哪儿呢？有一次董事长去德国的鲁尔煤矿参观，发现他们的矿工都开着小汽车来上班，他就发出了一个感慨，如果我们的矿工也能开车来上班，这就是我最大的成绩了。通过这几年不断地提高职工生活水平，职工的生活水平已经达到了一定的标准。以我为例吧，2001年我还是个干部，我的工资是197元，到2005年企业改制之前，我的工资经历过251元、303元和580元，2005年企业改制之后我的工资是980元。市场应该说是2005年、2006年开始好转的。那会煤炭企业才开始复苏，国家不限制房地产，2005年我的工资是980元，到2008年我的工资开到1780元，2011年我们开到3000元，你从这几个数字中就能比较出来，企业发展到了什么程度。

路风认为，国有企业的改造需要一个独立的组织转变过程。在计划经济体制下，工厂是一个多功能复合体。作为生产组织，工厂是国家行政机器上的一个生产器官。国家从外部对企业的生产、销售、分配、劳动力使用等所有环节进行行政控制。国家全面掌握社会资源并根据行政指令进行分配，工人的收入水平与企业的效益无关，不同企业职工按国家同意的工资级别领取报酬和福利，工厂的盈亏与工人收入没有直接的利益联系，无法通过经济手段实现对劳动的控制。如果说现代工业组织效率的核心是对劳动过程的有效管理，那么单位组织注定是缺乏效率的。国有企业依赖国家获得资源，二者之间形成了一种建立在资源和依赖性基础上的交换关系。资源获得渠道的单一性和不可流动性使单位获得了与国家讨价还价的力量。无论使用效率如何，单位都不会丧失对所获资源的占用权。生产是否有效率和是否盈利既不会威胁到单位的生存，也不会成为单位组织的目标。也就是说，单位面对的来自制度环境的合法性压力要远远大于来自技术环境的效率压力。

改革开放以来，中国社会经历了由"再分配经济"向市场经济的转变，市场成为国家直接控制和统一分配社会资源之外的另一种重要的资源配置机制。国有企业经历的一系列改革打破了国有企业长生不死、企业职工终身雇佣的神话，社会保障和社会福利社会化程度逐步加深，单位组织对个人的控制日渐消解、松动和弱化，国家—单位—个人之间的依赖关系得到了相当程度的弱化。依赖关系的弱化过程也是企业通过经济手段实现对生产进行控制的过程，TH矿务局改制后的发展经历验证了上述判断，职工的收入越来越依赖于企业的市场表现。

改制后的企业面临政府和市场的双重约束。市场对企业的影响主要表现在煤炭价格和供给关系上。2005年以来，房地产市场迅猛发展的后果就是导致其上下游产品市场的活跃。房地产的发展带动了对煤炭的旺盛需求，煤炭价格的飙升为企业提供了良好的发展机会。但煤炭的价格不仅是由市场供求关系决定的，也受到政府的管制，政府通过对煤炭价格的调整实现对经济的宏观调控。2008年以来，全球金融危机与房地产市场的低迷对煤炭行业的发展造成了不良影响，煤炭的市场价格整体下跌。与此同时，国家通过管制煤炭价格缓解电力企业亏损的局面。

煤价直接影响了企业和职工的利益。煤价高，企业效益就好，工人得到的就多，相反肯定就会少。像最近这几个月，国家控制炼钢产量，TG集团的炼钢炉已经停产好几个月，这对我们的影响太大了，煤价跌了一半，效益很不好。

咱们煤炭企业的人均工资还是比较低的，涨不上来。现在煤炭企业受国家大的经济气候影响，他不让你有太大的生长空间。职工收入与经济效益挂钩，如果经济效益好的话还可以。但是现在煤炭价格受到国家经济政策的调整又在往下落，今年10月好不容易控制好了。如果七八月、八九月煤价再往下落，企业本钱都赚不回来。据统计，全国煤炭企业80%都在压工资、降工资。如果没有效益的话，后面的一切都无从谈起，社会保障也就更不行了。我们现在的保障为什么提不上来，实质上还是受国家对煤炭企业的控制。它涉及市场和价格，国家不让煤炭的价格上涨，例如看电力企业不赚钱了，国家就开始打压煤炭价格。即使企业不营利国家也不会管。关键问题是中国煤炭太多了，就几大煤炭集团来讲，它们的产量收益特别高。而像我们这种老企业，地质条件不好、产量低、人员少，也就得不到国家的重视。国家只要把几个大的煤炭集团搞好，就不会缺少煤炭。前几年南方冰冻缺煤的时候，问题是出在运输商，不是说产量的问题。所以即使国家不重视煤炭，产量也不会下降。

任何企业的经营都必须在经济目标和社会目标之间取得平衡。但是，国有企业始终在社会目标和经济目标之间动摇（李猛、周飞舟、李康，1996）。技术环境和制度环境的不同要求使国有企业始终面对效率和合法性的两难选择困境。在传统的组织理论看来，组织的效率目标及技术性质是组织的本质特征，组织内部形成的任何与效率目标不一致的现象都是组织的变异，被称为反功能现象（韦伯，1934）。对国有企业而言，被推向市场以后，生产效率和利润固然重要，但由于全民所有制的性质，国有企业在道义上承担着比其他所有制类型企业更多的社会责任。由于企业社会责任内容的复杂性和对象的多重性，我们着重考察企业改制后对员工承担的社会责任。

(二) 职工福利的合法性叙事

在企业是否应该履行社会责任这一问题上，始终存在两种不同的观点。古典经济学和新古典经济学以利润最大化作为出发点分析人类的经济行为，认为企业只要以利润最大化为其唯一目标，就可以达到全社会利益的普遍增进，否定企业在利润目标之外承担社会责任。这种观点从"理性经济人"假设出发，强调企业的技术环境，过于追求效率，忽视了企业面对的制度环境。制度环境要求企业不断地接受外界公认和赞许的形式、做法，因为企业与外部市场和政府进行资源的交换，因而必须要得到外部的认同，这就要求企业采取在制度环境中被广为接受的组织形式和做法，而不管这些形式和做法对企业内部运作是否有效率，制度环境要求企业行为遵循合法性机制。对国有企业而言，企业的市场化改革虽然使企业的生存越来越依赖于市场，但是在两个目标的选择中，出于对社会合法性的需求，国有企业倾向于优先选择社会目标。

1. 职工的规制福利:"五险一金"

企业改制完成后,按照国家规定,需要为员工缴纳"五险一金"。作为来自政府的强制性要求,如果企业违背了这种强制性约束,会面临经济损失和社会制裁,企业选择依法照章办事。"五险"指的是五种保险,包括养老保险、医疗保险、失业保险、工伤保险和生育保险;"一金"指的是住房公积金。其中,养老保险、医疗保险和失业保险,这三种险和住房公积金由企业和个人共同缴纳,工伤保险和生育保险完全由企业承担,个人不需要缴费。

TH矿务集团员工需要承担的缴费分别为养老保险8%、失业保险1%、医疗保险3.2%、公积金6%,工伤和生育保险不需要个人缴费,个人缴费为工资的18.2%。其中,医疗保险是2005年企业改制以后参加的,在此之前,一直实行全额公费医疗。据企业的一位管理人员介绍:"一方面,2005年参加社会医疗保险统筹之前,看病并不贵,因此,实行公费医疗也没有给企业带来太大的问题;另一方面,那时候的社会风气与现在不同,通常职工有小病就买一些药自己解决。参加医疗保险后,企业一年缴纳的费用将近三千万元,但是估计这些钱只能用上1/3,剩下的都沉淀下来了。也有其他矿务局,五险一金都是自己建立的,假如医疗保险金有结余,就可以提高报销比例,让职工受益。而参加医疗报销社会统筹后,保险金沉淀在市里,市里需要跟着国家政策走,只要没有政策就不会提高报销比例。据说全省沉淀的钱都能达到40亿元。目前在职员工都缴费,大多数人有小病也不去医院看。"除了参加基本医疗保险外,企业还参加了职工大额医疗保险。如果享受基本医疗保险和大额医疗保险后,职工在支付医疗费用方面还存在困难,企业还建立了救济基金,专门用于解决困难户、"五保户"和因公致残职工面临的资金困境。在这样完整的医疗保障体系下,职工仍然很留恋企业原来施行公费医疗制度。

> 医疗待遇没有以前那么好了。以前是公费医疗,看病吃药基本不花钱的,比方说住院花100块钱,按照95%报销,

个人只拿 5 元钱就行。现在不行啊，实行医疗保险了，住院花住院的钱，看门诊花门诊的钱，家里人如果没有医保看病都不能报销。要是去医院看病最好找个认识人，这样方便很多，还不用看大夫脸色。

按照国家规定，工伤保险采取行业差别费率和浮动费率的缴费原则。行业发生工伤的风险越高，该行业的工伤保险缴费率也越高；在行业差别费率的基础上，还在同一行业的不同企业之间实行了浮动费率，企业缴费额度取决于该企业的工伤发生率和工伤保险的使用率，设立差别费率意在鼓励企业重视工伤的预防，投入安全生产建设，减少工伤的发生。2004 年，国家公布了新的工伤保险条例，煤炭企业从 2006 年 1 月 1 日起开始实施。由于煤炭行业的特殊性，工伤保险最初是由 JL 省煤炭局管理，煤炭局撤销后由省劳动厅管理。工伤保险实行市级统筹，企业的工伤保险就应该由企业所在的地方政府接管。但是由于煤炭行业工伤发生率较高，所以地方政府最初不接纳管理。

企业的工伤事故率之所以比较高，主要有两个方面的原因：第一，TH 矿务集团目前井下主要用中采的方法采煤，即使轻微的碰撞也会发生事故伤害，除了中采外，水采使用的高压枪能轻易冲掉人的视网膜，可见作业的方式与较高的工伤事故率是密切相关的；第二，很多工人都是新近招工的，对井下情况不熟悉，主要采取以老带新的方式让员工能尽快熟悉作业，这是导致工伤发生率高的又一个重要原因。总体来看，大多数工伤都是胳膊、手、牙齿之类的轻伤，重伤的不是很多。根据相关规定，企业缴纳的工伤保险不能超过上一年工资总额的 6%，到 2012 年年底，企业的缴费额度已经达到了工资总额的 4%。企业的缴费额度是根据工伤率计算出来的，TH 矿务集团的缴费率从 2006 年的 2% 逐渐提高到 2012 年的 4%。

企业在职工发生工伤时的处理方式对工伤保险的缴费率具有决定性的影响。按照企业一位管理人员的说法，有的煤矿千万吨的年产量，一年的工伤才 200 多个，而 TH 矿务集团 2012 年的工伤在年底之前已经达到 400 多个，这种差别在很大程度上是由人为原因造成的。

我们企业按工伤保险进行，只要员工轻微伤害就算工伤，全额报销。但是 LY 煤矿采取压制的方式，私下治疗，只要伤好就不需要申报工伤。MH 煤矿也是采取压制政策，自从领导退休后就出现了上访的问题。当时有些比较严重的工伤没有上报，以至于一些工人旧伤复发后没有工伤待遇，目前 MH 煤矿的上访率很高。

我们企业只要出现工伤就会上报，但工伤治疗后需要进行劳动能力鉴定，有一些轻伤也许不够工伤的级别。所以企业生产中出现的事故虽然很多，但是真正属于工伤级别的毕竟还是少数。劳动鉴定目前是由企业组织，省劳动厅组织专家进行鉴定，一年两次。劳动鉴定之后按照工伤保险条例处理，例如 1—4 级由省级工伤保险出钱，5—10 级由企业负责。而由工伤造成的医疗费用则是 2011 年之前由企业出，2011 年后由省里出。工伤够不上等级的通过医疗保险看病治疗。

工伤发生率除了影响企业的工伤保险缴费率外，还会影响企业的安全奖。工伤率与安全奖是挂钩的，出现工伤之后安全奖可能就没有了。安全奖是由企业自己制定的在年终利润里面拿出一部分作为安全奖，用来激励安全生产。TH 矿务集团在工伤的管理方面非常规范，没有因为担心企业工伤保险缴费率增加和安全奖的取消而对工伤的上报和治疗采取压制的政策，所以企业发生的新工伤纠纷比较少。

存在争议的主要是在企业改制前就已经关闭破产的 ZZ 煤矿。因为 ZZ 煤矿是在 2005 年 10 月破产的，国家工伤保险条例是 2004 年 1 月 1 日起开始实施，但 JL 省煤炭行业的工伤保险条例是从 2006 年 1 月 1 日开始实施，企业破产时间与工伤保险的实施存在时间上的交错，所以矿务集团的工伤争议主要集中在这部分。解决争议的常用方法是采用维稳手段，通过维稳基金来解决。面对一些不合理的要求，比如与工伤没有任何关系的医疗费用，如果企业不给报销，就会受到关闭破产企业员工跳楼、自杀等行为的威胁，所以出于社会安定的考虑，维稳就成为处理类似事件的常用方法。

与私营企业相比，国有企业更重视组织的制度环境，组织的制度化程度取决于该组织对所在制度环境的依赖程度。国有企业所在的制度环境是其资源的主要供给者，而资源输入是组织生存的关键。由于国有企业高度依赖于外部环境获取资源，因而国有企业的经营目标更多的是为了在社会环境中获得认同，从而取得合法性（李猛、周飞舟、李康，1996）。

2. 社会职能的"去与留"：企业的两难选择

TH 矿务集团自 2001 年以来经历了关闭破产、改制和重组的发展历程后，基本上剥离了企业自计划经济时代以来就承担的社会责任；职工身份置换的完成终结了以政治契约为基础的职企关系，代之以建立在市场经济基础上的劳动契约关系。一系列变革改变了传统的国家—企业—职工关系赖以存在的制度基础，矿务集团具备了现代企业制度的基本雏形。改制完成后，在履行社会职能方面，社会服务机构的剥离要比人员剥离遇到的障碍少得多，涉及历史遗留问题的人员管理是企业最想剥离但又无法卸去的责任，而围绕生产展开的社会职能则成为企业日常经营管理的一个主要组成部分。

TH 矿务集团是所在地的重点支柱型产业，地方经济的发展高度依赖于资源。资源型城市通常具有闭塞、经济结构单一的特点，集团煤矿数量较多，即使在最小的煤矿，工人和家属的数量也都超过几万人。在计划经济时代，地方政府办社会有困难，所以医院、学校、幼儿园、公安、消防、供水、供暖、供电全都依附在矿山里面。资源枯竭后，企业不具备承担社会责任的能力和资金。按照国家下达的政策，开始运作资源枯竭型矿山的关闭破产工作。破产矿山的所有服务部门整体移交当地政府管理，包括医院、学校、供水、供电、浴池、公安、消防等。改制过程中，根据 JL 省文件，没有破产的单位，学校、教师必须移交地方政府。所以，2005 年以后整个企业没有中小学、没有幼儿园，企业员工子女入园、入学都不享受特殊待遇。

矿务集团在改制重组的过程中保留了办医院的社会职能。从企业的立场看，企业不想剥离医院主要是出于事故抢救方面的考虑。因为煤矿如果遇到突发事件，市里医院除了无法在第一时间参与救援外，另一个重要的原因是煤矿医院独有的经验和专业科室等一旦发生矿难所必需的专家储备是一般地方医院不具备的。改制后，企业投资7000万元，重新建设公司总医院，引进先进设备，聘请北京和省内著名专家到医院坐诊，让职工不用出门就能享受到知名专家的优质服务。企业每年定期举行职工体检，尤其重视一线工人的康复和保健工作。目前，企业医院是医保定点和工伤定点医院。但是，对于医院的工作人员来讲，他们更愿意站在自身的立场上考虑医院是否社会化的问题。因为目前养老金实行企事业单位不同的双轨制运行，所以医院归地方后变成事业单位，医院退休人员就可以享受高于企业退休待遇的事业单位退休金待遇。企业改制过程中剥离的学校、消防、公安等都划归地方事业单位，享受事业单位待遇。

企业的社会职能主要围绕着为生产服务的宗旨展开。2007年以来，企业先后投资1600余万元，在五个生产单位建成了集室内体育馆、图书馆、老年人文化活动室、安全文化教育活动室为一体的文体活动中心和多个文化活动广场。投资878万元，在五个原煤生产矿建成了集洗浴、保洁为一体的一线工人洗浴中心。全面恢复了职工班中餐供应制度，投资413万元，在各原煤生产矿新建班中餐食堂。2008年，投资1000万元，对驻外办事处进行改造，建成了集培训和疗养为一体的培训疗养中心，到2012年年底，共有48批、2474名职工享受了带薪疗养待遇。

与剥离企业办社会的职能相比，企业与员工关系的转换深刻体现出单位传统中职企关系中那一层温情脉脉的面纱。政策性原因和历史遗留问题使离退休人员、集体企业职工仍然与企业保持着千丝万缕的联系。

在企业破产倒闭和改制过程中完成身份置换的主要是全民所有制企业的正式职工，大批依附于全民所有制经济的大集体企业随着所属单位的破产也随之解体，但职工的身份置换却被搁置了。大集体经济是国有企业人员过密化的一个重要表现，是企业安置职工家属就业的重要途径，1985年前后企业规模最大时，除了全民所有制正式职工5

万多人外，还有3万多名大集体职工。隶属于企业的21个县团级单位都有一个集体企业，主要负责为企业提供后勤保障和社会服务，集体企业的经济效益高度依赖矿山的发展，矿山资源枯竭对集体经济造成致命的打击。这些集体企业的一个共同特点就是它们都属于"三无企业"，即无资产、无营业执照、无营业收入。在企业关闭破产和改制的过程中，中央文件要求地方政府直接接收这些大集体工人。企业希望通过给地方政府一笔资金让地方政府接收这些大集体职工，但是地方政府深知接收这些包袱责任重大，所以即便省政府介入协调，还是没有解决集体企业工人的身份置换问题。因为政策不到位，这个问题一直搁置到2008年。据企业一位负责集体企业改制工作的管理人员介绍，改制的过程非常艰辛。

  国务院国资委、国家财政部，还有人事部共同下发940号文件，在JL省的BS市、CC市、SP市搞厂办大集体的改制。结果CC市跟SP市的当地政府都不同意，因为国家改制时的改制成本由国家出50%，省政府拿10%，剩下的40%由企业自己拿，而当时企业的主体是集体企业，尽管集体企业没有钱，但可以变卖资产。但资产并没有那么多的钱，各种条件也是参差不齐，于是文件规定当企业无力承担的时候由主办国有企业承担，也就是现在的矿业集团。因此CC市和SP市都没有执行，并且把国家批下的钱全部返还。因为一旦改制就会十分混乱，一方面集体企业所属国有企业改制后情况各异，改制成本可能需要地方政府替代企业承担40%；另一方面集体企业改制相当困难，所以政府不愿意捅这个马蜂窝。最后全国就只有BS市改制了。可能由于BS穷，看国家出了好几个亿就进行改制，我们企业自己再配套拿40%，尽管40%并不多，但也拿出了8000多万元。

  钱由谁出，文件里说得非常明确，如果现在矿业集团不存在的话就是由当地政府负责了，但由于改制后出现了一个矿业集团，文件上明确说是由原国有企业负责，所以咱们能改制也是由于咱们企业不错，减少了地方政府的负担。尽管企业拿出了一部分的钱，但多数还由国家和省政府来拿，这就等于把钱投到了这个地方，地方政府就能繁荣经济，对这样一个不大的城市而言，这些钱的发放能够促进购买力，对拉动内需是有好处的。而 SP 跟 CC 没有钱，所以不同意，把国家给的钱还回去，毕竟领导怕人员上访。一方面这件事的成功也得益于我们的领导，董事长的思想比较超前，领会国家的政策比较熟练。他认为，这是早晚都要解决的问题。另一方面则是要争取国家的资金，这对当地的政府、企业、老百姓都有好处。可以说，他站的角度比较高，看得也比较远，因此改制这件事还是比较成功的。

企业承担改制成本推动大集体企业职工的身份置换主要有两个方面的原因：一个是 2008 年集体企业改制时企业的经济效益不错，有能力承担改制成本；另一个就是大集体工人采取了比较激进的方法迫使企业推动改制工作。据企业的一位管理人员介绍：

  当时我的办公室在这个房间待一段时间又搬到另一个办公室去，都不能在一个办公室多待，天天都会有人来闹事。他们一进门就把水盆踢翻，以至于都要公安来保护我。从 2011 年开始才把这些人处理好了，没有大批上访的职工。以前楼梯都上不来，全坐满了上访的人。

大集体职工的身份置换基本比照关闭破产企业的做法。（1）对未达到法定退休年龄的人实行一次性经济补偿，就是"买断"，然后办理失业登记，可以享受国家规定的失业政策。失业政策包括很多方面：①自谋职业，优惠减免税收，并且享受小额贷款；②由于没有达到法定退休年龄，无法退休，还需继续缴纳养老保险，国家有相应的扶持政策，享受缴费优惠。（2）对超过法定退休年龄的人通过提供养老保险金补贴，一次性投入社保，办理退休手续。JL 省针对集体企业改制的问题还有一系列的配套措施。

> 应该说，这些配套政策是十分合理的，老百姓能承受得了，他们自己拿一部分钱，企业给拿一部分钱，政府出台一个特殊的政策，三者结合起来还算是比较平稳。现在上访的基本少了。JL省集体企业改制中唯有BS市进行下去了，而且做得比较好。其他的都等着开完党的十八大后，在全省推开施行，但现在还没有消息。但是这部分改制并不彻底，不像破产，破产叫"扫地出门"，什么都没有。但集体企业改制采取一个叫"头疼医头，脚疼医脚"的办法。意思就是这些人来上访了，便出台一个适合这些人的政策来解决；而另一部分觉得不合理，又来上访，我们便再想办法解决这些人。也就是说，没有彻底的综合改造办法。据我了解这其中非常复杂。
> 整体来讲，改制这件事还是比较成功的。去年我经常接待山西、山东、河南、河北的团体来学习集体企业改制。当时一些遗留的问题就是极少数的人员问题。有些人把补偿的钱花完之后就又来上访索要，甚至有些拿着汽油瓶以命相威胁，这些也只能在后期处理。目前已经没有这样的事情了。

退休人员的社会化管理是目前的通用做法。所谓社会化管理就是企业退休人员退休金的发放和对退休人员的日常管理不再依附于原企业，而由政府指定的相关机构具体负责。大多数国有企业通过改制重组，都实现了对退休人员的社会化管理，TH矿业集团的改制在这方面是不彻底的。

> 我们有专门的管理机构，退休金由省里拨款，我们负责发放。但我们还得负责管理其他生活方面，因此还有一个统筹外费用，由企业出。包括职工生病、生活困难都是来找我们。咱们遗留下来的离退休人员，从历史沿革来看，按照国

家规定能够享受以前遗留下来的待遇；改制之后是由省社保负责统筹，但统筹是有范围的，范围内的费用是属于养老保险金支付；但有些项目没有，省里也就不给钱。但你如果把遗留下来的待遇剪掉，职工当然不同意。所以，导致现在由省里拨付统筹内的钱，而企业则是要把统筹外的钱贴补上去，然后统一发给职工。

因为一些历史沿革方面的原因，省级养老金统筹无法覆盖的待遇都需要由企业额外承担。例如，1998年以前退休的职工享受每月9元的住房公积金待遇就是需要进行补贴的统筹外待遇；另外，社会统筹的采暖费补贴低于企业内部标准的部分还需要由企业进行补贴；再者，对于生活困难退休职工的救助工作也都是由企业负责的。矿区作为一个小社会，还承担着无法移交出去的生活职能。破产煤矿的退休人员已经全部移交社会管理，但是企业改制前退休以及没破产矿区已经退休和即将退休的人员将继续依附于企业，由企业进行管理。截至2012年年底，企业共有离退休职工3800多人。

企业继续承担对离退休人员的管理工作是政企博弈的后果。由于养老金实行省级统筹，但是在管理上还需要由地方政府具体负责，所以企业要移交管理退休人员的职能涉及企业与两级政府的关系。企业愿意将统筹外的资金补齐统一交给省政府，实现退休金的社会化发放，但是地方政府在管理这些退休人员方面存在顾虑，害怕这些人员存在不稳定的隐患，所以导致企业一直没有办法移交这部分社会职能。企业管理人员认为，企业是按照当地习惯，将一种职能剥离出去了，而另一种方式的社会职能又出现了。

> 移交管理责任是个非常复杂的问题，省长都直接过问过，但是始终不好解决。企业继续管理退休人员是受到咱们这种体制的制约。正常来讲，企业就应当做自己的事儿，负责生产煤炭，按照产、供、销，追求利益最大化，不应承担过多的责任，这是正常体制管理应该表现出的现象。但是在

中国特色社会主义理论的指导下，既然企业都是国家的企业，资产也归国家所有，不是个人的，那企业在有条件的情况下应该负担更多的责任，为国家排忧解难。但从实际情况看来，要求企业去更多地承担社会责任是不对的。

政府不接收离退休人员的原因，归根结底是政府害怕人员的不稳定。这些人对政府而言没有经济效益，只是伸手要钱，而且政府接收后就只能是增加了累赘。政府对企业进行彻底的改制，也只能清算几年的费用，不能清算20年甚至50年的费用。几年过去之后，这些人还依然存在。企业影响不了地方政府，所以政府不管只能由企业继续管理。目前，成立了专门的矿区、社区来负责养老金的接收与发放。总之，在企业改制的过程中移交了很多部门，但始终是各算各的账。好的部分企业不想移交，不赚钱的部门地方又不想接收。

但这个企业毕竟有60多年的历史，从计划经济年代转到现在，沉淀了相当大的矛盾。所以若完全按照现在的企业去运作是不行的。所以企业依旧要"温情脉脉"地管理职工。例如，我们解决职工住房的问题。通过改制破产，将原来的资产重组后，安置这些职工也是我们企业承担社会责任的一方面。比如说，原来的DH矿破产之后，所有的人员都走了，剩下的房屋以最低价格都租不出去。目前，我们把DH矿的资产重组之后，在那里安置了两千多人，我们以这样的方式稳定了LJ市的就业问题。目前以前的房屋都住满了，当地开始建房住人。

住房市场化改革以来，企业不再自建住房满足职工的住房需求，住房公积金制度成为满足职工住房需求的制度性安排。但是在职工连住房首付都无法承担的前提下，公积金制度的保障性作用就无法发挥出来。TH矿业集团内部存在的收入差距主要体现在一线生产工人和辅助工人之间。矿业集团的矿井平均深度达到1000米以上，远远高于中国平均 400 米的矿井深度，生产条件决定了生产过程需要较多的辅助工人，致使一线工人和辅助工人达到甚至超过了 1∶1 的比例，辅助工人的工资低于一线工人，所以很多工人都无法承担住房的首付。企业通过向工人提供住房抵押贷款，每人为期 5 年或 10 年的 5 万元贷款解决住房首付款，此后贷款员工每月向企业还款 500 元。除了向员工直接提供贷款外，企业还与地方联手利用国家棚户区改造政策，投入 5000 多万元，先后对 BB 矿、DQ 矿、SS 矿棚户区进行了改造，为 3000 多户棚户区职工彻底解决了住房问题。

3. 企业内部的补缺型福利：工会组织的运作

企业工会围绕改善民生展开了内容丰富的工作。工会的工作主要包括安全生产宣传、群众生产竞赛、为职工办实事、促进和谐劳动关系等方面。公司董事长在第二届第二次职代会上提出了"继续坚持想群众之所想、办群众之所需、圆群众之所梦的原则，积极开展为职工办好事活动"。

工会为更好地开展工作，对矿区的困难职工进行了摸底排查。2012 年年底，集团公司共有在册职工 13573 人，其中困难职工 1867 人。职工贫困的主要原因包括因公、私伤导致的收入下降和医疗费支出增加、家庭成员患慢性病或大病、子女上学支出剧增、家庭成员就业困难等。

企业帮助困难职工的措施主要包括六个方面。第一，从科学发展观的高度认识帮扶困难职工的工作，为企业的发展和稳定提供一个良好的社会环境。建立帮扶领导机构，强化机制建设和组织领导，建立了党政工会一把手负总责，主管领导具体抓，有关部门配合抓，专人负责，齐抓共管的组织领导体系。第二，建立困难职工档案管理机制，实现对困难职工的动态管理，作为扶贫济困工作的基础。第三，坚持节日走访慰问，建立重大节日送温暖机制。第四，开展阳光助学活动，资助贫困学生，建立就学救助机制。第五，领导带头结对子，建立帮扶长效机制。第六，开展日常帮扶救助工作。

2012 年将走访慰问困难职工作为"关爱职工、感恩企业"主题教育活动的一项重要内容。在 2012 年春节走访慰问中实现了全覆盖无遗漏的送温暖活动，走访困难职工 3224 户，发放救济款 74 万元；发放米、面、油 8 万余斤，猪肉、鸡肉、木耳、糖果、水饺等副食品 3.5 万余斤，折后金额 115 万元。

"阳光助学"活动从 2010 年开始启动，各基层工会建立健全了"阳光助学"活动领导小组，建立了困难学生档案，进行跟踪救助，直至家庭脱贫或本人完成学业为止。在资金来源上，2012 年集团公司通过组织"阳光助学捐款"，动员 13528 名职工共捐款 25.17 万元。仅 2012 年一年就有 174 人获得救助，累计救助金额 25.05 万元。在救助对象中，新录取的大中专学生共 146 人获得救助金额 17.1 万元，在校就读的特困生 28 人获得 7.95 万元的救助。

企业还成立了扶贫济困基金会，对矿区的贫困户实施救助。2010 年基金会救助困难职工 44 人次，发放救助款 12.6 万元。仅 2012 年，基金会就先后对患有癌症、尿毒症等重大疾病的职工及其家属共 66 人实施了救助，发放救助款 23.3 万元。

在对困难员工家庭进行摸底调查的基础上，确立特困员工家庭作为重点帮扶对象，要求企业副处级以上领导干部与困难职工建立"一帮一"帮扶对子，确立包保关系。着力在"三助"上落实包保措施：一是"助困"，对生活有困难的家庭，通过捐款捐物解决困难，确保基本生活；二是"助医"，对于包保对象家庭成员中患有大病、重病的借助政策和各种方式，减轻其医疗负担；三是"助学"，对帮扶对象子女就学有困难的，通过资助学杂费等方式，确保不因贫而失学。确保包保困难员工的基本生活能够得到保障；子女不因贫困而辍学；危重病人能够得到及时医治；有劳动能力和就业愿望的家庭成员能实现再就业。下面是一位管理人员对企业承担社会责任的认识：

> 咱们大概是 2008 年年底专门成立了扶贫济困基金会，专门解决贫困户和"五保户"的生活困难，累计救助 313 人，大约救助款是 99 万元。这个是需要申请程序的，是工会来管这事的。咱们矿区的职工要真是贫困的话，从政策上来讲应该是可以申请市里的救助，但从操作上来讲很难。因

为地方政府应该管的也没有能力管。咱们是一个老国企，集团的领导班子坚持以人为本。咱们董事长也包保了两三个困难户，有一个姓周的矿工，他在企业改制的时候表现相当激进，拿瓶汽油就要自燃呀，后来最难的事都交给领导，董事长后来包保他，董事长说，你死行，你上有老母下有儿女，后来这事就解决了，孩子上学的钱都是董事长出。这个人也从最能干的上访者，变得也不再上访了。

为了解决矿区特困员工家庭看病难，看病费用高的问题，矿区工会与集团总医院决定成立矿区惠民病房。经过资格审定的特困职工及其家属在就医时可以享受"六免""三减""二优惠"的待遇。"六免"就是免收院内会诊费、远程会诊费、取暖费、诊查费、挂号费、床位费；"三减"就是治疗过程中需要的各项仪器检查费、基本手术费和护理费减免50%；"二优惠"是指使用乙类医保目录的药品，在原优惠价格的基础上优惠10%；因病致贫的特困患者根据实际情况，由个人申请，在获得民政部门或慈善机构提供50%以上预计医疗费用的救助基础上，经医院批准给予更大的医疗服务优惠。所以，矿区职工的医疗保障是由基本医疗保险、大病保险和企业建立的医疗救助制度构成的。

我们企业目前依旧是一种小社会的形式，职工以及家属出现一些困难并不会去找地方政府，还是找企业解决。所以领导也就自然把老百姓的利益高高举在头上，所有的工作都要惠及老百姓。我们董事长协助地方政府帮助解决职工住房问题，如企业配套多少，老百姓出多少钱，来解决职工住上楼房的问题。所以企业进入市场之后承担的社会义务不但没有减少，反而承担得更多，更有主动性。

企业高层领导者的社会责任导向和伦理承诺是影响企业实际行为的重要因素。高层管理者对社会责任事务的承诺作为一种无形资源，随时间演变积累成组织的惯例和实践。改制后的 TH 矿业集团在社会责任领域的实践凸显了高层领导者的信念和承诺对企业行为的导向性作用。企业对员工履行社会责任是企业内部人力资源管理的一个重要手段，对增强企业的凝聚力，为企业发展获得良好的社会支持具有显著的作用。

企业与政府的关系对企业承担社会责任的程度具有显著影响。企业承担社会责任的程度和范围是企业与地方政府根据各自利益互动博弈的结果，企业能否将承担的社会责任转移给地方政府，取决于地方政府的能力，地方政府承担社会责任的程度受到其所能动员的资源的限制，同时维持社会稳定的政治目的也会限制地方政府承担企业剥离的社会责任。

单位惯习是企业继续承担社会责任的内部动因。路风指出，国有企业要建立现代企业制度需要一个独立的组织转变过程，实现企业对生产过程的控制。TH 矿业集团的实践表明，现代企业制度的建立和清算历史债务都无法使企业成为以利润最大化为目标的市场经济主体，企业仍然是职工眼里的家长，当职工遇到困难的时候仍然会找家长解决，企业与雇员之间的关系不只是法律合同规定的契约关系，更是一种受制度惯性支配的相互期许，TH 矿业集团企业社会责任的实践体现了制度变迁的路径依赖效果。

从"理性经济人"假设出发，企业是否承担和承担什么程度的社会责任取决于企业面临的风险与预期收益的比较。组织社会学的制度理论对企业社会责任决策的行为假设进行了扩展和补充。制度主义视角认为，企业从事社会责任活动既可能是一种利益驱动的经济过程，也可能是一种情景依赖的社会过程。企业迫于情境压力的"非经济理性"行为受到合法性机制的指引。

组织的制度化程度取决于该组织对所在制度环境的依赖程度。组织对制度环境的依赖程度越高，组织的制度化程度越高，其内部行动的仪式性也越高（DiMaggio, Paul J. and Walter W. Powell, 1983）。与私营企业相比，国有企业更重视组织的制度环境，以合法性原则为主。国有企业的效率原则往往让位于合法化原则（Warner, 1997）。

国有企业所在的制度环境是其资源的主要供给者，而资源输入是组织生存的关键。由于国有企业高度依赖于外部环境获取资源，因而国有企业的经营目标更多的是为了在社会环境中获得认同，从而取得合法性（李猛、周飞舟、李康，1996）。

第九章 福利多元化与企业社会责任

第一节 转型中国家与社会关系的变迁

由计划经济向市场经济的转型引发了政府和社会领域的一系列变迁。一方面全能主义国家的收缩为社会提供了资源和空间；另一方面社会内部产生了巨大的分化，在以中产阶级为标志的市民社会尚未形成之际，已经形成了一定规模的底层社会，由此导致社会利益集团的分化与重组和国家与不同社会利益群体关系的重构。中国的国家与社会关系日趋复杂化。

新制度经济学家诺斯说过："没有国家办不成事，有了国家又有很多麻烦"，这就是所谓的"诺斯悖论"。解决这一问题就要扭转人们过去在国家与社会关系上"一强一弱"的"零和博弈"思路，进而转向国家与社会"相互增权"的新思维，即国家运用其特色优势，发挥"能促型作用"，推动公民社会的发展。同时也需要一个强大的国家，一个强大的具有现代化取向的中央权威是完成社会平稳转型的必要条件。因此，在中国，国家与社会关系的理性选择应是"强国家—强社会"，将"社会要有自主性"和"国家要有权威性"二者有机结合起来，避免国家宰制社会和社会对抗国家，争取二者之间的良性互动平衡。

一 改革开放前的国家社会关系：国家吞并社会

关于新中国成立后国家与社会的关系，比较有影响的主要有全能主义、新权威主义、总体性社会三个解释模式，本书着重于全能主义和总体性社会两个观点。

按照邹谠的解释,"全能主义"一词表示一种社会政治制度,在这种制度下,国家职能可以扩展到社会生活的任何领域而不受道义和意识形态的制约,只有最高领导人可以限制这种扩展并随时改变它。邹谠分析说,1949年以后,共产党按照其设想,在可能的范围内,重新建设了整个社会。经过1956年的工商业社会主义改造和1955—1958年的合作化、集体化运动,国家与经济的关系发生了巨大的变化。换句话说,党、国家通过各种手段占领了大部分社会领域,国家吞并了社会和市场。

"总体性社会结构"解释模式是由孙立平等完整表述的,主要是应用于新中国成立至改革开放前的解释框架。"总体性社会论"认为,1949年新中国成立后至改革开放前,中国是一个总体性社会。所谓"总体性社会"是指"社会的政治中心、意识形态中心、经济中心重合为一、国家与社会合为一体以及资源和权力的高度集中,使国家具有很强的动员和组织能力,但结构较为僵硬、凝滞"。在这种模式中,国家力量在政治、经济和社会生活中无限膨胀,国家在很大程度上吞并了社会,实际上相对自主的社会已不再存在。该模式下整个社会生活几乎完全依靠国家机器的驱动,社会的思维能力和创新活力被窒息,全部社会生活呈政治化、行政化趋向,到"文化大革命"结束时,这种国家与社会的关系模式走到了尽头。

计划经济时代,国家通过将所有社会组织单位化实现了对社会的总体性控制。从社会福利的制度资源上看,家庭、邻里互助、市场和政府在不同国家的不同发展阶段都是福利的制度来源。就中国的情况而言,新中国成立前,作为一个农业国,在国家和市场都不发达的背景下,家庭、宗族、同乡和同业等血缘和业缘关系是社会福利的主要来源。单位社会形成后,国家通过单位控制社会生活一切领域的同时也弱化了传统中国社会的血缘、业缘和地缘关系,吞并了社会生活的一切自主领域。

二 改革开放后的国家社会关系重构

20世纪70年代末到80年代中期,国家垄断一切稀缺资源的总体性状况有所改观，国家对社会全面渗透和控制的局面亦不复存在，一个具有相对独立性和自主性的"社会"开始发育。而且新发育的社会与市场一起成为提供资源和机会的新型机制，与之相关的是改革使大多数人受益。20世纪80年代后期至90年代中期改革不断深化，资源配置机制也发生了重要变化，社会资源分配失衡造成了当今中国社会结构的断裂：一个垄断了所有政治、经济特权与大多数社会财富的权贵（精英）阶层，和一个主要由贫困的农民、农民工和城市下岗工人构成的底层社会构成了尖锐对立的两极；在对立的两极之间，中间阶层只占很小的比例，所以众多研究表明20世纪90年代资源重新积聚的一个直接结果，是在我们的社会中开始形成了一个具有相当规模的底层社会。据此，孙立平早已指出，中国已出现了一个断裂的社会（孙立平，2002）。20世纪90年代中期以来，利益对于改革的扭曲变形，使一些改革的走向已经不是朝着一种新体制的建立，而是不合理的利益瓜分，改革已经进入了"利益博弈时代"。

　　国家与社会关系的根本性变化，突出表现为通过政府与社会关系调整而形成的一个具有相对自主性的社会。国家对社会控制的弱化具体包括如下三个方面：第一，控制范围的缩小，这明显地表现在人们的日常生活、文学艺术和科学研究等方面，在这些领域，党和政府的直接控制和干预已经越来越少，自主性在明显增强。第二，在仍然保持控制的领域中，控制的力度在减弱，控制的方式在变化，即由一种比较"实在的"对实际过程的控制，转变为一种比较"虚的"原则性控制。第三，控制手段的规范化在加强。由于法制建设的加强以及政府行为逐步走向规范化，原先任意的控制开始向一种较有规则的控制转变。社会的发育突出地表现在以下三方面：第一，社会成为一个相对独立的提供资源和机会的源泉，因而个人对国家的依附性明显降低；第二，相对独立的社会力量的形成；第三，民间社会组织化程度的增强。[1]

　　现代社会是由三个领域构成，即政治领域、经济领域和社会领域，它们各自有不同的活动主体、不同的组织目标、不同的社会功

---

[1] 罗兴佐：《中国国家与社会关系研究述评》，《学术界》2006年第4期。

能。政治领域的活动主体是国家或政府组织，它主要的职能是提供垄断性的"公共产品"，如立法、司法、国防、外交等。经济领域的活动主体是市场，其中包括营利组织、独立的生产经营企业和劳动者个人，它主要的职能是提供"私人产品"，如面包、衣服、电脑、住房等。社会领域（又称公共领域）的活动主体是社团、家庭和个人，它主要的职能是提供非垄断性的"公共产品"，如结社、人际交往、公共卫生、文化传承、价值确立等。在现代社会中，三个领域都拥有较高的自主性或自治能力，而且彼此之间具有"对称的"影响，通过三个领域之间的"不断增加的自主与互赖"，构筑国家—社会—市场的良性互动关系，就成了国家具有现代性的根本标志（邓正来、亚历山大，J. C.，1999）。

改革开放后，国家与社会关系的转变，社会力量的不断壮大，是国家放松管制、逐步推动的结果。国家对待社会和市场的态度有很大的不同。国家并没有积极推动社会自主能力的提高，依旧承担了许多属于社会的功能，并且国家与社会之间缺乏充分有效的联结组织来表达社会的利益，减缓国家对个人的直接压力，许多社会组织不过是行政性组织的变种；但对于市场，国家则采取亲近的姿态，放权让利，改革宏观管理体制，不断引进和发展市场机制，改变计划机制一统天下的格局。所以，国家与社会的关系的转变在经济领域要比在社会领域来得更全面、更彻底。

在经济体制改革的过程中，与国家社会关系变迁相伴生的还有社会福利的制度来源和权力结构的变化。随着自由流动资源和自由流动空间的增加，国家不再作为社会福利唯一的制度来源，市场成为人们满足社会需求的首要选择，为了对抗市场经济带来的风险，相继建立和完善了社会保险制度，明确了国家、企业和个人的责任。国家在发展市场经济的过程中，秉承"效率优先，兼顾公平"的基本原则，以致中国社会一度出现了过度市场化，经济领域的规则渗透到社会领域，形成了野蛮的市场社会。如前所述，国家在市场和社会领域的放权程度不同，在市场日益强大的同时，并没有发展出一个能够制约野蛮市场力量的社会领域，处于劣势的劳工在面对强势资本时缺乏组织的力量和制度化的表达渠道。国家、市场与社会的分化不同步，进一步强化了"强资本、弱劳工"的趋势。在中国社会福利的权力结构中，社会的力量过于弱小。

第二节　福利多元化的社会基础

摒弃价值判断，而只对福利多元化作事实判断的话，这个表述是古今中外社会生活中的一个基本事实。在前市场经济社会，家庭、互助、志愿组织以及各种人身依附关系是人们满足社会生活需求的基本制度安排，社会关系而非经济关系决定个人的福祉。市场成为基本的资源配置手段后，市场与社会的关系发生了根本的变化，市场原则渗透到社会生活领域，传统的社会保护机制失效，市场成为人们满足日常需求的基本手段。国家以制度化的方式满足人们的需求，并进一步发展成福利国家，是否能提供足够的福利成为国家合法化的重要来源，国家以公民身份为依据提供福利的历史始于"二战"结束后，延续到20世纪70年代初期，福利国家赖以存在的经济基础和社会基础发生了重大的变化，开始了福利多元化的转向。至此，福利多元化作为福利国家的替代选择成为主流话语。

一　福利多元化

福利多元化，也称混合福利经济、福利组合或者福利社会，是指福利提供不应局限在政府一家，而应该由多个部门（如志愿部门、私营部门和非正式部门）共同提供，以减少政府在福利提供中的作用，达到控制福利开支的目的。国家在福利提供上的确扮演着重要的角色，但绝不是对福利的垄断。社会总体福利是由家庭、市场和国家共同的，或补充或竞争的提供的福利的总和。[1]

---

[1] Rose R., 1986, "Common Goals but Different Roles: The State's Contribution to the Welfare Mix", In R. Rose and R. Shiratori (eds.), *The welfare state: East and West*, Oxford University Press, pp. 13-39.

福利多元主义分析的重点是福利供给各部门之间关系的分析。约翰逊（N. Johnson）就指出，福利混合经济中的关键问题不是考察提供福利的四个主体是否存在，重点在于分析四部门之间的平衡，需要考虑四部门在不同国家、不同时间、不同福利服务项目以及相同服务项目中不同组成部分之间的变化。也就是说，福利供给的各部门之间有一条"移动的边界"，在供给福利过程中，每个部门的作用和介入程度因时、因地而异。福利混合经济因此是一个动态变化的现象，其走向取决于特定时点上的特定历史情境。[1]

米什拉（R. Mishra）认为，总体福利（total welfare）并不是各个部门所提供福利的简单加总，不同部门的混合还增加了更多的东西。国家可能从直接提供福利的角色上退下来，鼓励雇主、志愿组织、家庭和其他人做出应有的贡献。但是政府在劳动力市场福利方面的作用不可替代，而且社会福利的提供从一个部门到另一个部门之间的转移，其背后掩藏着深刻的价值含义。不能简单地把福利的提供形式看作"功能等同物"（Fonctional Equivalents）；不同的部门建立在不同的原则之上，其作用范围也就不同，也就不能被单纯地看作彼此的替代品。[2]

二 福利国家体制与合作主义

然而，即使在福利国家的繁盛期，国家也不是福利的唯一来源，国家与市场、家庭、互助和志愿组织一起提供福利，满足公民的基本需求。从福利国家到福利多元化（福利社会）的转型其实是福利意识形态的转变，是新自由主义对社会福利领域的入侵。在福利国家向福利社会的过渡过程中，各种满足需求的制度如何组合，既是国家规制的结果，同时也是各种利益和权力在福利领域博弈的结果。

埃斯平·安德森开创了福利国家体制研究的传统。在《福利资本主义的三个世界》中，他将福利国家划分为三种类型，并在分类的基

---

[1] 约翰·斯图尔特：《历史情境中的福利混合经济》，载马丁·鲍威尔《理解福利混合经济》，钟晓慧译，北京大学出版社 2011 年版，第 27—47 页。

[2] 米什拉：《资本主义社会的福利国家》，郑秉文译，法律出版社 2003 年版，第 113—120 页。

础上，进一步论述了不同的福利模式对社会结构和阶级分化产生的不同影响。保守主义模式与合作主义的形成同欧洲大陆的影响有关。合作主义的政治体制特征使社会保障制度体现并强化了欧洲大陆国家社会阶层分化明显、等级结构严格和特权势力强大等社会结构特征。自由主义模式认为市场原则高于一切，对政府的积极干预政策持否定态度，在这种模式下，工会的作用得到抑制，崇尚精英主义，对于那些在市场经济竞争过程中处于不利地位的社会弱势群体提供以家计调查为基础的社会救济，市场机制在各阶层的福利关系中发挥主导作用。社会民主主义模式追求的是以满足中产阶级需求为标准的普救主义，而不是仅限于满足社会低收入阶层需求的均等给付。以瑞典为代表的社会民主主义国家将普遍的权力资格与较高的收入给付有机地结合在一起，既能满足中产阶级的需求，又可为普通工人提供标准不断提升的社会保障，通过社会保障制度的整合作用强化了各阶层的连接与国家的稳定。社会保障制度的产生与发展不仅受到不同社会阶级结构和国家政治体制的影响，同时社会保障制度对社会结构的分化也会产生影响。

在福利国家起源方面，"福利国家源于自由的合作主义"，这是西方学术界对福利国家起源研究所持的主要观点之一。[1] 福利国家之所以被认为源于合作主义，在一些西方学者看来，是因为合作主义的精髓在于"妥协"和"共识"：资本主义的大生产必然导致资本集中，而资本集中必然促进劳工团结起来，这时，政府、劳工和雇主三方或是达成妥协与共识，共同决策与管理国家，或是相反。[2] 合作主义代表了一种国家和社会因素的重合，是企业和组织起来的劳动者的代表对国家政策谈判和协商的参与，并受到国家的支持。科比认为，三方伙伴主义或合作主义应被准确地理解为劳资之间正发生的阶级冲突的一部分或冲突过程中的一个阶段，它代表了劳动者对劳资之间特有冲

---

[1] Arthar Gould：*Capital Welfare System, A Comparison of Japan, Britain & Sweden*, Longman Group UK Limited, p. 245.

[2] R. 米什拉：《资本主义社会的福利国家》，郑秉文译，法律出版社 2003 年版，第 159 页。

突能够施加政治影响力的一种形式。① 在西方一些学者看来,"合作主义"已经成为描述和分析当代西方福利制度的一种工具,约翰·基恩甚至在《公共生活与晚期资本主义》一书中认为福利国家是合作主义的一种体现。

合作主义的因素或称三方伙伴合作的程度,在当代任何发达国家的经济制度和福利制度中都只是一个大和小的问题,而不是客观上有没有的问题;他们在社会保障和社会福利制度中的存在是一个多和寡的问题,而不是主观上要不要的问题;它们自19世纪末20世纪初正式登上历史舞台以来,与几乎所有西方国家的社会保障制度相伴而生,相互依存;这个历史现象的出现,是现代文明国家发展进程中一个不可逾越的历史阶段,是现代社会保障制度与现代社会福利制度的结构中不可或缺的要素。② 战后,经济和社会的发展使作为合作主义传统的社会结构基础发生了变迁,福利制度的设计仍然围绕不同阶层和利益集团展开。

全球化进程对欧洲合作主义制度带来了较大的影响,合作主义制度将面临前所未有的困难。全球化时代使合作主义制度赖以依存的三个主要基石之一的工会组织遭到破坏。随着产业结构的转型和新科学技术的应用,使以前那些大批熟练的劳工群体迅速被许多所属权威和报酬等级含混不清的新群体所替代,非正规就业和灵活就业变得很普遍,工会组织率呈下降趋势,工会会员成分也日趋复杂化。新一代工人缺乏以往工人阶级的统一性,对自己的社会地位和身份缺乏认同感,他们追求的是休闲、娱乐等文化生活模式,而不是工作。作为与马克思所说的相对应于"自在阶级"的"自为阶级"来说,这个"自为阶级"正在衰落。③ 工会组织的弱化导致其谈判能力的下降,从而致使制度性对话被分解。在国家、资本和劳动三者之间,三方权力的平衡开始向资本一方移动,合作主义和三方伙伴主义的关系基础

---

① Korp W., *The Democratic Class Struggle*, *Routledge*, London, p. 20.
② R. 米什拉:《资本主义社会的福利国家》,郑秉文译,法律出版社 2003 年版,第 217 页。
③ 奥利维耶·施瓦茨:《工人阶级变成了什么?》,法国《人道报》2001 年 5 月 2 日。

倾向于弱化。全球化的深入加强了资本与国家谈判讨价还价的能力，提高了迫使国家减税、取消管制和降低成本的抑制能力，所以与之相对应的则是在一定程度上以牺牲劳工利益为代价的劳工与资本抗衡能力的削弱。[①]

三 利益的分化、重组与平衡

在社会政策领域，合作主义展示了国家与社会之间良性互动的制度化机制。合作主义发挥作用的基本前提是国家、社会与市场领域的充分分化，产生各自的利益代表组织。1949年新中国成立后，新政权的特点是通过国家的行政化控制一切社会和经济领域，并通过党群组织把所有社会成员组织起来，社会主义意识形态落实到制度层面的结果是国家淹没市场和社会，国家之外没有自由流动资源和自由流动空间。改革开放之后，国家首先通过有意识地开放社会资源的配置方式，在计划经济之外培育市场力量，经过30多年的改革开放，市场经济已经成为中国基本的经济制度，资本的力量快速崛起，资本和权力结合在中国形成了新的权贵阶层，作为改革开放的既得利益群体，在政治、经济和社会领域有广泛的影响力。国家的放权让利成就了资本的力量，社会领域并没有获得相应的成就。20世纪70年代末到80年代中期由改革带来的大多数人普遍受益阶段结束后，由于资源配置机制的扭曲，在中产阶级还没形成的情况下，形成了精英的普遍结盟和由社会弱势群体构成的底层社会并存的局面。

社会利益的分化已成，但不同利益群体的利益表达渠道和利益表达空间却存在很大的差别。清华大学公共管理学院NGO研究所2003—2005年进行的一项国际比较研究"公民社会指数研究"显示，分别有37%和35%的人认为非政府组织对农村人口和穷人代表不足，只有16%和12%的人认为代表基本相当；而11%的人则认为精英在其中代表不足，46%的人认为代表是相当的。[②] 在制度层面上表现为

---

① R.米什拉：《资本主义社会的福利国家》，郑秉文译，法律出版社2003年版，第190页。

② 贾西津：《中国公民参与的非政府组织途径分析》，《中国非赢利评论》（第1卷）。

强势利益群体倡导力强，弱势群体赋权弱。为社会弱势群体服务或维权的组织不仅数量有限，而且由于其自身游离于合法性的边缘，很难成为弱势群体的代言组织。在"利益博弈时代"，如何形成一种有效协调利益关系的社会良性运行机制，已经成为当前社会的焦点问题。

民间组织是将多元利益组织化的重要制度载体，并为利益表达提供通畅的渠道，增加社会参与治理的空间。2005年发表的《社会蓝皮书》表明，群体性事件由1994年的1万起增加到2003年的6万起，而且规模不断扩大，参与群体性事件的人数年平均增长12%，由73万多人增加到307万多人，其中百人以上的由1994年的1400起增加到2003年的7000多起（汝信、陆学艺、李培林，2004）。目前的社会抗争一般以行动者具体的诉求为目标，以具体的"事件"为背景，问题与"事件"解决之后，集体行动也就宣告结束，在某些集体行动中虽然存在组织者和松散的组织形式，但由于狭小的结社空间，使社会与国家之间的互动最小化，无组织的、突发的大规模骚乱成为社会抗争的典型形式。在社会不同群体的利益分化已经出现的情况下，为不同的利益群体提供一个表达利益诉求的制度化渠道，实现国家与社会之间的制度化连接，对于国家而言，是一个明智的选择，因为与其面对原子化的个人，不如向弱势群体主动赋权，将不满与怨恨纳入制度化的表达途径。这样既可以调整由利益分化导致的不同利益群体之间的对抗与冲突，又可以重构国家与社会，国家与不同社会利益群体之间的关系。

第三部门的发展与公民社会的建构是对原有计划经济时期由政府主导的自上而下的社会建构方式的补充，其中必然涉及不同社会利益群体的利益调整以及国家与社会关系的重构。目前，政府对待民间组织发展的态度是根据其解决社会问题和挑战权威的能力进行分类管理的。康晓光将之称为"按类型分布的国家控制结构"，即对具有不同的挑战能力或组织集体行动能力的社会组织，政府将采取不同的控制手段；对提供不同的公共物品的社会组织，政府将采取不同的控制手段。在分类控制体系下，人们的结社权利受到一定的限制，不同的群体拥有不同的结社权利。社会组织并非完全出于自愿结社，也并非完全独立于国家之外，不同的社会组织与政府保持着不同程度的联系。[1]在国家与社会的权力格局中，国家依然处于主导地位，依然控制着公共领域，垄断着集体行动的各种资源。通过建立分类控制体系，政府有效地控制了社会组织化进程。

社会保障制度作为一项涉及所有社会成员基本利益的制度安排，公平和正义是其核心价值。在经济体制转型、社会转型和经济全球化的背景下，中国应该选择什么样的制度保护公民和协调利益关系，这个问题既要考虑分配正义的规范要求，也要考虑经济发展水平和社会承受能力。

西方学者最早用"地方合作主义"概念来分析中国社会生活的变化及中国"公民社会"萌芽的产生。有的西方学者从公民社会和政治体制变革的角度出发，认为"国家化"的合作主义理论为中国的变化提供了更为准确的模式，他们在分析了全国性的合作主义机构、地方一级的合作主义因素后，认为中国通过这种渐变发展出合作主义的可能性要远远高于对任何形式的政治民主的引进。[2]张静把用合作主义研究中国的西方学者分为三代人，在对他们每一代人各自研究重点进行详细研究后指出，从结构立场来看，他们的研究主要集中在两个方面：经济组织与国家的关系和社会利益的组织化方式。

从社会福利和社会保障制度建设的角度来看，合作主义的福利制度就是企业中工人代表参与集体谈判的制度化问题。企业集体谈判，是现代福利制度三方合作赖以运行的最基本的微观条件和初级形态。从根本上说，一个社会利益格局的大体均衡是社会中不同群体利益博弈的结果。与市场经济体制建立相伴而生的社会结构分化的加剧，意味着利益主体的多元化，不同的阶层和社会群体开始拥有不同的利益。然而，不同利益主体的发育程度不同，不同群体争取自己利益的能力是非常不同的。这种能力的差异，突出表现在强势群体和弱势群

---

[1] 康晓光、韩恒：《分类控制：当前中国大陆国家与社会关系研究》，《社会学研究》2005年第6期。

[2] 安戈·陈佩华：《中国：组合主义及东亚模式》，《战略与管理》2001年第1期。

体之间。在强势群体一方,强势群体的各个部分不仅已经形成了稳定的结盟关系,而且具有相当大的社会能量,对整个社会生活开始产生重要的影响。而弱势群体在我们的政治构架中缺少利益代表,在表达和追逐自己的利益方面处于无力的状态,弱势群体的利益表达已经成为一个不可回避的问题。[1]

在社会保障的历史上,三方伙伴制度开始是从企业的微观层面逐渐向行业最后发展到全国一级的,企业三方伙伴制度是现代福利制度的最基本内容。众所周知,战后几乎所有西方发达国家确立福利社会的制度基础是三方合作机制(雇员组织、雇主组织和国家)。合作主义是对福利制度的一种描述,其基本特征可以做出如下界定:首先,合作主义福利制度以三方伙伴合作为主要内容,使之成为缓和社会矛盾与阶级冲突、制衡利益集团、维持社会稳定的一个必然历史阶段;其次,三方伙伴中的雇员组织是社会政治过程中具有相对独立法律地位、以缔结社会契约为社会目的、具有公共性质的功能性社会组织;最后,在这个具有把经济发展和社会公正相互兼容的能力的制度安排中,雇员组织必须是由国家公共权力机关认可、在法律框架内具有合法代表性的和垄断性的法人组织。[2]

第三节 企业社会责任的实现机制

企业社会责任是个内涵丰富的理论和实践领域。企业社会责任的内容和实践随着人类社会、政治、经济、文化制度的变迁展现出丰富的形态,虽然在企业社会责任的概念和理论方面还没有达成共识,但是作为社会经济生活中的重要组织形式,企业已经探索出了众多社会责任的实践方式。从社会福利的角度来看,在现代国家介入社会福利事务之前,企业就已经开始承担起前工业社会由家庭和社区对个人提

---

[1] 孙立平:《和谐社会:用制度规范表达》,《学习月刊》2005年第8期。
[2] 郑秉文:《合作主义:中国福利制度框架的重构》,《经济研究》2002年第2期。

供的社会保护职能。企业社会责任实践为企业社会责任的概念界定和理论探索提供了真实的依据，作为经济领域的主体，企业需要将利润最大化作为首要的追求目标；作为一种社会性的存在，企业通过制度化过程将社会对企业的期待内化到组织的行动和目标中。因此，企业是否承担社会责任，承担什么社会责任，对谁承担社会责任，承担哪些社会责任这一系列问题的答案存在于企业所处的具体环境中，企业的社会责任具有"嵌入性"特征，即企业社会责任的对象、内容、程度是由企业所处社会环境中的一系列正式和非正式制度决定的。

在社会政策研究的制度分析传统中，国家是一个积极的行动者，社会福利可以通过国家机制获得最大化。在计划经济向市场经济的转型过程中，政府在制度安排上通过强化市场、社会、家庭的责任逐步弱化其社会福利职能，但在其他制度发育不足的条件下，公民的社会需求在国家退出后得不到满足，就把这种需求转化成针对政府的政治压力。政府可以通过一定的制度安排实现社会福利责任的转移，企业组织就是一个重要的替代选择。

在企业众多的社会责任中，员工利益是企业社会责任中最直接和最主要的内容，它包括劳动法意义上保障雇员实现其就业和择业权、劳动报酬获取权、休息休假权、劳动安全卫生保障权、职业技能培训享受权、社会保险与社会福利待遇取得权，也包括企业按照高于法律规定的标准对雇员担负的道德义务。在不同的福利国家体制中，因为历史传统的不同，企业以不同的方式承担社会责任，并作为国家提供福利的重要补充。

在不同的福利体制中，企业承担社会责任的方式和内容有很大不同。美国是自由主义福利体制的典型代表，市场在社会福利的提供中扮演着重要的角色，国家只负责弱势群体的社会救助，所以美国的福利制度属于残补型模式。国家在社会福利制度领域的作用不足，为企业提供了广阔的作用空间，以医疗保险为例，美国的国家医疗制度只覆盖退休老年人、残疾人和部分穷人，大多数美国人都通过就业获得企业提供的医疗保险，企业和政府在社会福利领域的作用是互补的。以保守主义福利体制著称的德国与美国的情况截然不同，政府通过立法规定了企业在社会福利事务领域的职责，很多在美国属于企业社会责任领域的内容，在德国都属于企业的法定义务。可见，不同社会福利制度对企业社会责任的内容和具体运作方式产生了不同的影响。中国的情况与德国有更多的相似之处，政府在社会政治经济事务中有更大的影响力，德国采用市场经济作为资源配置的基本手段，又通过一系列的制度安排降低市场造成的不良影响，奉行社会市场经济的基本理念，在政府、市场和社会关系领域，通过不同群体的利益代表组织在国家层面展开制度化的对话。立足中国现实，把企业社会责任作为社会福利的重要来源和补充，需要一系列制度化的保证。

一　完善社会保险制度，加强对企业的监管

2000 年以来，中国社会保障制度的建设进入加速期，社会保障突破了所有制、身份和户籍制度的限制，基本上建立了覆盖城乡全体居民的社会保障制度体系。根据人力资源和社会保障部 2015 年 6 月 30 日对外发布的《中国社会保险发展年度报告 2014》，截至 2014 年年底，职工和城乡居民基本养老保险参保人数合计达到 8.42 亿人，其中 2.29 亿人领取基本养老金。剔除总人口中 16 岁以下少年儿童和在校学生等群体，符合参保条件的人数约为 10.5 亿人。据此判断，目前职工和城乡居民基本养老保险总体覆盖率已到 80% 左右。全国有 7.33 万户企业建立了企业年金，比 2013 年增长 10.8%；覆盖职工 2293 万人。年末全国参加工伤保险人数为 20639 万人，比 2013 年末增加 722 万人；全国参加生育保险人数为 17039 万人，比 2013 年末增加 647 万人。

在社会保障制度建设取得巨大成就的同时，也出现了许多问题。第一，农民工和私营企业养老保险参保率低。国家统计局报告显示，2014 年我国农民工总数达 2.74 亿人，但社保覆盖率不足 1/4，其中流动性较大的餐饮业和建筑业参保率最低。私营企业养老保险的覆盖率也只有 60% 多。第二，《中国社会保险发展年度报告 2014》显示，在养老保险参加人数稳步增长的同时，还存在企业职工养老保险实际缴费人数占参保职工比例下降的情况。2014 年，企业缴费人员 19431 亿人，比 2013 年增加 470 万人，缴费人员占参保职工的比例为

81.2%，比 2013 年的占比下降了 2.8 个百分点，比 2009 年下降了 6.5 个百分点。①

  导致上述问题的原因是多方面的。《报告》中将缴费人员占参保职工比例下降的原因归结为三个方面：一是困难群体中断缴费比较多，主要是部分个体、灵活就业人员收入低且不稳定。二是部分人员对养老金计发"多缴多得、长缴长得"等政策不够了解，缴费年限累计满 15 年就不愿再继续缴费。三是一些人在多地就业过程中未能及时接续养老保险关系，因而即使在新就业地已经参保也可能被原参保地统计为中断缴费人员。除了报告中提到的个人方面的原因外，企业对社会保险的态度和行为对职工参保的影响更大。目前，我国养老、医疗、失业、工伤、生育五项社保的缴费比例在企业中为 29.8%，其中养老 20%、医疗 6%、失业 2%、工伤 1%、生育 0.8%；而个人累计已达到 11% 左右，合计超过个人工资的 40%。社保缴费基数一般都是以当地上一年职工平均工资的 60%—300% 为标准，月平均工资低于当地平均工资 60% 的按 60% 这个下限缴费；超过当地职工平均工资 300% 的，则按当地职工月平均工资的 300% 缴费；在此区间的则按实际工资额作为缴纳基数。近年来，随着社会平均工资水平的升高，社会保障缴费基数也不断上调，企业社保负担加重，于是便采取多种办法漏缴、少缴社会保险费。企业的上述行为直接导致了职工社会保险利益受损，社会保险权利缺少保障的后果，也引发了许多针对社会保险权利缺失的集体行动。作为社会保险制度的监督管理者，许多地方政府迫于地方经济增长的压力，对企业少缴、漏缴社会保险费的行为采取了放任的方式，因为监管不到位，导致了职工利益受损。

  资本作为一种稀缺要素，在资本与劳动的关系中居于主导地位，在劳动力市场供大于求的背景下，我国现阶段形成了"强资本、弱劳动"的劳资关系格局。许多拥有单一技能的简单劳动者在就业机会与社保权利的衡量中放弃了后者，劳动者维权渠道和"话语权"双重缺失也使许多在非正规经济中就业的劳动者陷入有权难维的困境。劳动

---

① http://politics.people.com.cn/n/2015/0701/c1001-27233744.html.

者的社会保险权利在企业社会责任中属于企业对员工承担的法律责任范畴，要保障劳动者的社会保险权利，其一，需要加强法制建设和强化政府监管能力和意愿；其二，要加强职工在企业中的话语权，建立职工参与企业事务的制度化渠道；其三，通过相关的制度建设强化企业社会责任意识和行动，为企业履行社会责任提供制度化的环境。

二 完善劳动法律，加强劳动关系保护

《中华人民共和国宪法》和劳动法规对劳动者的就业、劳动合同、工作时间和休息休假、工资、劳动安全卫生、社会保险和福利等劳动权益有非常明确的规定。劳动法是与企业员工社会责任管理关系最为密切的法律，在中国的相关劳动法中，对劳动者的权利和企业的责任进行了详细的规定，以《中华人民共和国劳动法》为例，该法总则第3条规定："劳动者享有平等就业和选择职业的权利、取得劳动报酬的权利、休息休假的权利、获得劳动安全卫生保护的权利、接受职业技能培训的权利、享受社会保险和福利的权利、提请劳动争议处理的权利以及法律规定的其他劳动权利。"总则第7条规定："劳动者有权依法参加和组织工会。"

2008年新颁布的《劳动合同法》对保护劳动者权益的内容进行了诸多修改，在劳动合同的签订和变更方面做出了很多新的、严格的规定，在极大程度上约束了企业的行为。新《劳动合同法》强化了保护劳动者的权益；强调工会、集体合同的作用；把保护个别劳动者的责任部分委托给单位；承认非全日制雇佣形式；强化无固定期限劳动合同的条件等。修改后的《劳动合同法》对于实现劳资双方力量与利益的平衡、构建"和谐稳定的劳动关系"具有积极的意义，有助于在明确劳动者责任的前提下进行劳动者权益的"对等归位"，从法律规范的形式平等达至实质平等，依靠社会强制力量倒逼企业履行员工社会责任。[1]

2008年新《劳动合同法》开始实施后，出现了许多围绕新劳动合同法和劳动状况之间的关系展开的学术研究。王菁通过社会学的实

---

[1] 黄蕾：《企业员工社会责任管理研究》，博士学位论文，湖南大学，2008年。

证研究得出了新《劳动合同法》对工人的劳动时间、劳动安全、劳动社会保障的影响不显著，仅对劳动报酬有显著影响的结论。陈宁等通过对新《劳动合同法》实施后出现的"解雇潮"进行分析，认为企业是否遵守《劳动合同法》取决于劳动监管部门的监管力度、执法力度和工人的谈判力强度。要保护劳动者的合法劳动权益，就要增强工人的谈判力量，加强监管部门的监管力度，大幅度提高罚款和刑事处罚，完善社会保障体系（陈宁、卢玮，2008）。刘爱玉认为，制度环境的改善，特别是新《劳动合同法》的实施，不仅对劳动报酬提升产生了积极的影响，而且对劳动时间、劳动安全与劳动社会保障的改善产生了明显的促进作用，而且，劳动力市场上供求态势的变化增强了工人的谈判力量，这种力量与制度环境相结合改善了工人的境遇（刘爱玉等，2013）。

2004年10月26日国务院第68次常务会议通过了《劳动保障监察条例》，自2004年12月1日起施行。该条例是为贯彻实施劳动和社会保障法律、法规和规章，规范劳动保障监察工作，维护劳动者的合法权益，根据劳动法和有关法律，制定的行政法规。劳动保障行政机关依法对用人单位遵守劳动保障法律法规的情况进行监督监察，发现和纠正违法行为，并对违法行为依法进行行政处理或行政处罚，行政执法活动对于实现法律规定的劳动者权利具有保驾护航的作用。

法律的制定和完善可以使劳动者的权益保障实现有法可依，但是法律的效力在很大程度上还取决于法律的贯彻和执行，目前我国的劳动法律环境还存在重立法、轻执行的问题。完善的劳动法律只有落实到政府相关部门的日常管理活动中才能起到保护劳动者权利的实效。目前，我国的劳动监察制度已经取得了一定的成绩。根据《中国社会保险发展年度报告2014》，2014年全国各级劳动保障监察机构共主动检查用人单位198万户次，比2013年下降2%，涉及劳动者9781.1万人次，比2013年增长4.5%；书面审查用人单位233.5万户次，涉及劳动者1亿人次，审查用人单位数量和涉及劳动者人数与2013年基本持平；全年共查处各类劳动保障违法案件40.6万件，比2013年下降3%。通过加强劳动保障监察执法，共为461.7万名劳动者追讨工资等待遇345.5亿元，其中，为335.9万名农民工追讨工资265.4亿元；共督促用人单位为劳动者补签劳动合同409.5万份；督促5.96万户用人单位办理社保登记，督促6.4万户用人单位为274.4万名劳动者补缴社会保险费27.9亿元；共依法取缔非法职业中介机构3777户。① 但是，与我国庞大的劳动力人口与企业数量相比，各级劳动保障部门配备的专职监察员人数还难以满足实际的工作需求，与其应承担的任务之间还存在较大的缺口，甚至有些地区还没有配备劳动监察人员；在增加人员配备的同时，还要提升工作人员的执法能力和执法水平，确保监察职责的履行。

三 推进企业社会责任运动，发挥社会组织的作用

20世纪80年代以来，企业社会责任运动开始在西方国家逐渐盛行。企业社会责任运动是由劳工组织、消费者团体、人权组织和环保组织等非政府组织为了促使企业履行社会责任而发动的，形成了各种类型的企业社会责任守则。企业社会责任运动要求公司尤其是跨国公司必须以国际劳工标准为依据制定和实施工资、劳动时间、安全卫生等劳工标准。

非政府组织（Non-governmental organization）是处于政府和商业组织之外的第三方组织，他们在政府公共治理不足的区域向社会提供服务，同时，代表社会公共利益和弱势群体向政府表达意见，是推动企业履行社会责任的重要民间力量。以工会、行业协会为代表的非政府组织以第三方独立组织的身份参与到推动企业履行员工社会责任的浪潮中。

工会在西方企业员工社会责任管理过程中起到了难以替代的作用，是保障员工劳动权益的重要组织。西方国家的工会包括企业工会、产业工会和行业工会等多种类型，工会主要通过以下三个方面的工作参与和推动企业员工的社会责任实践：第一，组织会员与企业签订集体合同。签订集体合同降低了企业滥用权力强势逼迫员工签订不合理劳动合同的可能，成为较为有效的维权手段。第二，代表劳动者

---

① http://news.xinhuanet.com/local/2015-05/28/c_127852261.html.

与管理者协商劳资纠纷并争取更多权益。以工会参与促进就业为例，面对近年来持续上升的失业率，在社会保障制度中采取三方合作主义模式的德国工会通过参与制定促进就业政策、自我约束工资增长保护就业岗位、赞成"分享工作制"缓解就业压力、采取多元化的工时模式稳定现有就业岗位等方法积极与企业管理者进行磋商，最大限度地保障员工就业及其相关权益。第三，在一定程度上和一定范围内参与立法活动。例如，德国工会设立了相应的机构并集中一大批经验丰富的法律专家，对国家相关立法提出立法草案，还通过各种途径向有关方面和立法机构施加影响。工会是三方合作主义中的重要一极，代表劳工的组织利益就与劳动有关的问题与资方代表举行国家层面上的对话，正是这种三方合作机制的存在，德国成为2008年金融危机后第一个走出低谷的西方国家，三方合作主义机制经受住了实践的检验，保护了劳动者的权益，持续改善了劳动者的生存状况。

行业协会身兼两职，既代表企业的利益追求利润最大化，又肩负着规范企业社会责任的任务，因此行业协会往往会陷入由目标冲突而导致的两难困境。行业协会的宗旨是维护会员的共同利益，同时督促会员企业履行社会责任，行业协会等社会中间组织成了市场失灵与政府失灵下的"第三条道路"。行业协会自产生起就在某种程度上负有规制市场的使命。也就是说，行业协会在谋求行业共同利益的同时，还负有规范市场的特殊使命，引导其成员承担相应的社会责任。西方国家的行业协会在推动企业履行社会责任过程中也扮演着积极的角色，行业协会最主要的影响行为是联合企业制定统一的行业标准并要求企业遵守。例如，国际玩具行业协会、美国玩具制造商协会、美国服装制造商协会、世界体育用品协会和电子行业行为标准执行委员会等协会都制定了独立的行业生产责任标准，并对行业内组织加以认证。

在工会和行业协会之外，西方社会中还活跃着大量其他类型的非政府组织，比如第三方研究组织、人权保护组织等，这些组织从以下四个方面持续地影响和推动着企业的社会责任管理：第一，积极制定各种社会责任标准，例如SA8000社会责任标准就是社会责任国际组织极力促成的结果。第二，发起和参与各种支持社会责任的项目，积极争取相关资金并结合自身的知识优势在社区和工厂内成立救助和辅导项目，帮助员工维权和就业，比如世界银行和国际青年联合会发起了"全球工人与社区合作计划"。第三，代表社会公共利益对企业进行抗议并积极参与决策寻求解决方案。例如，全球最大的非政府人权组织"大赦国际"每年都要向联合国提交500多份报告文件，并组织各种人权主题活动，给侵犯人权的国家政府施压。第四，为企业提供专业咨询和培训，提供社会责任审核服务，由于非政府组织的成员具有较高的专业学识和更为独立的专业立场，能够在一定程度上弥补企业自身培训资源的不足，有利于增强非政府组织与企业之间的沟通和合作。

西方国家政府一直积极推动企业履行对员工的社会责任，主要的推动途径有两种：第一，政府主导严格制定和不断完善各项劳动法律。例如，许多西方国家都制定了《劳动基准法》。要求集体合同的标准不得低于《劳动基准法》的规定，该法的存在为工会和企业进行集体协商和集体谈判提供了最低标准。此外，政府还针对某些特殊问题制定了相应的法律，如《公平就业法》《就业促进法》等，为企业行为提供了法律约束。第二，制定相关社会责任原则和规范，倡导和鼓励企业承担社会责任。英国政府支持成立了"道德贸易行动（ETI）"。2006年3月，欧盟委员会在布鲁塞尔发起"欧洲企业社会责任联盟"的倡议，促进和鼓励企业社会责任实践，为大公司、中小型企业及其利益相关方主动的企业社会责任行为提供政治支持。西方政府的积极倡导从宏观制度环境上为企业履行员工社会责任营造了良好的氛围，有利于推动企业的社会责任实践。[①]

四 建立企业社会责任管理制度，完善内部推进机制

把企业社会责任作为企业发展战略的一部分，纳入企业的日常管理实践。目前，在中国企业数据库中，发布企业社会责任报告的绝大部分是跨国公司或垄断型国企，要让企业社会责任管理制度落实到大

[①] 黄蕾：《企业员工社会责任管理研究》，博士学位论文，湖南大学，2003年。

多数企业的日常管理中还要走很长的一段路。

中国企业开始建立与企业社会责任相关的管理体系始于跨国公司对供应商在社会责任方面提出的要求。20世纪90年代，大量出口加工型中小企业作为跨国公司的供应商，被要求遵守其指定的社会责任管理体系，以满足其对供应商进行社会责任审查的要求。这些企业最初是通过将企业内与社会责任相关的职能部门联合起来共同制定制度并采取措施，最后由指定部门和人员负责与企业社会责任检验相关的具体工作。最初的做法虽然不是在企业内部成立了专门的企业社会责任推进部门，但是在实践中起到了推动企业社会责任工作的作用。从20世纪90年代中后期开始，随着ISO 14000环境管理体系和OHSA 18000职业健康安全体系认证在中国的推进，企业内部承担具体业务的职能逐步固定在企业的质量管理部门，由此奠定了企业社会责任管理体系的基础。2005年开始，有关政府、行业组织和企业开始对企业社会责任给予高度的重视，中国企业开始制定企业社会责任指标体系。2005年，中国纺织工业协会制定了中国第一个行业性质的社会责任管理体系，即中国纺织企业社会责任管理体系（CSC9000T）；2007年，中国企业联合会可持续发展工商理事会制定和发布了《中国企业社会责任推荐标准和实施范例》。2008年年初，国务院国资委发布了《关于推进中央企业履行社会责任的指导意见》，提出了中央企业"建立健全社会责任工作体系"的要求。

将企业社会责任落实到企业的日常管理实践，需要企业在内部进行组织结构和工作内容的调整。根据企业的具体情况，可以通过建立专门的企业社会责任部，或者将企业社会责任工作交给公共关系部门，具体执行与企业社会责任相关的工作。星巴克公司除了设立企业社会责任部，负责星巴克公司在读写普及、社区志愿行动、环保问题、树荫咖啡和国际援助方面的社会责任。中国公司在推进企业社会责任管理方面也取得了一定的成绩，2007年，国家电网公司成立了由总经理担任主任的企业社会责任工作委员会，在办公厅设立社会责任办公室，并在各省电网公司建立相应的社会责任办公室。中远集团建立了全球契约可持续发展委员会，由集体总裁担任委员会主席。中国移动也建立了由公司总裁担任主任的社会责任指导委员会，并建立了覆盖省级公司的社会主任推进体系。上述实践为其他央企设立社会责任部门提供了范本，推动了企业社会化责任管理体系的建设。除国有经济外，还有许多非国有经济如浙江服装制造商汉帛也建立了社会责任部门。

企业行为与社会期望之间永远存在一个合法性鸿沟，合法性鸿沟的存在和扩大会危及企业的合法性地位，甚至威胁到企业的生存（Sethi S. P.，1979），企业通过建立社会责任管理部门将源自外部的社会责任内部化，是企业为了维护合法性地位而主动采取的策略，有助于维护企业形象，获得合法性地位，进而实现企业的效率目标。

五 完善工业民主，建立职工参与机制

韦伯夫妇在1897年出版的《产业民主》一书中倡导从微观和宏观两个层面实现工业民主：一方面，员工通过劳资团体（工会）参与国家社会经济政策和规则的制定，此为宏观的工业民主；另一方面，员工参与企业内部管理，此为微观工业民主。韦伯夫妇开创的劳动关系研究传统主张通过改良的方法改善资本主义市场经济条件下的劳资关系。从员工视角出发，劳动关系的重点是员工的目标和需求的满足，工会作为工人群体的利益代表组织通过互助保险、集体谈判和立法三种途径推动八大"共同规范"①来维护会员的生活标准和工作条件，谋求工人与雇主之间的力量平衡。从企业的角度看，企业本身就是一种劳动关系治理结构，企业治理就是企业内劳动关系的协调，是企业人力资源管理工作的重要内容。

作为工业民主的重要内容，员工参与企业的日常管理，主要是通过完善的工会制度、集体协商制度、职代会制度和厂务公开制度实现的。截至2006年9月底，全国基层工会达到132.3万个，工会会员达到1.7亿人，外商投资企业工会组建率达到54.2%；在已建工会单

---

① 韦伯夫妇在1897年出版的《产业民主》第二部分阐述了工会的职能，他们提出工会需要推动的八大"共同规范"包括工资基准利率、标准工作时间、劳动安全与卫生、新劳动进度、新技术、工作稳定性、参加工会的权利和组织工会的权利。

位中签订劳动合同的职工达到 7604.8 万人，全国企事业单位共签订集体合同 86.2 万份；全国已有 89.1 万个企事业单位建立了职代会制度，76.4 万个企事业单位实行了厂务公开制度。① 2014 年年末，全国企业职工劳动合同签订率达 88%。稳步推进集体协商和集体合同制度，2014 年年末，全国经人力资源社会保障部门审核备案的集体合同为 170 万份，覆盖职工人数 1.6 亿人。②

工会作为劳动者的利益代表组织是劳资关系中的重要一极，具有维护劳动者合法权益的重要作用。工会可以监督并促进企业履行社会责任，构建和谐劳资关系。但是在市场经济条件下，工会在代表和维护劳动者利益方面面临着合法性困境：第一，工会具有组织上的非独立性。作为社会主义国有企业的一个传统制度，国家、企业和职工的利益是一致的，社会主义的国家性质决定了工会既要维护国家利益，又要维护劳动者利益，而劳动者又是国有企业的"主人"，所以工会的目标不是代表劳动者的利益与雇主抗衡，而是被定位为"党联系群众的桥梁和纽带"，工会是国家制度框架下的一种由上而下的制度建构。第二，财务上的非独立性。工会作为工人的群众性组织没有自己独立的账户，其运作所需的经费主要来自企业的拨付，而非会员的缴费。第三，工会往往沦为企业内部行政的附属物，工会主席不是由会员选举产生，而是由企事业单位党政领导任免，因此出现了大量的国有企业的"党委工会"和非国有企业的"雇主工会"现象。因为上述问题的存在，工会在市场经济条件下无法成为劳动者的利益代表组织，工会的改革势在必行。第一，重新界定工会的职责，强化工会的维权职能。随着多种所有制经济形式的出现和国有企业现代企业制度的建立，劳动者和资本所有者的利益已经出现分化，工会应该回归劳动者利益代表组织的定位，抵制侵犯劳动者利益的行为，监督企业履行对劳动者的社会责任。第二，改革工会的组织体制，推进工会自身的民主化进程，实行工会领导的民主选举。目前，中国沿海地区已经

---

① http://acftu.people.com.cn/GB/71368/5222300.html.
② http://news.xinhuanet.com/local/2015-05/28/c_127852261.html.

出现了工会直接选举，逐步改变了基层工会的社团特征，继村民自治选举之后成为基层社会的又一次"草根民主"实践。第三，加快推行工会的产业化，增强工会代表劳动者利益进行谈判的能力。工会在维权中面临的实际困难催生了许多新的解题思路，如浙江义务工会采用社会化维权，形成了以职工法律维权中心为基本载体，以包括外来务工人员在内的职工群体为基本对象，以协商调解、参与仲裁、代理诉讼、法律援助为基本手段，覆盖劳动关系全过程、全领域的工会社会化维权新机制；[1] 信阳针对外出农民工较多的现状，在全市各县、区及乡镇建立外来务工人员工会联合会，还设法与信阳农民工比较集中地区的工会合作建立信阳农民工工会联合会；[2] 江苏等省针对中小企业面临的困境建立了区域、产业或企业集群工会。第四，推动非公有制企业组建工会。为维护职工权益，中华全国总工会推动在华外资企业组建工会。并点名批评沃尔玛、三星和柯达等部分知名外资企业在组建工会方面的消极态度，沃尔玛以"不建工会是其全球惯例"和"职工并未提出申请"为由拒绝在企业组建工会。经过不断的努力和争取，2006 年，沃尔玛晋江店率先组建工会，进而沃尔玛所有在华店面都建立了工会。截至 2013 年年底，非公有制企业工会组建率达到 94%。上述实践大大丰富了工会工作的内容，有利于工会作为劳动者利益代表组织促进企业履行社会责任。

职工代表大会是中国工业民主的主要形式，是企业实行民主管理的基本形式，也是职工行使民主管理权利的机构。新中国成立后在国营和公营企业建立了工厂管理委员会和工厂职工代表会议，1953 年，苏联"一长制"工业管理模式的引进削弱了职工代表会议和工厂委员会的角色。"文化大革命"中，企业民主管理被进一步破坏。1981 年 7 月，中共中央、国务院转发了《国有企业职工代表大会暂行条例》，推行职工代表大会制，企业民主管理系统复兴。《全民所有制工业企

---

[1] 韩福国、骆小俊、林荣日、葛海有：《新兴产业工人和中国工会——"义乌工会社会化维权模式"研究》，上海人民出版社 2008 年版，第 1—3 页。

[2] 冯同庆：《信阳模式与中国工会社会化维权之路》，《工会理论研究》2006 年第 3 期。

业职工代表大会条例》规定了职工代表大会行使的权利包括审议企业重大决策、评议监督企业管理者、对企业负责人的选出提出意见或民主选举厂长,在职代会的众多权利中,最重要的是审议权。与公有制职工代表大会行使的"决定、监督、参与、选举"四权相比,非公有制企业职代会更强调职代会的监督作用。职工代表大会服务于两个目的:平常时期作为调整工业关系的制度;当国企经营恶化尤其接近生死边缘时,职代会就成为工人生存斗争的场所。[1] 有学者指出作为"民主管理"的核心内容,职代会不应当是企业的最高权力机构,它的职能应当只限于两个方面:一方面它是企业职工的代表和谈判机构,汇集和反映职工的需求;另一方面它是企业职工的集体福利机构,决定职工福利基金的使用方法,并集体操办企业职工的福利事务。[2] 职代会是企业"道德经济"的实施者,是职工福利的实施者和文化生活的组织者[3]。

集体协商是调整劳动关系的核心制度。工会和职代会是在企业内部实现民主管理的重要途径,而集体协商则可以在微观和宏观两个层面推动工业民主的实现。集体协商通常是在政府、雇主组织和工会三方之间围绕劳动立法、经济与社会政策的制定、就业与劳动条件、工资水平、劳动标准、职业培训、社会保障、职业安全与卫生、劳动争议处理及产业行为规范等内容以平衡劳资利益冲突和实现和谐劳资关系为目的展开的沟通、协商和交涉的工作机制。1990年,全国人大常委会批准国际劳工组织《三方协商公约》。2001年8月,我国正式建立了国家级三方协商机制,由劳动和社会保障部、中国企业联合会、中华全国总工会分别代表政府、雇主组织和工会组成国家协调劳动关系的三方会议。2003年8月,劳动和社会保障部、中国企业联合会和

---

[1] 国务院新闻办公室:《2003年中国人权事业的进展》,http://www.china.org.cn/03/30/2004。

[2] 韩福国、骆小俊、林荣日、葛海有:《新兴产业工人和中国工会——"义乌工会社会化维权模式"研究》,上海人民出版社2008年版,第1—3页。

[3] 谢玉华、何包钢:《工业民主和员工参与:一个永恒的话题——中国工业民主和员工参与研究述评》,《社会主义研究》2008年第3期。

中华全国总工会联合宣布，国家将全面启动三方协商机制。我国的三方协商机制已覆盖省、市、县及市辖区，在某些地区开始向乡镇和街道办事处延伸。① 在欧美国家三方协商机制因为产业结构调整、工人组织力量衰弱、工会密度下降而遭遇困境时，中国的集体协商却在国家的主导下取得了新的发展。在西方的语境中，通过将劳动力市场上的个体组织起来与雇主进行谈判的方式，已经不再是就劳动力的市场价格进行讨价还价的经济过程，集体协商的结果体现的是组织间力量对比的政治过程。因此，集体谈判是工人参与企业管理的一种核心形式，也是工会活动的中心过程（Clegg，1976）。中国的集体协商是国家自上而下由行政力量推动的结果，而非自下而上劳资博弈的结果（吴清军，2012）。中国之所以要引入集体协商制度，并非要真正推动劳资双方就工资和劳动条件进行谈判，而是要延续国家对基层劳动关系的规范和管制（Warner and Sek–Hong，1999），为工会民主参与企业事务提供合法化的制度与规范。三方集体协商机制在实践中存在的最大缺陷是三方作为独立主体的不完备性：第一，工会作为"双重代理"同时代表政府和劳动者的利益；第二，政府不但通过提供制度与规则推动集体协商，而且还通过联合工会的方式直接参与同资方的博弈；第三，作为雇主组织参与国家级三方协商机制的中国企业联合会或中国企业家协会不能完全代表各类企业的利益。针对实践中存在的问题，要进一步发挥集体协商机制在保护劳动者权益方面的作用，一方面需要三方主体的回归；另一方面探索和完善我国的三方协商机制，发挥其推动企业履行员工社会责任的作用。

---

① 陈佳贵、黄群慧、彭华岗、钟宏武等：《中国企业社会责任研究报告》，社会科学文献出版社2012年版，第181页。

结　语

自新中国成立以来，中国社会福利制度经历的最大变迁是实现了从国家—单位保障向国家—社会保障制度的转型。这种转变降低了国有企业承担的社会成本，促使国有企业向专业性的生产组织回归，但这改变不了就业决定劳动者生活质量的事实，剥离了办社会职能的企业仍然要对员工承担社会责任，但是企业如何承担和承担何种程度的社会责任却一直是一个饱含争议的问题。一方面是改制后的垄断国有企业为员工提供的福利被诟病为"福利腐败"；另一方面是大量企业因为忽视员工的基本权益而被称为"血汗工厂"，企业对员工福利的态度和行为的两极分化是我们探讨制度变迁中企业社会责任的现实起点。社会福利是一种"制度化的集体责任"，目前中国的社会政策改革为塑造企业社会责任和国家政策之间的良性互动提供了极好的机会，企业社会责任为思考企业与社会的关系提供了理论视角和实践依据。

企业社会责任是社会在一定时期对企业提出的经济、法律、道德和慈善期望（卡罗尔，1979）。从企业社会责任概念自20世纪50年代提出，到目前企业社会责任实践遍布全球，虽然各理论流派关于企业社会责任的内涵和外延一直没有达成共识，但是都无一例外地将企业的"经济责任"放在了首位，同时也将员工的利益，诸如员工的工资报酬（各种福利和津贴待遇）、劳动时间、社会保障、职业安全与卫生等纳入其分析框架并将它们作为重要的内容涵盖其中（吕景春，2010）。关于企业是不是应该承担社会责任这个问题存在两种针锋相对的观点：一种认为企业社会责任就是实现股东经济价值的最大化；与之相对的另一派主张企业对其运营中可能产生影响的所有利益相关者都负有道德责任。新古典经济学的企业社会责任观从"效率视角"出发，坚持个人主义方法论的分析传统，认为个人追求自身利益最大化的行为自然会达成社会整体的利益最大化，所有的个人或组织都被假设为"理性经济人"，因此新古典经济学反对企业承担任何社会责任，企业的社会责任就是实现利润最大化的追求。新古典经济学的企业社会责任观是从"效率视角"出发的，将企业的目标局限于经济利益，忽略了企业所处的社会环境，忽略了企业是嵌入在由一系列利益相关者构成的社会情境中的现实。企业所处的制度环境要求企业不断地接受外界公认和赞许的形式、做法，而不管这些形式或做法对企业内部运作是否有效率，这就是"合法性机制"。从"合法性"视角下审视企业社会责任需要将企业从"经济人"转换为"社会人"，如果组织想要获得合法性，并获得对社会资源占有的公认的权力，组织追求的价值必须和更为广泛的社会价值相一致（马克斯·韦伯，1968）。从认知合法性的视角来看，企业承担社会责任就是企业为了获得合法性遵从企业所处社会结构的需求和期望而采取的行动，也是企业的制度化过程。合法性视角认为，企业社会责任行为不仅受到技术环境的影响，更要受到制度环境的影响，正是制度环境导致了企业的社会责任行为。

企业社会责任是嵌入于国家的制度结构中的。企业社会责任意味着企业的选择，但企业的选择受制于企业所处环境的制度、约定俗成的伦理和社会关系，因此，在不同的社会中企业会以不同的方式承担社会责任。企业社会责任的承担取决于若干与政府福利制度有关的因素：政府社会福利体制或所在国的政策类型；所在国中代表企业的组织所起到的作用；企业自身的经济和组织特征，以及政府官员在调动企业积极性中起到的作用（Martin，2004）。在保守主义福利模式下，政府立法强制企业对其员工承担一定的社会责任。在自由主义福利国家，受到规制的市场是社会福利的主要来源，政府只负责为社会弱者提供补余式的社会政策。在社会民主主义福利体制下，由于政府提供完善的保障措施，企业承担的社会责任就相应少一些。欧洲社会责任比美国出现晚，与欧洲企业相比，美国企业更乐于明确地表述其所承担的社会责任，积极参与社会福利事务，因为政府的立法已经要求德国企业承担了很多在美国属于社会责任范畴的义务（李秉勤、盛斌、胡博，2004）。

在中国的计划经济时代，企业社会责任体现为企业办社会。在重工业优先的国家发展战略下，由国有企业替代政府承担为本企业职工及其家属提供社会保障和社会服务的功能，国有企业集生产和生活功能于一身，将政治动员和生产运动作为提高劳动生产率的有效手段，用无所不包从"摇篮到坟墓"的社会福利交换工人的劳动热情和政治忠诚，单位体制推动国有企业向"功能内卷化"和"人员过密化"的方向发展，最终形成了一个个边界封闭、以内部成员福利最大化为目标的单位福利共同体。单位福利共同体对"效率"目标的追求远逊色于对"合法性"目标的追求，企业办社会既符合国家对国有企业的功能定位，也符合单位内部成员的共同利益。从20世纪70年代末开始，围绕国有企业展开的一系列以提高"效率"为目标的改革也没有彻底扭转国有企业内部福利最大化的行为取向，因此，国有企业一直处于由"效率"和"合法性"两个目标构成的选择困境中。为了让国有企业向专业性生产组织回归，一方面，加强国有企业在生产经营方面的自主性，建立现代企业制度；另一方面，通过各种配套制度的改革剥离企业承担的社会责任，相关的改革措施包括企业保障社会化、劳动关系契约化、住房保障货币化和企业责任社会化。在制度变迁的过程中，正式制度和非正式制度不是同步发生的，尽管一个社会中正式制度变迁很快，但非正式制度却可能成为一种限制，并保持着惊人的持续性（诺斯，2990）。计划经济时期形成的单位制度已经成为沉淀在个人和组织内部的价值观念、思考方式和行为准则，并没有与以市场化为导向的一系列正式制度保持同步变迁，单位遗产作为非正式制度对企业的社会责任行为和态度取向发挥着持续的影响力。国有企业在社会责任方面的表现普遍优于非国有企业，是企业为了获得"合法性"而对制度环境进行适应的结果。国有企业的社会责任行为深深地植根于企业所处的制度环境，显示了转型经济体特有的路径依赖效果。

与国有企业热衷于履行员工社会责任形成对比的是大多数在非正规经济中就业的劳动者缺乏基本的权益保障。非正规就业领域福利缺失的原因是多方面的。过去30多年来，中国经济一直以每年超过10%的速度增长，"中国制造"是中国经济增长的优势所在，数量庞大的农民工群体为过去中国经济的增长做出了卓越的贡献。由于中国的加工制造企业处于全球产业链的最底端，整个产业的获利较少能通过职业福利的形式惠及广大农民工，甚至连基本的工资都得不到保障，国家法律规定的社会保险也得不到落实。以农民工为主体的新工人群体在市场经济条件下，处于更为弱势的地位，缺乏保障，缺乏利益的制度化表达渠道，更加需要通过就业获得收入和保障。国有企业的丰厚福利与大多数企业的福利缺失形成鲜明对比，社会福利制度不但没有发挥社会贫富分化调节器的作用，反而使国企从业人员的优势地位通过福利制度得到进一步强化。原本作为改善市场分配不公的再分配制度本身成为一个社会分层机制，加剧了社会分化的过程。

企业承担社会责任是企业的制度化过程。企业同时面对制度环境和技术环境，技术环境要求企业有效率，按最大化原则组织生产；制度环境要求企业不断接受外界公认、赞许的形式、做法或"社会事实"，由此构成了组织的制度化过程。制度环境要求企业服从"合法化"机制，采用那些在制度环境下被"广为接受"的组织形式和做法。对于企业社会责任而言，由于企业资源的有限性，在内部资源的分配上，用于满足两种目标的资源存在竞争关系，如果缺少内在和外在的制度约束，企业会倾向于为实现自身利益最大化目标侵害其他利益相关者的利益。要推动企业履行对员工的社会责任，需要从制度环境的建设着手：第一，完善社会保险制度，加强对企业的监管。劳动者的社会保险权利属于企业的法律责任范畴，要保障劳动者的社会保险权利，一方面需要加强法制建设，强化政府监管能力和监管意愿；另一方面要加强职工在企业中的话语权，建立职工参与企业事务的制度化渠道。第二，完善劳动法律，加强劳动关系保护。中华人民共和国宪法和劳动法规对劳动者的就业、劳动合同、工作时间和休息休假、工资、劳动安全卫生、社会保险和福利等劳动权益有非常明确的规定。2008年新颁布的《劳动合同法》和2004年10月26日国务院第68次常务会议通过的《劳动保障监察条例》为企业履行社会责任提供了法律依据。法律的制定和完善使劳动者的权益保障有法可依，但是法律的效力在很大程度上还取决于法律的贯彻和执行，目前我国的劳动法律环境还存在重立法、轻执行的问题。完善的劳动法律只有落实到政府相关部门的日常管理活动中才能起到保护劳动者权利的实效。第三，推进企业社会责任运动，发挥社会组织的作用。社会组织在政府公共治理不足的区域向社会提供服务，还可以代表社会公共利益和弱势群体向政府表达意见，是推动企业履行社会责任的重要民间力量。第四，建立企业社会责任管理制度，完善内部推进机制。将企业社会责任落实到企业的日常管理实践，需要企业在内部进行组织结构和工作内容的调整。根据企业的具体情况，可以通过建立专门的企业社会责任部，或者将企业社会责任工作交给公共关系部门，具体执行与企业社会责任相关的工作。企业通过建立社会责任管理部门将源自外部环境要求的社会责任内部化，是企业为了维护合法性地位而主动采取的策略，有助于维护企业形象，进而实现企业的效率目标。第五，完善工业民主，建立职工参与机制。作为工业民主的重要内容，员工参与企业的日常管理，主要是通过完善的工会制度、集体协商制度、职代会制度和厂务公开制度实现的。工会和职代会是在企业内部实现民主管理的重要途径，而集体协商则可以在微观和宏观两个层面推动工业民主的实现。社会福利资源配置中贯彻民主化的社会治理理念，拓展社会成员的参与渠道，通过适度的企业社会责任实现社会政策领域政府、企业与社会的共赢。

随着研究的展开和思考的深入，发现了许多亟待研究的问题以及本研究力不能及的地方。首先是研究具有的地域局限性。东北是计划经济时期国有企业比较集中的地区，市场化转型后，东北地区国有企业的数量和在经济中所占的份额远远高于经济发达地区。经济相对落后和国有企业密度较高使企业社会责任的制度环境有别于沿海发达地区，因此，研究的结论具有一定的地域性特征。其次是研究对象的局限性。虽然不能否认对国有企业社会责任行为的研究对推动其他类型的企业履行社会责任具有一定的启发意义，但是不同类型的企业履行社会责任的意愿、能力和面临的约束还是存在较大的差别。聚焦于国有企业的社会福利行为导致对非国有企业的忽略，这些问题都有待于进一步的研究。

参考文献

一 书籍文献

[1] 埃斯平·安德森:《福利资本主义的三个世界》,法律出版社2003年版。

[2] 安东尼·吉登斯:《社会的构成》,生活·读书·新知三联书店1998年版。

[3] 奥尔森·曼库尔:《集体行动的逻辑》,上海人民出版社1992年版。

[4] 贝克尔·加里:《人类行为的经济分析》,上海三联书店1993年版。

[5] 卞历南:《制度变迁的逻辑——中国现代国营制度之形成》,浙江大学出版社2011年版。

[6] 陈朝先:《社会保障与保险问题研究》,西南财经大学出版社1996年版。

[7] 陈颖:《从行政再到行政市场化——以下岗事件过程论国有企业劳动关系的变化》,博士学位论文,北京大学,2000年。

[8] 邓正来、景跃进:《建构中国的市民社会》,邓正来、J. C. 亚历山大:《国家与市民社会——一种社会理论的研究路径》,中央编译出版社1999年版。

[9] 丁开杰:《社会保障体制改革》,社会科学文献出版社2004年版。

[10] 丁学娜:《职业福利补充功能的定位》,博士学位论文,南京大学,2013年。

[11] 冯同庆主编:《中国经验:转型社会的企业致力于职工民主参

与》，社会科学文献出版社 2005 年版。

[12] 冯同庆：《中国工人命运：改革以来个人的社会行动》，社会科学文献出版社 2002 年版。

[13] 郭毅、可星、朱熹、於国强：《管理学的批判力》，中国人民大学出版社 2006 年版。

[14] 和春雷：《社会保障制度的国际比较》，法律出版社 2001 年版。

[15] 何清涟：《现代化的陷阱——当代中国的社会经济问题》，今日中国出版社 1998 年版。

[16] 赫希曼·阿尔伯特：《退出、呼吁与忠诚——对企业、组织和国家衰退的回应》，卢昌崇译，经济科学出版社 2001 年版。

[17] 侯文若、仇雨临：《社会保障国际比较》，首都师范大学出版社 1996 年版。

[18] 顾东辉：《支持与回应：社会工作视野中的下岗职工研究》，社会科学文献出版社 2004 年版。

[19] 国家统计局：《中国统计摘要》（2004），中国统计出版社 2004 年版。

[20] 国家统计局：《中国统计年鉴》（1995），中国统计出版社 1995 年版。

[21] 黄晨熹：《社会福利》，上海人民出版社 2009 年版。

[22] 康芒斯：《制度经济学》，商务印书馆 1994 年版。

[23] 克罗戴特·拉法耶：《组织社会学》，社会科学文献出版社 2000 年版。

[24] 科尔曼·詹姆斯：《社会理论的基础》，邓方译，社会科学文献出版社 1999 年版。

[25] 科尔纳：《短缺经济学》，张晓光等译，经济科学出版社 1986 年版。

[26] 劳动和社会保障部政策法规司：《提前退休专辑》，中国保障出版社 2001 年版。

[27] 劳动和社会保障部编：《国有企业下岗职工基本生活保障和再就业会议文件汇编》，中国劳动出版社 1998 年版。

［28］刘爱玉：《选择：国企变革与工人生存行动》，社会科学文献出版社 2005 年版。

［29］刘祖云：《组织社会学》，中国审计出版社 2002 年版。

［30］陆学艺主编：《当代中国社会阶层研究报告》，社会科学文献出版社 2002 年版。

［31］林卡、陈梦雅：《社会政策的理论和研究范式》，中国劳动社会保障出版社 2008 年版。

［32］林毅夫、蔡昉、李周：《国有企业产生的逻辑》，载盛洪、张宇燕《从计划经济到市场经济》，中国财政经济出版社 1998 年版。

［33］李汉林：《中国单位社会：议论、思考与研究》，上海人民出版社 2004 年版。

［34］李汉林：《关于中国单位社会的一些议论》，载潘乃古、马戎《社区研究与社区发展》，天津人民出版社 1996 年版。

［35］李路路：《中国的单位组织：资源、权力与交换》，浙江人民出版社 2000 年版。

［36］李培林、张翼：《国有企业社会成本分析》，社会科学文献出版社 2000 年版。

［37］李培林、姜晓星、张其仔：《转型中的中国企业——国有企业组织创新论》，山东人民出版社 1993 年版。

［38］李培林等：《转型中的中国企业》，中国财经出版社 1992 年版。

［39］李迎生：《社会保障与社会结构转型——二元社会保障体系研究》，中国人民大学出版社 2001 年版。

［40］李怀康、刘雄：《社会保险和职工福利概论》，北京经济学院出版社 1990 年版。

［41］李秉勤、盛斌、胡博：《社会福利发展路径中的企业社会责任》，载《西方社会福利理论前沿》，中国社会出版社 2009 年版。

［42］李珍主编：《社会保障理论》，中国劳动社会保障出版社 2005 年版。

[43] 理查德·蒂特马斯：《社会政策十讲》，江绍康译，商务印书馆1991年版。

[44] 刘少杰：《经济社会学的新视野》，社会科学文献出版社2005年版。

[45] 刘建军：《单位中国—社会调控体系重构中的个人、组织与国家》，天津人民出版社2000年版。

[46] 马克斯·韦伯：《社会学的基本概念》，上海人民出版社2000年版。

[47] 米什拉：《资本主义社会的福利国家》，郑秉文译，法律出版社2003年版。

[48] 美国社会保障署编：《全球社会保障》（1995），华夏出版社1996年版。

[49] 裴宜理：《上海罢工——中国工人政治研究》，刘平译，江苏人民出版社2001年版。

[50] 宋晓梧：《中国社会保障制度改革》，清华大学出版社2001年版。

[51] 孙立平等：《动员与参与——第三部门募捐机制个案研究》，浙江人民出版社1999年版。

[52] 孙立平：《转型与断裂：改革以来中国社会结构的变迁》，清华大学出版社2004年版。

[53] 田毅鹏、漆思：《单位社会的终结》，社会科学文献出版社2005年版。

[54] 田毅鹏：《"单位共同体"的变迁与城市社区的重建》，中央编译出版社2014年版。

[55] 田凯：《非协调约束与组织运作——中国慈善组织与政府关系的个案研究》，商务印书馆2004年版。

[56] 王绍光：《波兰尼〈大转型〉与中国的大转型》，生活·读书·新知三联书店2012年版。

[57] 汪海波：《中华人民共和国工业经济史》，山西人民出版社1998年版。

[58] 王超:《企业社会责任正当性及其限度》,硕士学位论文,天津商业大学,2007年。

[59] 肖耿:《产权与中国的经济改革》,中国社会科学出版社1997年版。

[60] 叶响裙:《中国社会养老保障:困境与抉择》,社会科学文献出版社2004年版。

[61] 杨晓民、周翼虎:《中国单位制度》,中国经济出版社1999年版。

[62] 袁志刚、方颖:《中国就业制度的变迁》,山西经济出版社1998年版。

[63] 于立、孟韬、姜春海:《资源枯竭型国有企业退出问题研究》,经济管理出版社2004年版。

[64] 杨团、杨体仁、唐钧:《中国社会保障制度的再选择》,中央广播电视大学出版社1996年版。

[65] 张静主编:《国家与社会》,浙江人民出版社1999年版。

[66] 张静:《利益组织化单位:企业职代化案例研究》,中国社会科学出版社2001年版。

[67] 张晖明:《中国国有企业改革的逻辑》,山西经济出版社1998年版。

[68] 郑杭生、李路路等:《当代中国城市社会结构》,中国人民大学出版社2004年版。

[69] 张左己主编:《领导干部社会保障知识读本》,中国劳动社会保障出版社2002年版。

[70] 郑功成:《社会保障学——理念、制度、实践与思辨》,商务印书馆2003年版。

[71] 郑功成:《从企业保障到社会保障:中国社会保障制度发展与变迁》,中国劳动社会保障出版社2009年版。

[72] 周弘:《福利的解析》,上海远东出版社1998年版。

[73] 《中央人民政府法令汇编》(1952年),法律出版社1982年版。

[74] 《中华人民共和国法规汇编》(1957年7—12月),法律出版社

1958年版。

[75] Arthar Gould, Capital Welfare System, *A Comparison of Japan, Britain & Sweden*, Longman Group UK Limited.

[76] Benjamin Gidron, Ralph Kramer and L. M. Salamon, 1992, Government and The Third Sector, San Francisco: Jossey - Bass Publishers.

[77] David Harvey, 2005, A Brief History of Neoliberalism, Oxford University Press.

[78] Hall, Peter A., Taylor, Rosemary, C. R., 1996, Political Science and the Three New Institutionalism, Political Studies, Vol. XLIV: 936 - 957.

[79] Gail E. Henderson and Myron S. Cohen, 1984, The Chinese Hospital: A Socialist Work Unit, New Haven, Conn: Yale University Press.

[80] Martin K. Whyte and William L. Parish, 1984, Urban Life in Contemporary China, Chicago: University of Chicago Press.

[81] Mark W. Frazier, 2002, The Making of the Chinese Industrial Workplace: State, Revolution, and Labor Management, Cambridge University Press.

[82] Rose, R., 1986, Common Goals but Different Roles: The State's Contribution to the Welfare Mix. In R. Roseand R. Shiratori (eds.), The Welfare State: East and West, New York: Oxford University Press.

[83] Shirk, Susan L., 1993, The Political Logic of Economic Reform in China, Berkeley: University of California Press.

[84] Walder, Andrew G., 1986, Communist Neo - traditionalism: Work and Authority in Chinese Industry, Berkeley CA: University of California Press.

[85] W. L., 1998, Marginalization and Social Welfare in China, London: Routledge.

二 论文文献

[1] 安戈·陈佩华：《中国：组合主义及东亚模式》，《战略与管理》2001年第1期。

[2] 奥利维耶·施瓦茨：《工人阶级变成了什么?》，法国《人道报》2001年5月2日。

[3] 毕向阳：《制度与参与：下岗失业人员缴纳基本养老保险行为研究》，《社会学研究》2005年第2期。

[4] 曹正汉：《国有企业多重委托—代理关系中的合谋问题：一个博弈论模型》，《佛山科学技术学院学报》（社会科学版）1999年第4期。

[5] 陈峰：《中国的企业改制与工人抗争》，"市场经济下的中国工会与工运研讨会"论文，2003年。

[6] 邓正华：《委托—代理理论在国企中的衍生与变异》，《企业改革与管理》2006年第5期。

[7] 董敬畏：《"单位制"研究文献述评》，《晋阳学刊》2005年第1期。

[8] 费伟伟：《央企不再办社会》，《人民日报》2005年1月14日。

[9] 顾昕：《单位福利社会主义与招工的制度性失业——从新制度主义的视角看"下岗问题"》，《经济社会体制比较》1998年第4期。

[10] 古汉文、聂正安：《国有企业的"非常福利"与国有企业退出》，《经济评论》2003年第1期。

[11] 《国企办社会正在走向最后一战》，《新京报》2005年2月12日。

[12] 何平等：《国营企业收入分配状况及对策研究》，《经济研究》1992年第3期。

[13] 黄黎若莲：《"福利国"、"福利多元主义"和"福利市场化"探索与反思》，《社会保障制度》2001年第1期。

[14] 康晓光：《分类控制：当前中国大陆国家与社会关系研究》，《社会学研究》2005年第6期。

[15] 课题组：《制度与实践：失业人员社会保障问题研究》，《学海》2005年第5期。

[16] 李汉林、李璐璐：《资源与交换——中国单位组织中的依赖性结构》，《社会学研究》1999年第4期。

[17] 李汉林：《中国城市社区的整合机制与单位现象》，《管理世界》1994年第2期。

[18] 李培林：《单位理论及其国有企业和单位制的起源》，《中国社会学年鉴》1995—1998年。

[19] 李培林、张翼：《国有企业社会成本分析——对中国10个大城市508家企业的调查》，《中国社会科学》1999年第5期。

[20] 李自如、李卫勇：《国有企业中委托—代理问题的博弈分析》，《有色金属工业》1998年第4期。

[21] 李猛、周飞舟、李康：《单位：制度化组织的内部机制》，《中国社会科学·季刊》1996年第16期。

[22] 刘少杰：《东北地区经济结构调整中的社会流动趋势》，《社会科学战线》2002年第1期。

[23] 刘少杰：《中国社会转型中的感性选择》，《江苏社会科学》2002年第2期。

[24] 刘少杰：《重建东北老工业基地经济发展的社会基础》，《经济文稿》2003年11月。

[25] 刘少杰：《中国经济转型中的理性选择与感性选择》，《天津社会科学》2004年第3期。

[26] 刘世锦：《中国国有企业的性质与改革逻辑》，《经济研究》1995年第4期。

[27] 刘柏良：《"企业办社会"的另一种解读》，《浙江经济》2003年第2期。

[28] 陆建新：《现代委托代理理论的考察与启示》，《当代经济研究》1995年第2期。

[29] 路风：《单位：一种特殊的社会组织形式》，《中国社会科学》1989年第1期。

[30] 路风:《中国单位制的起源和形成》,《中国社会科学·季刊》1993年第11期。

[31] 路风:《国有企业转变的三个命题》,《中国社会科学》2000年第5期。

[32] 罗兴佐:《中国国家与社会关系研究述评》,《学术界》2016年第4期。

[33] 吕鹏:《制度是如何封闭的?》,《学海》2006年第1期。

[34] 单向荣、沈翠:《"福利腐败"的社会学阐释》,《理论探讨》2010年10月。

[35] 孙立平:《和谐社会:用制度规范表达》,《学习月刊》2005年第8期。

[36] 孙立平、王思斌等:《改革以来中国社会结构的变迁》,《中国社会科学》1994年第2期。

[37] 孙立平:《权力失衡、两极社会与合作主义的宪政体制》,《战略与管理》2004年第1期。

[38] 孙慧民:《社会福利政策的本质:社会控制与其商品化》,《社会科学》1994年第10期。

[39] 佟新:《社会变迁与工人社会身份的重构》,《社会学研究》2002年第6期。

[40] 佟新:《新时期有关劳动关系的社会学研究》,《浙江学刊》1997年第1期。

[41] 王伟、武中哲、成锡军:《国内学术界关于"单位制"的研究综述》,《发展论坛》2001年第3期。

[42] 王献锋:《委托—代理关系与国有企业监督实践探讨》,《商业时代·学术评论》2006年第7期。

[43] 王漫天、任荣明、胡贵毅:《有中国特色的企业办社会与企业社会责任》,《生产力研究》2009年第1期。

[44] 王沪宁:《从单位到社会:社会调控体系的再造》,《公共行政与人力资源》1995年第1期。

[45] 武中哲:《"单位制"变革与城市社会成员的贫富分化》,《河南

社会科学》2004 年第 5 期。

[46] 武中哲：《住房保障中的福利政治与政府行为》，《社会科学》2014 年第 10 期。

[47] 王向民：《工人成熟与社会法团主义：中国工会的转型研究》，《经济社会体制比较》2008 年第 4 期。

[48] 吴俊明、高迪：《从转型期单位制的变化看我国社会组织结构的变迁》，《黑龙江教育学院学报》2005 年第 5 期。

[49] 徐林清、孟令国：《国有企业多重委托—代理结构中的合谋现象研究》，《广东社会科学》2006 年第 1 期。

[50] 熊跃根：《转型经济国家中"第三部门"的发展：对中国现实的解释》，《社会学研究》2001 年第 1 期。

[51] 项飙：《逃避、联合与表达："浙江村"的故事》，《中国社会科学季刊》1998 年春季卷。

[52] 杨瑞龙：《论我国制度变迁方式与制度选择目标的冲突及其协调》，《经济研究》1994 年第 5 期。

[53] 郁建兴、吴宇：《中国民间组织的兴起与国家—社会关系理论的转型》，《人文杂志》2003 年第 4 期。

[54] 杨艳东：《当前我国职业福利失序现象及其社会影响》，《理论与实践》2009 年第 4 期。

[55] 张维迎：《公有制经济中的委托人—代理人关系：理论分析和政策含义》，《经济研究》1994 年第 4 期。

[56] 郑秉文：《合作主义：中国福利制度框架的重构》，《经济研究》2002 年第 2 期。

[57] 郑功成：《企业角色错位论》，《中国社会保险》1996 年第 3 期。

[58] 张智卓：《企业不能包办社会化生产》，《中国石油》1999 年第 8 期。

[59] 周雪光：《西方社会学关于中国组织与制度变迁研究状况述评》，《社会学研究》1999 年第 4 期。

[60] 翟学伟：《中国人在社会行为取向上的抉择——一种本土社会心

理学理论的建构》,《中国社会科学·季刊》1995 年冬季卷。

[61] 张力之:《中国社会保障研究述评》,《社会学研究》1997 年第 2 期。

[62] 张曙光:《国家能力与制度变迁和社会转型》,《中国书评》1995 年第 1 期。

[63] 周弘:《西方社会保障制度的经验及对我们的启示》,《中国社会科学》1996 年第 1 期。

[64] 朱玲:《计划经济下的社会保护评析》,《中国社会科学》1995 年第 5 期。

[65] 赵晓:《天下没有不散的宴席》,《产权导刊》2005 年第 5 期。

[66] 张晓明:《浅析垄断行业的"福利腐败"》,《科教文汇》2006 年 4 月下半月刊。

[67] Alchian A., "Corporate Management and Property Rights", *American Enterprises Institute for Public Policy Research.*

[68] Cai, Yong Shun, 2002, "The Resistance of Chinese Laid – off Workers in the Reform Period", *The China Quarterly*, No. 170, No. 1. 327 – 344.

[69] Coase R. H., 1937, "The Nature of Firm", *Economist*, Nov. 3.

[70] Demsetz H., 1967, "Toward a Theory of Property Rights", *American Economic Review.*

[71] Lee, Ching Kwan, 1999, "From Organized Dependence to Disorganized Despotism: Changing Labor Regimes in Chinese Factory", *The China Quarterly*, Mar.

[72] Hall, Peter A., Taylor, Rosemary, C. R., 1996, Political Science and the Three New Institutionalism, *Political Studies*, Vol. XLIV: 936 – 957.

[73] Nee, Victor, 1989, "A Theory of Market Transition: From Redistribution to Markets in State Socialism", *American Social Review.*

[74] Nee, Victor, 1996, "The Emergence of a Market Society: Changing Mechanisms of Stratification in China", *American Journal of So-*

ciology, 101.

[75] Yeh Wen - Hsin, 1995, "Corporate Space, Communal Time: Everyday Life in Shanghai's Bank of China", *American Historical Review* 100, No. 1.